KB123213

역사　그리고 문화,
　　　그 삶의
　　　● ● ● ● ● ●

　　　흔적을 거닐다

호기심 많은 방랑객의 당돌한 여행기

역사 그리고 문화,
그 삶의 흔적을 거닐다

1판 1쇄 인쇄 2015년 5월 13일
1판 1쇄 발행 2015년 5월 22일

글쓴이 김수종
펴낸이 안광욱
펴낸곳 도서출판 비엠케이

편집 송배근 **디자인** 박은정 오선형 유지연
제작 (주)꽃피는청춘
출판 등록 2006년 5월 29일(제313-2006-000117호)
주소 서울시 마포구 성미산로 10길 12 화이트빌 101
전화 02) 323-4894 **팩스** 070) 4157-4893
이메일 arteahn@naver.com

값은 표지에 있습니다.
ISBN 979-11-955415-0-8 03980

일원화 공급처 (주)북새통
주소 서울시 마포구 서교동 465-4 광림빌딩 2층
전화 02) 338-0117 **팩스** 02) 338-7161
이메일 bookmania@booksetong.com

사진 김수종, 신상아, 주현진, 법상 스님 外 _ 무섬마을 보존회, 안동 하회마을, 박열 의사 기념관, 산호여인숙,
한국학 중앙연구원, 한국민족문화대백과, 문화재청 _ 나주시청, 부안군청, 합천군청, 담양군청, 완주군청,
부여군청, 예천군청, 상주군청, 안동시청, 산청군청, 연천군청, 울주군청, 봉화군청, 대전시청, 군산시청,
원주시청, 영주시청, 태백시청, 합천군청, 논산시청, 전주시청, 문경시청, 익산시청 등 지자체의 도움을
받았습니다.

「이 도서의 국립중앙도서관 출판시도서목록(CIP)은 서지정보유통지원시스템 홈페이지(http://seoji.nl.go.kr)와
국가자료공동목록시스템(http://www.nl.go.kr/kolisnet)에서 이용하실 수 있습니다.(CIP제어번호: CIP2015013677)」

National Trust Members
김수종 글 사진

호기심 많은 방랑객의 당돌한 여행기

역사   그리고 문화,
그 삶의

● ● ● ● ● ●

흔적을 거닐다

Bmk
magazine&publishing

단재(丹齋) 신채호 선생은 자신의 저서 〈조선상고사〉에서 '역사를 아(我)와 비아(非我)의 투쟁'이라고 규정했다. 그리고 영국의 역사학자 Edward Hallet Carr는 저서 〈역사란 무엇인가?〉에서 '역사는 과거와 현재와의 끊임없는 대화'라고 말했다.

어쩌면 나에게 여행은 단재의 말처럼 역사 속에서 나와 내가 아닌 남과의 투쟁(?)을 통해 나를 발견해 나가는 과정을 배우고 느끼는 단계이며, Carr의 말처럼 사람과 문화재 혹은 역사·문화와 끊임없이 사랑하고 대화하는 행위이다. 그래서 나의 여행은 투쟁과 전진의 과정이기도 하며, 세상과의 대화이기도 한 것이다. 내 여정은 때로는 즐거움이 많기도 하지만, 가끔은 슬픈 현실을 발견하고는 마음이 아프기도 하다.

아무튼, 여행의 즐거움은 이제까지 경험해 보지 못한 새로운 것에 대한 발견과 재충전에 있는 것 같다. 나는 여행을 통하여 정말 많은 것을 공부하고 느끼기도 하지만, 새로운 출발의 기운을 얻기도 한다. 여행을 하면서 부닥치는 환경 문제라든가 여행지의 오래된 건축물을 둘러보면서 역사와 문화를 이해하고 비평하는 과정을 통하여 세상과 나의 과거를 돌아보고, 현재를 살피고, 미래를 계획하고 출발하는 힘을 얻는다.

사람들이 세상과 소통하는 방식에는 여러 가지가 있다. 직접 만나 대화를 나누거나, 책을 읽거나, TV나 라디오를 통해 세상 소식을 듣거나, 수많은 자료를 찾아서 공부를 하거나, 글을 쓰는 방법 등이 있다. 나는 세상과의 소통 방법으로 수많은 사람들과 길 위를 함께 걷고 여행하면서 이야기를 나누는 행위를 즐긴다. 한 달에 한두 번의 여행을 통하여 만나고 헤어지고, 보고, 느끼면서 통섭하는 것이다.

이러한 길 위에서의 소통 과정을 한 권의 책으로 엮었다. 여러분들도 저와 함께 이 책을 통하여 나와는 다른 비아(非我)와 투쟁(?)하고 사랑하고 대화하면서 세상의 많은 곳을 느끼고 생경한 사람들을 만나보길 바란다. 독서를 통한 간접 체험이 결국에는 스스로 짐을 싸고 여행을 떠나는 여정으로 이어지길 기원한다. 이 작은 책이 진정한 나를 찾아 떠나는 먼 여행길의 봇짐 안에 쏙 들어갈 소품이 되길 바란다.

끝으로 지난 5~6년 동안의 여행 경험을 한 권의 책으로 엮어 세상에 내놓을 수 있게 도움을 주신 많은 분들에게 머리 숙여 감사드린다.

2015년 늦은 봄,
서울 필운대 언저리에서
不肖 김수종 拜上

역사가 살아 숨 쉬는 섬 강화도

멋스러운 고장 강화도를 둘러보다

2014년 8월 중순 강화도와 교동도에 다녀왔다. 우리 일행은 아침 9시 대학로에 집결하여 버스를 타고 강화도로 향했다. 삼일 연휴라 차가 약간 밀리기는 했지만, 큰 막힘없이 예정대로 강화읍에 도착하여 우선 '강화 향교(江華鄕校)'로 갔다. 무더위에도 향교의 장의(掌議) 선생이 직접 나와서 안내를 해 주었다.

지난 1995년 인천시 유형 문화재로 지정된 강화 향교는 고려 시대인 1127년(인종 5) 현유의 위패를 봉안, 배향하고, 지방의 중등 교육과 지방민의 교화를 위해 창건되었다. 장의 선생이 너무 재미있고 구체적으로 대성전 안쪽의 위패들을 하나하나 설명해 주어 공부가 되었다.

이어 향교 서쪽에 있는 '은수물'로 갔다. 향교에 제사를 지낼 때 사용하던 곳으로 오랫동안 지역 여인들의 빨래터로 쓰이던 곳이다. 물도 맑고 시원하여 목을 축이기도 좋았다. 하지만 현재는 인근에 강화여고 기숙사가 신축되어 물줄기가 지대가 낮은 쪽으로 바뀌는 바람에 거의 물이 말라 있었다. 주위

가 개발 되면서 여인들의
사랑방이 사라진 듯하여
마음이 아팠다.

강화 향교 전경

일행은 은수물을 나와
이웃한 '고려궁지(高麗宮
址)'로 갔다. 사실 현재의
터는 원래 고려 시대에 비
해 규모도 상당히 작고, 고려의 건물은 하나도 없는 조선 동헌이라고 보면
되는 곳이다. 원래 이곳은 1232년(고려 고종 19) 몽골군의 침입에 대항하기
위하여 왕도를 강화로 옮긴 후 1270년(원종 11) 화의를 맺고 개성으로 환도
할 때까지 39년 동안의 왕궁 터이다. 고려 시대의 유물은 건물 기단과 3단
으로 된 돌계단만이 일부 남아 있다.

강화에는 고려 시대 유적이 없구나!

안내하시는 '강화도 시민 연2대'의 김순래 선생에게 물어보니 "원래 규모
는 개성의 궁궐과 비슷했고 내부에 여러 관청도 있었지만, 환도 이후 몽골군
에 의해 거의 파괴되어 현재로서는 자료가 없다고 보면 된다. 아쉽게도 강화
도 전체에 고려의 유물이나 유적 역시도 거의 찾아보기 어렵다."라며 안타까
워했다.

이어 '외규장각(外奎章閣)'이다. 1782년 조선의 정조 대왕이 왕실 관련 서
적을 보관하기 위해 강화도에 설치한 도서관으로, 왕립 도서관인 규장각의
부속 노서관 역할을 하였다.

설치 이후 왕실이나 국가 주요 행사의 내용을 정리한 의궤를 비롯해 총
1,000여 권의 서적을 보관하였으나, 1866년(고종 3) 병인양요 때 프랑스군이

고려 궁지 벽 풍경   고려 궁지 안의 450년 된 회화나무

강화도를 습격하면서 왕실의 주요 행사를 기록한 의궤 191종 297책을 포함한 도서 359점을 약탈해 갔다. 나머지는 불에 타 없어졌다.

1975년 프랑스 국립도서관의 촉탁 직원으로 일하던 박병선 박사가 도서관에 조선 시대의 도서가 보관되어 있음을 발견하고 목록을 정리하여 그 존재가 한국에 알려졌다. 서울대는 1991년에 정부에 도서 191종 279권의 반환 추진을 요청하였고, 1992년에 정부는 외규장각 도서 목록을 프랑스에 전하여 도서 반환을 요청했다.

드디어 2010년 11월 G20 정상회의에서 한국, 프랑스 대통령 간에 외규장각 도서를 5년마다 계약을 갱신하는 임대 형식으로 대여하기로 합의하였고, 2011년에 우리나라로 돌아왔다. 나는 박병선 박사님의 노력에 잠시 감사의 기도를 드리고는 안팎을 살펴보고 나왔다. 너무 고마운 분이다.

궁지 내부에 생각보다 아름답고 큰 고목이 많음에 놀랐고, 좌측 구석에 450년 된 회화나무는 너무 멋스럽게 자라고 있었다. 아래로 내려와 '강화 동종'을 보았다. 진품의 동종은 인근 고인돌 공원에 있고, 이곳에 있는 것은 복제본이라고 한다. 원래 동종은 고려 시대 입화형(立花形)의 퇴화 형식으로 조선 시대인 1711년(숙종37)에 만든 것이다.

전통적인 종 형태에서 벗어나 횡대를 두른 이례적 형식을 취하였고, 어깨 부분의 입화 장식이 퇴화된 점, 유곽이 어깨에서 떨어진 곳에 있는 점, 용뉴에 음관(音管)이 없는 점 등이 특징이다. 당일은 광복절이라 강화군수 이하 직원 및 관계자들이 동종 타종 행사를 하고 있어 잠시 구경을 했다.

아래에 있는 일반적인 동헌보다 무척 규모가 큰 '이방청'을 살펴본 다음, 외부로 나와 바로 우측의 천주교 '강화 성당(江華聖堂)'으로 갔다. 조선 시대에는 해상 경비 임무를 맡았던 진무영의 군영이었고, 이후 천주교 신자들의 처형장이 되기도 했던 곳이다. 강화에 천주교의 본격적인 포교가 시작된 것은 1839년 기해박해 무렵부터이다.

강화 성당은 지난 1958년 김포 본당에서 분리되어 설립되었다. 조선 시대 말, 두 번의 천주교 박해기에 이미 강화도에는 여러 명의 순교자들이 있었다. 이후 충청도에서 이주해 온 몇 명의 신자들에 의해 전교가 활발해지면서 대산리·부근리·온수리에 공소가 설립되었다.

성당 내부에 '진무영 순교 성지 역사관', '진무영 성지 야외제대', '성모 성심상' 등이 있다. 본당 건물은 참 멋스러웠다. 때마침 교황이 한국에 와서 성당이 더 멋스러워 보이고 좋다. 이어 한참을 걸어 이동한 곳은 '성공회 강화 성당(聖公會江華聖堂)'이다. 대한성공회의 초대 주교인 코프에 의하여 1900년(광무4)에 건립된 멋진 한옥 건물이다.

성공회가 한국인에게 처음 세례를 베푼 것은 1896년 강화에서였다. 성공회에서는 이러한 인연으로 강화에 제일 먼저 성당을 건립한 것인데, 현존하는 한옥 교회 건물로서도 가장 오래된 것이다. 서유럽의 바실리카(Basilica) 양식과 동양의 불교 사찰 양식을 조합시켜 건립하였다.

교회의 내부 공간은 바실리카 양식을 따랐고, 외관 및 외부 공간은 불교 사찰의 형태를 따랐다. 목재는 백두산의 소나무를 압록강을 통해 운반해 와서 사용하였으며, 경복궁 공사에 참여했던 목수들이 건축을 맡았다. 그래서 그런지 기둥의 크기나 모양이 대단히 웅장했고, 일반 관람객의 가슴을 누르는 듯한 기상이 엿보였다.

경사지의 대지에 배 모양 비슷하게 축성하여 입구 계단, 외삼문·내삼문·성당·사제관을 동남향 종축으로 배치한 외부 공간의 구성이 불교 사찰의 구릉지가람과 비슷하다. 성당 앞마당에는 아름드리 보리수나무 두 그루가 서 있다. 외삼문 솟을대문은 팔작지붕으로 담장과 연결되어 있으며, 동쪽 칸에는 초대 사제의 묘비가 서 있다. 내삼문은 평대문에 역시 팔작지붕이고, 서쪽 칸은 종각으로 쓰이고 있으며, 성당은 정면 4칸, 측면 10칸의 바실리카식 평면 구성이다.

강화 성당 전경

성당 내외부에는 서양식 장식이 거의 없는 순수한 한식 목조 건축이면서도 교회 기능에 충실한 내부 공간을 연출함으로써, 초기 성공회 선교사들의 토착화 의지가 나타나 있을 뿐만 아니라, 한국 기독교 역사의 한 단면을 엿볼 수 있는 성당 건물이다. 언덕 위에 지어진 성당은 뒤편의 사제관과 함께 강화읍을 조망하기에 좋은 터라 성공회의 위상을 느낄 수 있는 곳이다.

유적에 남아 있는 역사의 흔적

강화읍 관청리에 있는 '용흥궁(龍興宮)'으로 갔다. 조선 철종(1831~1863) 임금이 왕위에 오르기 전 살았던 집이다. 원래 초가였는데, 왕위에 오르고 난 이후에 보수 단장하고 그 이름을 궁이라고 고쳐 부른 것이다. 철종이 보위에 오른 지 4년 만에 강화 유수 정기세가 지금과 같은 집을 지었다. 현재 남아 있는 건물은 잠저구기비각 1동, 내전 1동, 외전 1동, 별전 1동 등이며, 팔작지붕에 홑처마 주심포집이다.

궁이라고는 하지만 작고 초라한 건물이다. 별전에는 마루 앞으로 작은 정원이 있고, 별전 오른쪽에는 조금 더 큰 규모의 정원이 있다. 철종이 왕이 되기 전 오랫동안 이곳에서 빛이 났다고 하는데, 왕이 되면서 빛이 사라졌다고 한다. 철종이 왕이 된 직후 천주교 신자였던 부친의 행적은 왕실 주도하에 대부분 지워졌다고 전한다.

철종은 안동(장동) 김씨들의 세도 정치 하에서 고생만 하다가 젊은 나이에 일찍 죽은 불쌍한 왕으로, 잠저 또한 초라하기 그지없어 마음이 아프다. 그리고 지난 1991년 부도난 이후 이제는 굴뚝만 남은 '심도직물 터'로 갔다. 화문석이 유명한 강화도에는 한창 많을 때는 직물 공장이 21개나 되고, 종사자만 5,000명이 넘었다고 한다.

바쁘게 돌다보니, 오후 1시 30분이 다 되어서야 남문로 인근의 콩비

굴뚝만 남은 '심도직물 터'

지와 콩국수를 하는 작은 식당으로 이동하여 점심을 먹었다. 무척 더운 날씨임에도 불구하고 다들 콩비지로 점심을 먹고는, 이웃에 있는 '남문로7' 카페로 이동하여 차를 한잔했다.

강화 '남문로7' 카페

이곳은 1928년 백두산 잣나무를 가져와 지었다는 한옥 및 일본식 가옥의 형태를 결합한 집과 1950년 중반에 지은 창고를 개조한 곳이다. 주인장의 안내로 고택의 내부를 둘러보았다. 강화도에서 두 번째 부자였던 이곳 황부잣집은 최근 30년 가까운 기간 동안 빈집으로 방치되어 있다가, 도자기와 디자인을 공부한 새로운 주인을 맞이하여 수리와 청소를 하는 과정에 있었다. 입구의 창고는 카페로 개조되어 쓰이고 있었고, 2층 구조로 된 입구 좌측은 고택의 넓은 정원과 어우러져 멋스러웠다. 특히 성당에서나 볼 수 있는 스테인드글라스를 연상하게 하는 장롱의 유리와 벽에 걸린 족자 등은 오래된 고택의 정취를 느낄 수 있어 좋았다.

이어 강화내성의 '남문'이다. 강화내성은 약 1,200m에 걸쳐 흙으로 쌓은 토성이다. 모양은 현재의 강화읍을 둘러싸는 형태로, 북쪽으로는 북산, 남쪽으로는 남산, 동쪽으로는 견자산, 서쪽은 북산과 고려산의 산줄기가 이어지는 능선을 이용해 축성되었다.

원래는 고려 시대 몽골의 침략을 막고자 수도를 이전하고, 최우가 중심이 되어 쌓은 것으로 내성과 중성, 외성의 구조로 되어 있다. 내성의 주위를 1250년에 둘레 5,300m로 중성을 쌓았고, 외성은 중성을 수비하기 위하여

1233년부터 축성을 시작하여 강화의 동쪽 해안선을 따라 11,200m로 세웠다. 내성의 남문은 내성에 있는 4대문 가운데 하나로 조선 숙종 때에 건립되었다. 겹치마 팔작지붕의 누각으로 안쪽에는 안파루(晏波樓)라는 현판이, 밖에는 강도남문(江都南門)이라는 현판이 걸려 있다.

평지에 세워진 문이라 문 앞이 옴폭 들어간 형태이며, 동서쪽 사면에 성벽이 아직도 남아 있다. 사방이 크게 뚫린 평지를 자랑하는 성문 안쪽에는 작은 집들이 남문을 정원으로 삼아 자리 잡고 있어 부럽기까지 했다. 이곳에는 김상헌의 형으로 병자호란 때 빈궁과 원손을 수행해 강화도에 피난했다가 이듬해 성이 함락되자 성의 남문루에 있던 화약에 불을 지르고 순절한 김상용 선생의 순의비가 있었는데, 지금은 관청리로 옮겨졌다.

남문을 나와 갑곶리에 소재한 '해운사(海雲寺)' 혹은 '진해사(鎭海寺)'로 불리는 작은 사찰로 갔다. 처음 절을 세운 연대와 창건자는 알려져 있지 않으나, 1682년(조선 숙종 8) 강화도에 설치한 금위영 소속 화주승 32명이 공사를 시작하여 재창한 절이라고 한다.

이 무렵 강화 해안에 43리의 외성을 정비하고 있던 중이라 승군들이 중심이 되어 세운 호국사찰이라는 의미에서 절 이름을 진해사로 불렀다는 것이다. 이후 17세기 후반에 폐사된 것으로 추정된다. 1963년 절터에 작은 규모의 법당을 지은 뒤 절 이름을 해운사로 바꾸어 오늘에 이른다.

건물로는 대웅전과 요사 등이 있으며, 유물로는 고려 때 조성된 석불

강화에 남은 유일한 고려 유물인 '진해사 석불좌상'

좌상이 남아 있다. 불상은 머리 부분이 심하게 파손되었다. 이 석불좌상은 강화에 남아 있는 거의 유일한 고려 시대의 유물이라고 할 수 있다는 점에서 작지만 의미가 있는 사찰이다.

아울러 인근에 있는 갑곶나루 근처에는 구한말 영국의 차관을 받아 세운 해군 학교가 있었다. '통제영학당(統制營學堂)'이라고 불리던 이곳은 요즘으로 말하자면 해군 사관 학교다. 최근 해군 사관 학교에서는 이곳을 학교의 정식 역사로 포함시켜 학교의 역사를 늘리는 작업을 준비 중에 있다는 소문이 들린다.

다시 버스를 타고 불은면 오두리의 '강화전성(江華塼城)'의 흔적을 보기 위해 갔다. 정조가 쌓은 수원성보다 50년 이상 앞선다는 벽돌 성곽으로 잘 다듬은 돌을 쌓아 기초를 마련한 위에 벽돌을 쌓아올려 만든 성이다. 고려 고종 때 흙으로 쌓은 토성을 바탕으로 하여, 강화의 내성·중성·외성 가운데 강화 동쪽 해협을 따라 지어진 길이 11,200m의 외성이다.

비가 오면 성의 흙이 빗물을 따라 흘러내렸는데, 이를 안타깝게 여긴 조선 영조 때의 강화유수 김시혁이 나라에 건의하여 1743년(영조 19)부터 이듬해까지 청나라의 번벽법을 사용하여 벽돌로 개축했으며, 현재 남아 있는 성의 길이는 약 270m 정도이다. 부서진 구간의 일부는 동남아의 숲속에 남아 있는 부처상처럼 벽돌이 나무뿌리에 깊이 박혀 있어 눈물이 나도록 마음을 아프게 했다. 망한 조선의 서글픈 유산이여!

왕실 유배지에 강화 땅의 1/3 가량이 간척지였다고

일행은 다시 버스를 타고 '온수리 성공회 성당(溫水里 聖公會聖堂)'으로 갔다. 1906년에 지어진 한옥 성당과 지난 2004년에 새롭게 신축한 성당이 보기 좋게 넓은 터에 나란히 자리 잡고 있어 무척 아름다웠다. 옆의 한옥 사택 또한 예스럽다. 온수리 성당은 서양 교회 양식을 적용한 동서 절충식의 목조 건물이다. 성 안드레아 성당이라고도 한다.

건축 당시 대한성공회 주교였던 조마가가 정면 3칸, 측면 9칸 규모의 한옥으로 지었다. 지붕은 팔작지붕으로 되어 있고, 용마루 양끝에는 연꽃 모양으로 된 곡선미를 살린 돌십자가가 아슬아슬하게 달려 있다. 건물 내부는 예배 공간인 신랑(身廊)과 측랑(側廊)으로 구성되어 있다. 문루는 성당 남쪽에 있는 정면 3칸, 측면 1칸의 건물인데, 중앙 1칸을 2층 종루로 삼은 2층 누각식 외삼문 형식이다.

종루에는 본래 서양식 종이 달려 있었으나 1945년 일제에게 징발당한 뒤 1989년 새로 우리나라 전통 양식의 종을 제작하여 걸었다. 다른 성당에서는 찾아보기 힘들 정도로 멋진 솟을대문 모양의 종루가 아름다운 곳이다. 성당 전체는 지난 2003년 인천시 유형 문화재로 지정되었다.

성공회가 강화도에 선교를 시작한 것은 지난 1893년부터이다. 워너 신부가 갑곶에서 소외된 고아들과 노숙인을 양육하면서 교리와 신앙을 전파한 것이 계기가 된다. 북부는 갑곶을 중심으로, 남부는 1898년 온수리를 중심으로 이루어졌다.

온수리 성공회 성당

특히 온수리 성당은 평신도의 특별 헌금과 땅 기부를 통해 이루어진 것이 특징이다. 따라서 온수리 성당은 다른 교회와는 달리 시작에서 축조까지 평신도의 힘으로 이루어진 최초의 성당이라는 점에서 의미가 있는 곳이다. 현재는 2004년 신축된 본당 성당만 사용을 하고 있었고, 멋지고 큰 소나무 두어 그루가 자리하고 있어 터의 의미를 더욱 더 아름답게 하는 듯 보였다.

구 한옥 본당은 박물관이나 기념관으로 개조를 하려고 하는지, 내부 곳곳을 다듬고 수리하는 중이다. 더운 날이라 일과를 빨리 정리하면서 조금은 이른 5시에 강화도의 우측 맨 아래에 있는 길상면 동검도에 있는 숙소로 이동하여 짐을 풀었다.

저녁 7시부터 강화 덕신고의 김경준 교감 선생이 방문하여 한 시간 반 동안 강화의 고인돌 및 역사, 연산군·철종 등 왕족들의 귀양살이, 고려 후기부터 시작된 강화 800년의 간척사를 들려주었다. 특히 강화의 간척사는 너무 재미가 있었다. 강화 땅의 1/3 가량이 간척에 의해 늘어났다는 사실은 놀라웠다. 강화군 전체는 원래 해안선의 기복이 매우 심한 전형적인 리아스식 지형이었다. 고려 말 몽고의 침입 때부터 왕실의 피난처로서 척박한 강화에서의 식량 문제를 해결하기 위해 사람들은 간척을 통해 논을 만들었다.

상당히 많은 갯벌을 메워 논을 만들었지만, 현재도 강화에는 넓은 갯벌이 남아 있다. 그 이유는 고려 시대부터 간척이 시작되었지만, 당시의 기술력이 부족한 관계로 너무나 친환경적이고 또한 천천히 진행된 공사였다. 물을 막고 흙을 메우고 땅을 넓히고 논을 만드는 동안 한강과 예성강·임진강에서 떠내려 온 부유물이 다시 갯벌을 만들었다고 한다.

당시의 간척은 요즘보다 속도 면에서도 너무 느려 자연 파괴도 거의 없었다. 메워진 논에 농사를 짓는데도 10년 이상의 물 내림 공사를 추가로 해야 했기 때문에 요즘 사람들이 봐서는 간척을 했다는 사실조차 느끼지 못할 정도로 자연스러운 해안선의 모습을 가지고 있다고 했다.

다음 날 아침 7시를 넘겨 겨우 일어났다. 생선구이와 된장국으로 식사를 하고 기운을 내어 8시에 '교동도(喬桐島)'로 향했다. 강화도와는 전혀 다른 문화와 역사를 자랑하는 교동도는 초행길이라 무척 설렌다. 교동도는 강화 북서부에 위치하며, 남쪽으로 석모도, 북쪽으로 불과 2~3km의 바다를 끼고 황해도 연백군이다. 약간 과장된 표현이기는 하지만, 썰물 때면 도보로도 연백에 닿을 수 있을 정도로 가까운 거리다. 그래서 북의 민간인들과 군인들이 가끔 저녁에 걸어서 넘어오기도 했다고 한다.

예전에는 달을참(達乙斬), 고목근(高木根), 대운도(戴雲島), 고림(高林)이라고도 불렸다. 원래 개화산·율두산·수정산을 중심으로 세 개의 섬으로 되어 있었으나 계속된 육화와 간척 등으로 하나가 되었다. 조선 1395년(태조 4)에 현이 설치되었다. 1629년(인조 7)에는 수영(水營)이 설치되어 현을 부로 승격시키고 수군절도사 겸 부사를 두었다.

1633년 서남해의 방어를 더한층 강화하기 위하여 삼도통어사(三道統禦使)를 교동에 두고, 삼도, 즉 경기·황해·충청을 통괄하게 했다. 1895년 이후 강화군에 속하게 되었다. 인구는 한국 전쟁 뒤 몰려온 피난민으로 1965년에는 1만 2,500명에 달해 최고를 이루었다. 현재의 교동면 인구는 3,000명 정도이다. 특산물인 교동 쌀의 생산량이 많고 질이 좋아 다른 지방으로 많이 팔려나간다. 그리고 밭에서 하는 인삼 재배가 많고, 화문석도 이름이 높다.

육지와 격리된 섬인 까닭에 고려 중엽부터 조선 말기에 이르기까지 왕실의 유배지로 이용되었다. 이곳에 고려의 희종 임금, 조선의 안평 대군, 연산군, 선조의 아들 임해군, 광해군, 인조의 동생 능창 대군, 인조의 아들 숭선군, 철종의 사촌 익평군, 흥선 대원군의 손자 이준용 등이 교동도로 유배당했다.

그래서인지 교동도 사람들은 오랫동안 강화와 동급의 부사가 부임했던 교동도를 외지인들이 강화의 부속 도서로만 생각하는 것을 무척 싫어한다. 그리고 옛날부터 석모도와 교동도 사람들은 배를 타고 황해도 연백장을 보러 다닌 관계로, 자신들은 강화 사람들과는 조금 다른 교동 사람이라고 칭하는 것을 좋아한다.

강화와는 다른 역사와 관청이 있었고, 물산이 풍부하고 경제 및 생활권이 달랐으며, 왕실의 귀양지였다는 사실을 긍지로 여기며 사는 것이다. 우리들은 버스를 타고는 최근에 개통된 '교동 대교'를 건넜다. 아직도 군인들이 검문을 하고 있어 불편하기는 했지만, 인원 파악을 하는 단순한 행위였다. 버스는 바로 '고구 저수지'로 향했다. 교동도의 우측 상단에 위치하고 있는 고구 저수지는 특히 알이 크고 실한 민물고기가 많이 잡혀 낚시꾼들에게 인기가 높은 저수지로 섬 반대쪽의 난정 저수지와 함께 교동도를 대표하는 농업용 저수지다.

교동도의 고구 저수지는 상당히 크고 넓었다. 버스를 잠시 세우니 정거장 앞에 지역 특산품인 새우젓과 고구마 전분, 녹두 등을 파는 노점이 있어 물건을 사기도 하고 구경도 했다. 그 사이 다른 일행들은 저수지의 유래와 쓰임에 대한 이야기를 나누었다. 간척지가 많은 곳이고, 강이 크게 없는 지형이라 생각보다 저수지가 중요한 곳이라는 것을 직감적으로 느낄 수 있었다.

시간이 멈춘 대룡 시장에서 커피 한 잔 비싸게 마시다

버스는 다시 교동 읍내리에 있는 작은 비구니 사찰인 '화개사(華蓋寺)'로 이동했다. 절로 들어가는 입구에는 교동도 지역에서 발견된 비석 40여 개를 모아 둔 비석군이 있었다. 문화재 유실이 많은 시대라 그런지 한 곳에 모아 둔 것이 좋은 것 같다는 생각이 들기도 했지만, 갈 곳 없는 문화재의 슬픈 현실도 느끼게 하는 곳이었다.

화개사는 고려 때 창건되었으며, 목은 이색이 이 절에 잠시 머물며 독서를 즐겼다고 전한다. 일제 강점기인 1928년 정운 스님이 다시 불사를 일으켰다고 한다. 건물로는 작은 법당이 있고, 유물로는 옛 절터에 팔각원당형 부도 1기가 있다. 절이 크지는 않았지만, 소나무 등 조경수가 이쁘고, 절에서 많이 보이는 상사화 등이 곳곳에 피어 있었다. 특히 본당 앞에서 바라다보는 풍경은 바다를 한 눈에 잡을 듯이 좋았다. 바다와 섬들이 멀리까지 눈앞으로 성큼 들어오는 듯했다.

이어서 등선을 넘어 조금 더 가니 '교동 향교(喬桐鄕校)'다. 향교의 좌측 입구에 작은 '성전약수(成殿藥水)터'가 있어 바가지에 물을 받아 한 모금 마셨다. 워낙 수량이 적고 천천히 물이 나와 불편하기는 했지만, 향교의 대성전 아래에서부터 흘러나오는 물이고, 위장병과 피부병에 좋다고 하여 기다려 조금 마시면서 한숨을 돌렸다.

교동 향교는 고려 인종 5년(1127)에 화개산 북쪽에 지어진 향교로, 고려 충렬왕 12년(1286)에 원나라를 다녀오던 문성공 안향 선생이 공자 상을 들여와 직접 문묘를 세우고 봉안한 전통 있는 향교라고 한다. 건물로는 대성전·동무·서무·명륜당·제기고·주방 등이 있다. 대성전 안에는 5성·송조 2현 및 우리 선조 18현의 위패가 봉안되어 있다.

조선 중기에 현재의 위치로 옮겼으며 1980년 복원되었다. 규모가 크지는 않았지만 있을 것은 전부 있고, 특히 약수터가 좋아서 찾는 사람이 많다고 한다. 우리는 다시 버스를 타고 면사무소 인근에 있는 '대룡 시장'으로 갔다. 채 500m도 되지 않는 아주 좁은 골목을 끼고 미장원, 세탁소, 떡 방앗간, 신발 가게, 이발소, 시계 수리점, 잡화점, 지물포,

강화 대룡 시장 풍경

약방, 주점, 다방, 식당 등 없는 것 없이 다 있지만 지나가는 사람은 생각보다 많지 않은 곳이다.

다행히 지난 몇 년 동안 드라마와 영화, 신문, 잡지 등에 자주 오르내리며 그 명성을 알리기 시작하더니, 최근 교동 대교가 개통된 후로는 주말이면 3,000명 이상의 관광객이 방문하는 명소로 문전성시를 이루고 있다. 원래 교동도의 중심은 이웃한 읍내리였다. 그러나 전쟁 직후 돈도 없고 가진 것도 없는 실향민들이 집단 이주하면서 이들이 한두 명씩 장사를 시작한 것이 계기가 되어 1960년경에 대룡 시장이 교동의 중심으로 안착했다. 하지만 교동도와 시장 주변은 1970년대 새마을 운동으로 초가지붕을 슬레이트로 바꾼 것이 마지막 변화라고 할 수 있을 정도로 옛날 모습을 그대로 간직하고 있다.

이곳 가게들은 아직도 도시의 상가들이 셔터를 내리고 문을 닫는 것과 달리 그 옛날 나무 판으로 된 넓은 변지 짝으로 문을 열고 닫고 있는 것이 특징이다. 나와 몇몇은 시장 통을 천천히 걷다가 2층의 작은 다방을 발견하고는 무조건 들어가 보았다. 낡은 소파에 라디오를 통해 흘러나오는 음악 소리, 연탄 난로, 작은 TV, 낡은 선풍기에 쉰 살은 되어 보이는 마담까지, 서울에서는 좀처럼 찾아보기 힘든 풍경이었다.

다방에서 나와 약방과 방앗간, 이발소를 둘러보았다. 정말 50년 동안 시간이 멈춰진 이곳을 둘러보니, 오랫동안 가보지 못한 어린 시절 어머님과 같이 다니던 영주의 후생 시장 생각이 났다. 개발이라는 논리보다 오래된 정취가 좋은 점도 있는 것 같다.

요즘 이곳에는 오래된 정취에 감동한 수많은 외지인들이 방문하여 지역의 농산물을 엄청나게 많이 사간다고 한다. 다리가 생겨서 동네가 시끄러워진 측면이 있기는 하지만, 그래도 소득 증대에는 상당히 도움이 되는가 보다. 특히 우리 일행은 그냥 스치고 지나가는 관광객이 되기보다는 적극적으로 물건을 구매하고자 노력을 하였다. 천연염색을 한 손수건이나 약을 사기도 하고, 떡과 묵 등을 사서 먹기도 했다. 나도 좀 더 두리번거리다가 시장 입구에 있는 식당으로 이동하여 점심을 먹었다.

국밥을 먹고 있는 가운데, 오후에 교동도를 안내하기로 약속한 '감리교 교동 교회' 구본선 목사님이 오셨다. 지역에서 17년 동안 평균 연령 여든 살이 되시는 어르신 20여 명을 상대로 목회를 하고 계시는 분으로 "천국으로 가는 마지막 정거장 같은 작은 교회의 목사"라고 자신을 소개한 그는 〈한국교회 처음 예배당〉이라는 책을 쓴 유명 저자이기도 했다.

자기소개를 마친 구 목사는 우리와 같이 식사를 했다. 식사를 마친 후 버스를 타고 가장 먼저 방문한 곳은 구 목사님이 일하고 있는 교동 교회로 모두들 주마간산으로 살펴보았다. 이어 지난 1933년 두 번째로 세워진 상룡리 달우물의 교동 교회로 갔다. 종탑이 갖춰진 교회의 모습으로 건립 당시에는 초가였지만, 1970년대 양철지붕으로 개량을 했다고 한다.

강화에서 가장 역사가 긴 '교동 감리교회'

교동 감리교회의 종탑

일제는 오랫동안 민족 운동이 넘쳐났던 강화와 교동도 지역 교회를 노골적으로 탄압했다. 억압에 힘겨워했던 교동 교회는 1933년 읍내를 벗어나 신자들이 많던 상룡리로 예배당을 이전했다. 그때 초대 교회 건물을 그대로 옮겨 복원한 예배당이 한국 기독교 유적 가운데 으뜸이라고 거론되는 지금의 예배당이다. 남녀가 유별하도록 들어가는 문을 달리한 특별한 예배당이다.

지금 이용하고 있는 세 번째 교동 교회가 건축되기 전까지 60년 정도 사용된 건물로, 한때는 피난민들이 증가하여 이웃에 새로운 교회를 개척하기도 했지만, 1979년에는 내부 분열로 교회가 갈리기도 했던 곳이다. 하지만 1991년 갈린 교회가 다시 통합되어 현재의 세 번째 예배당을 마련했다.

이 교회의 초기 신자로는 맹인들을 위한 점자인 '훈맹정음(訓盲正音)'을 개발한 서울맹학교 교사였던 송암 박두성 선생이 있는데, 교회 앞에 살면서 어린 시절 교동 교회에 다니다가 상급학교로 진학하면서 타지로 나갔다고 한다. 교동도에서 가장 오래된 교회 중에 하나이고, 역사와 건축적인 가치가 인정되어 문화재 등록을 준비 중이라고 한다.

다시 버스를 타고 교동도의 원도심이라고 할 수 있는 '교동 읍성'의 남문으로 갔다. 성의 둘레가 430m로 작은 읍성인 이곳은 원래 조선 인조 시대에 와서 돌로 성을 쌓았고, 고종 시대에 와서 문을 다시 만들었다고 한다. 그러나 현재 문은 하나도 없고, 남문의 경우 누각인 유량루는 1921년 폭풍으로 무너지고, 반원 형태의 홍예문만을 1975년에 복원했다고 한다. 성 안쪽에는 동헌이 있고 연산군의 적거지(謫居地) 겸 철종의 잠저 터, 황룡 우물, 교동 교회 첫 터 등이 남아 있다. 아무튼 현재는 10여 채의 집들이 들어와 있을 뿐 과거의 영화는 찾아볼 수 없는 정도로 초라한 폐사지 같은 모습이다.

구한말까지는 읍성 주변에 학교와 예배당 등이 있어 사람도 많았고, 삼도수군통어영(三道水軍統禦營)이 있어 군인들도 상당수 거주했다고 한다. 그렇지만 지금은 오가는 사람도 거의 없는 조용한 시골 풍경 그대로다. 하지만 터가 좋은 곳에 자리를 해서 그런지 언덕 위에 올라 바라보는 바다의 풍광은 과히 최고였다. 이곳에 근무하던 통어영 군사들이 매일 바라보면서 기상을 높이던 곳일 것이다.

우리들은 연산군이 마지막 두 달을 살다간 귀양지 아래에 있는 첫 교동 교회 앞 우물터로 갔다. 작은 우물은 석재 2단 높이로, 그 우물 한가운데로 죽은 오동나무 한 그루가 말라 고개를 내밀고 있었다. 그리고 그 옆이 1899년 설립된 첫 교동 교회 터다. 당시 감리교는 교회를 세우면 반드시 학교도 같이 설립 운영했다. 오른쪽에 교회 건물, 왼쪽에 4년제 동화학교가 있었다고 전한다.

강화 연미정에 올라 조선 장수의 기상을 느끼다

인조 7년(1629년) 교동도에 삼도수군통어영이 설치되어 본격적으로 교동 읍성이 축조된 후 관주도로 사용되었던 '동진포(東津浦)'로 갔다. 동진포는 고려 시대부터 육지와 교동도를 이어 주던 나루였다. 이곳은 한양과 인천, 해주로 통하는 관문으로, 중국으로 가는 하정사신(賀正使臣)이 교동으로 와서 해로의 일기를 살핀 후 서해로 나갔으며, 사신들의 임시 숙소인 '동진원'이라는 객사도 있었다고 한다.

또한 교동 팔경 중 하나로 '동진송객((東津送客)'이라 하여 이곳에서 손님을 맞고 배웅하는 광경이 장관이었다고 전한다. 특히 조선 시대에는 한양으로 향하는 조운선과 물자를 운반하던 화물선의 중간 기착지였던 탓에 수많은 배들이 이용하던 항구였지만, 지금은 오가는 배 한 척 없는 한적한 나루로 남아 있다. 한국 전쟁 때까지는 배들이 수시로 들락날락했던 이곳은 이제는 그 용도를 잃은 채 나루의 돌들은 파도와 갈매기들과 싸움을 벌이고 있다.

작은 안내 표지판이 하나 있지만 찾으러 오는 사람도 거의 없는 나루에는 사람들의 목소리가 아닌 바람소리만이 가득했다.

시멘트로 곳곳을 개보수한 흔적이 보였지만 절반 정도만 수리했을 뿐, 썰물 때 얼굴을 드러낸 아랫부분은 조선 시대 쌓아 놓은 돌들이 옛 모습 그대로다. 전생에 나도 이곳에서 연인을 떠나보낸 적이 있는지, 같이 갔던 동료들과 사진을 찍기도 하고 한참을 거닐면서 상념에 잠기기도 했다. 주변의 갯벌과 함께 돌 하나하나가 너무 정이 가는 곳이지만, 아무 것도 없고 황량한 것이 안타깝기만 했다.

돌아 나오는 길에 대추토마토를 파시는 아주머님을 만나 토마토를 산 다음, 다시 버스를 타고 대룡 시장으로 이동했다. 벌써 오후 3시 30분이다. 길이 막힐 것을 감안하여 조금 우회하기로 하고 차를 진행하다가 강화읍 월곶리에 있는 고려 시대의 누정인 '연미정(燕尾亭)'으로 갔다.

고려 시대의 누각인 연미정은 팔작지붕 겹처마, 10개의 기둥을 주초석(柱礎石) 위에 얹은 민도리 집으로 운치가 있다. 정면 3칸, 측면 2칸에 면적은 약 40㎡이다. 사방이 바라다보이며, 월곶돈대 맨 꼭대기에 세워져 있어 개풍·파주·김포 일대가 한눈에 들어온다.

정자 옆에는 거대한 느티나무 두 그루가 서 있다. 사실 내 눈에는 정자보다는 양쪽에 서 있는 느티나무가 더 눈에 들어왔다. 정말 보기에도 좋고 쉬어가기에도 적당한 곳이다. 지대가 높아서 그런지 바람도 무척 시원하다. 정자가 위치한 강화 월곶리는 한강과 임진강이 합류하는 지점이다. 이곳에서 다시 물길이 갈라져 한줄기는 서해로, 다른 한줄기는 정자 아래를 지나 인천 쪽으로 흐르는데, 그 모양이 제비꼬리와 같다 하여 정자 이름을 연미정이라 지었다고 전한다.

이곳은 강화를 대표하는 십경(十景) 중의 하나로 주변 풍광이 절경을 이루

고려 시대의 누각인 '연미정'

고 있다. 보름날 달맞이도 최고라고 한다. 옛날에는 서해에서 서울로 가는 배가 이 정자 밑에 닻을 내린 다음, 만조를 기다려 한강으로 들어갔다고 한다. 썰물 때는 물이 빠져 나가는 흐름이 눈에 보일 정도로 물살이 센 곳이다.

1244년(고려 고종 31)에는 구재생도(九齋生徒)를 이곳에 모아놓고 하과(夏課: 여름철에 50일 동안 절에 들어가 공부하던 일)를 시켜 55명을 관리로 선발했다는 기록이 있다. 조선 시대에 들어와서는 삼포왜란 때 전라좌도방어사로 큰 공을 세웠으며, 1512년 함경도 지방 야인들의 반란을 진압한 황형에게 이 정자를 하사하였으며, 현재도 황씨 문중의 소유로 되어 있다.

임진왜란과 병자호란 때 대부분 파손된 것을 여러 번 중수하였으며, 한국전쟁 때도 파손되어 중수하였고, 1976년 강화 중요 국방유적 복원정화사업으로 현재와 같이 복원하였다. 이곳은 과거 민간인 통제 구역에 속해 있어서 일반인의 출입 제한이 있었으나, 2008년 민간인 통제 구역에서 해제되어 현재는 누구라도 관람이 가능하다.

1박 2일의 짧은 일정으로 문화유산을 둘러보기 위한 여행이라 몇 가지 아쉬운 점도 있었지만 정말 재미있고 유익한 강화 여행이었다.

멈춰진 시간의 기억을 찾아 떠난
군산, 논산 여행

멈춰진 시간의 기억을 찾아 떠난 군산, 논산 여행

2013년 9월 초순 전북 군산과 충남 논산 지역을 다녀왔다. 일제 강점기의 잔재가 많이 남아 있는 군산 지역의 건축물과, 조선의 3대 시장 중 하나였으나 식량 수탈을 위해 익산 및 군산을 철도와 항만 거점으로 개발한 일제 강점기 후반부터 쇄락의 길을 걸어온 논산의 강경 시장을 둘러보는 것이 주요한 일정이었다.

오전 8시 서울의 양재동에서 출발한 우리 일행은 11시가 다 되어 군산에 도착했다. 군산은 1899년 개항하면서 거류지가 설정되고, 격자형 도시 공간이 계획되었다. 이후 전북의 일본인 거점 도시가 된 군산은 항구와 철도를 중심으로 성장했다.

전북 최초로 1903년 제일은행 군산 지점, 1907년 18은행 군산 지점, 1923년 조선은행 군산 지점이 각각 개설되었다. 한편 종교를 통한 문화 말살 정책의 일환으로 1면에 1신사가 세워졌고, 광복 이후 신사는 불타거나 철거되었다. 일본식 불교를 포교하던 '동국사(東國寺1984)'가 금광동에 한국 유일의 일본식 사찰로 남아 있는 곳이기도 하다.

동국사는 1913년 일제 강점기에 일본인 승려 우치다(內田)에 의해 '금강사'라는 이름으로 창건되었으며, 한국의 전통 사찰과는 다른 양식을 띠고 있다. 주요 건물로는 대웅전, 요사채, 종각 등이 있으며, 8·15 광복 뒤 김남곡 스님이 동국사로 사찰 이름을 바꿔 오늘에 이르렀다. 특히 1934년에 지어진 대웅전은 2003년에 등록 문화재 제64호로 지정되었다.

대웅전은 요사채와 복도로 연결되어 있으며, 정면 5칸, 측면 5칸의 목조 건물이다. 지붕은 팔작지붕 홑처마 형태로 높이 솟아 있는 전형적인 일본식이다. 건물 외벽에는 창문이 많고, 처마는 한국의 여느 사찰 처

국내 유일의 일본식 사찰인 '동국사' 본당

마에서 볼 수 있는 단청도 풍경도 없이 아무런 장식이 없는 것이 특징이다. 일본 에도(江戶) 시대의 건축 양식을 따른 사찰로 법당의 내부 공간이 바뀌었지만 원형이 잘 보존되어 있다.

지붕과 처마가 높고 길어서 여름에는 무척 시원할 것 같은데, 역시 일본 건물은 겨울에는 매우 추울 것 같아 보였다. 일본 동경에 살 때 신사나 절을 자주 방문한 경험이 있어 대웅전에는 별다른 감동을 받지 못했지만, 아직도 한국에 일본 절이 남아 있다는 사실이 놀라울 따름이다.

그리고 생각보다 소소하고 작은 종각과 범종을 보고도 놀랐다. 일본의 종은 작았구나! 동국사를 둘러본 우리들은 다시 길을 돌아 인근 월명동의 '옛 군산부윤 관사'를 잠시 둘러보았다. 1930년대에 지어진, 요즘으로 보자면 시장 관사였던 이곳은 1990년대까지 관사로 사용되었다고 한다.

이후 1996년 일반에 불하되어 현재는 식당으로 쓰이고 있는데, 내외부가 많이 개조되어 현재는 원형이 많이 변형되어 있었다. 건물 뒤편에 석등, 석탑, 연못 등이 있는 정원이 있어 예전의 영화를 말해 주는 듯했다. 보기 좋게 수리를 하면 역사관이나 문화 공간으로 쓰일 수도 있을 것 같아 보여 약간은 아쉬웠다.

이어 '신흥동 일본식 가옥'이라고도 하고 '히로쓰 가옥'이라고도 불리는 전형적인 일본식 2층 가옥을 찾았다. 군산 지역의 유명한 포목상이었던 일본인 히로쓰가 1925년 건축한 근세 일본 무사 가옥이다. ㄱ자 모양으로 붙은 건물 2채가 있고, 두 건물 사이에 꾸

영화 촬영장으로 쓰였던 '히로쓰 가옥'

며진 일본식 정원에는 큼직한 석등이 놓여 있다.

히로쓰는 지주가 많았던 군산 지역에서 보기 드물게 상업으로 부를 쌓은 사람이다. 1층에는 온돌방, 부엌, 식당, 화장실 등이 있고, 2층에는 일식 다다미방 2칸이 있다. 영화 '장군의 아들', '바람의 파이터', '타짜'의 촬영 장소가 되기도 하였다. 2009년 등록 문화재 제183호로 지정되었다. 나는 무사들이 사용하던 주택을 그대로 옮겨온 히로쓰의 얼굴이 보고 싶어졌다.

특히 유난히 삐걱삐걱 소리가 많이 나는 마루를 걸어가면서 예전 사무라이들이 왜 한 발짝 한 발짝 움직일 때마다 마루에서 소리가 나도록 집을 지었는지 이유를 알 것 같았다. 적의 침입을 사전에 알고 싶어 했던 사무라이와 히

로쓰의 얼굴이 내 눈 앞에 이중으로 어른거렸다. 사무라이를 닮았을 것 같은 장사꾼 히로쓰의 모습이 자꾸 떠오른다.

일본풍 가옥이 즐비한 군산

이어 인근 월명동의 '고우당 게스트하우스'로 이동했다. 도심 한가운데 일본식 가옥이 10채 정도 남아 있는 것 같아 놀라서 둘러보았지만, 최근에 지은 일본식 집으로 숙박과 간단한 음식과 차를 파는 곳이다. 게스트하우스로 너무 운치도 없고 시끄러운 공간에 자리를 잡고 있어서 도저히 숙박에 대한 끌림이 없어 보이는 곳이었다.

잠시 쉬어가면서 차를 한잔하거나 식사하는 정도로 이용을 하면 좋을 것 같아 보이는 것이 나만의 생각일까? 이런 시설은 그만 만들었으면 한다. 외양은 닮을 수 있어도 오랜 시간의 기억과 흔적까지 담을 수 없는 현실을 공무원들은 아는지 모르는지. 차라리 방금 전에 살펴본 부윤 관사나 히로쓰 가옥을 말끔하게 수리하여 숙박을 하는 것이 더 현실적인 방법 같은데 안타깝다.

벌써 정오를 한참 넘기니 배가 고프다. 아침으로 선식 한잔을 마시고 군산까지 왔으니 피곤하기도 하지만 배도 고프다. 인근에 있는 '한일옥'이라고 하는 기사 식당에서 쇠고기무국으로 식사를 했다.

점심을 먹고, 커피를 한잔 마시고는 항구와 은행, 세관 등이 있던 장미동으로 이동했다. 걸어서 15분이 조금 넘게 걸리는 길로 중간에 유명한 '이성당 빵집'도 보이고, 멀리서 밀려오는 바다 내음이 코를 간질이는 곳이다. 가장 먼저 간 곳은 동경대학 출신의 건축가로 서울의 천도교 중앙대교당, 덕수궁 미술관, 중앙고등학교 서관 및 동관 등을 설계한 '나카무라 요시헤이(中村與資平)'가 설계한 '조선은행 군산 지점'이다.

진짜 이쁘고 튼튼하게 잘 지어진 건물이다. 2층의 벽돌 건물로 층고가 높

아 실재로는 4층 높이와 비슷하며, 함석판을 이은 모임지붕이 특징이다. 장
방형의 평면으로 정면 중앙에 출입구가 있고, 측면에 부출입구가 있다. 서양
고전주의 건축의 디자인 원리인 대칭과 수직을 강조했다.

정면 중앙에는 5개의 평 아치
창이 있고, 경사가 급한 지붕 경
사면에 길고 높은 창을 두어 자연
채광이 가능하도록 만들었다. 서
울에 있는 한국은행 본점 건물과
느낌이 비슷하다. 순간 나는 소
설가 채만식 선생의 〈탁류〉에 나

조선은행 군산 지점

오는 호색가 고태수가 다니던 이 은행이 떠올랐다.

고태수처럼 당시 조선은행 군산 지점은 일본 상인들에게 군산과 강경의
상권을 장악하는 데 기여한 침탈 자본주의의 상징이었던 은행으로, 광복 이
후 한일은행 군산 지점으로 쓰이다가 유흥 시설로 잠시 사용되기도 했다. 화
재로 한참 동안 비어 있다가 지난 2008년 복원 작업을 거쳐 군산 근대 건축관
으로 개관되어 일반인들에게 군산의 역사와 시간의 흐름을 알려 주고 있는
공간으로 쓰이고 있다. 아이와 함께라면 내부를 둘러보는 것도 좋을 것 같다.

조선은행 군산 지점 건물을 두루 둘러본 우리들은 바로 옆에 있는 '구 일
본 제18은행 군산 지점'으로 갔다. 항만 주변의 옛 조계지를 따라서 생각보
다 많은 일본식 건물들이 남아 있었다. 일본 18은행은 군산 최초의 은행으로
1907년에 세워졌다. 건물은 은행 본관 1동, 2층 창고 1동, 2층 사무실 1동으
로 구성되어 있으며 제법 규모가 크다.

일제 강점기 은행 건축의 일반적인 양식으로 지어져 두꺼운 벽에 외관이
폐쇄적이며, 부분적으로는 인조석으로 장식되어 있다. 현재는 본관 정면 출

입구와 내부가 많이 개조된 상태다. 그러나 수직창 상부의 반원 아치창 부분과 부속 건물 2개 동은 원형을 그대로 간직하고 있다. 일제 강점기 일본 사업가들의 한국 진출과 쌀 수탈, 미곡 반출, 토지 강매 등 일제 수탈의 역사를 그대로 간직하고 있는 은행 건물이다.

2008년에는 등록 문화재 제372호로 지정되었다. 현재는 보수 복원을 통하여 군산 근대 미술관으로 활용하고 있다. 부속 건물들은 다목적 소극장인 장미(藏米) 공연장과 문화 예술 체험 교육장인 장미 갤러리로 사용하고 있다. 우리 일행이 방문한 당일에는 지역 화가들의 작품이 다수 전시되어 있어 모두들 관심 있게 그림을 감상했다. 이어 옆 동에 위치한 무역 회사였던 미즈상사 건물을 개조한 '미즈카페'로 들어가 차를 한잔했다.

요즘은 지방 어디를 가도 쉽게 내가 좋아하는 아메리카노 한잔을 즐길 수 있어 좋다. 이곳 카페 1층은 사무실을 개조한 보통의 찻집으로, 2층은 다다미방을 개조하여 책이 있는 북 카페로 활용하고 있다. 오래된 건물에서 커피를 한잔하니 퇴근 후 집에서 차를 한잔하는 것처럼 무척 기분이 좋다.

차를 마신 후 다시 옆에 있는 '대한통운 창고'를 둘러본 다음, '군산 근대 역사박물관'과 박물관 옆 주차장 부지에 세워진 '근대 산업 유산 예술 창작 벨트'를 둘러보았다. 일제 강점기에 지어진 근대 건축물 등을 이용하여 문화 예술 도시로 거듭나기 위한 군산시의 노력이 돋보이는 테마 거리다.

그리고 마지막으로 내 맘에 쏙 드는 건물을 하나 발견했다. '구 군산 세관 본관'이다. 1908년 독일인이 설계하고 벨기에서 적벽돌을 수입하여 유럽 양식으로 건축한 작지만 아름다운 건물이다. 건물 앞쪽에 포치를 설치하고 외벽은 낮은 화강암 기단 위에 적벽돌을 쌓았다.

창틀은 원래 목재였으나 현재는 알루미늄으로 바뀌었고, 연화조 동판의 지붕 위에 세 개의 바늘 탑을 세웠다. 지붕 뒷면 한가운데 벽난로 굴뚝이 있으

붉은 벽돌로 지은 '군산 세관'

며, 뒷문 위쪽에 캐노피가 있고, 이를 받치는 부분은 꽃무늬로 장식하였다. 입구에 들어서면 현관 좌우로 방들이 연결되어 있고, 오른쪽 복도 중간에 중앙홀로 출입하는 문이 있다. 내부의 벽과 천장은 회반죽으로 마감하였으며, 창과 문 위쪽에 아치 형태의 장식이 있다.

같은 양식으로 구 서울역 건물이 있으며, 근대 초기의 건축상과 세관의 발달상을 살펴볼 수 있는 멋진 자료이다. 특히 세관 건물은 너무 마음에 들어 앞뒤를 전부 살펴보고는 돌아섰다. 이런 건물은 개조하여 기념관이나 숙박 시설로 쓰면 무척 좋을 것 같다. 찻집도 좋고.

우리 일행은 바닷가로 향하여 예전 익산과 군산을 오가던 폐 철로를 살펴본 다음, 군산 내항에 있는 부잔교(뜬다리)를 보러 갔다. 원래 군산항은 금강 하구와 중부 서해안에 자리한 지리적 특징으로 고려 시대부터 물류 유통의 중심지였다. 이러한 해상 교통로의 역할을 염두에 둔 일본은 1899년 군산이 각국 조계 지역으로 개항된 후 군산항에서의 영향력을 확대하고자 1905년 제1차 축항 공사를 시작하여 1921년까지 많은 공사를 통해 연 80만 톤에 달하는 수출입 화물 하역이 이루어졌다고 한다.

특히 조수간만의 차이가 심한 군산항에 적합하게 설계된 부잔교는 물 수위에 따라 다리가 올라갔다 내려갔다 하여 뜬다리 부두라고도 하며, 1918년 ~1921년, 1933년에 각각 준공되었다고 한다. 난생 처음 보는 이상한 모양의 다리를 보고는 다리 위에 올라서 보기도 하고, 앞에 있는 빈 배에까지 몰래 올라 바다를 한참 동안 바라보았다.

정말 맛있는 이성당 빵집

다시 시내 쪽으로 길을 돌려 '이성당(李盛堂) 빵집'으로 갔다. 중앙로 1가에 위치한 제과점으로 국내에 현존하는 가장 오래된 빵집이다. 나는 이곳에서 가장 유명하다는 쌀로 만든 팥빵을 여러 개 사서 이틀 동안 6개나 먹었다. 쌀가루에 방부제, 유화제를 넣지 않아서 그런지 속이 쓰리지 않아 무척 좋았다.

빵을 먹으면서 다시 버스를 타고는 개정동에 위치한 '이영춘 가옥(李永春家屋)'으로 갔다. 이영춘 박사는 1929년 세브란스를 졸업한 다음, 1935년 교토대에서 의학박사를 받았다. 그 뒤 구마모토(熊本) 농장 의무실 진료소장으로 부임하여 군산에 정착하게 된다.

그는 평생 의사로서의 진료 사업과 사회사업에 매진하였으며, 1948년 '농촌 위생연구소'를 처음 설립하고 후에 '한국 농촌 위생원'을 창설하는 등 농

국내 최고를 자랑하는 '이성당 빵'

촌 사회 및 농민 생활 전반에 대한 조사 연구를 했다. 또한 농촌 보건 요원의 질적 향상을 위하여 보건사회부의 위촉을 받아 간호사 · 양호 교사 · 결핵 관리 요원 · 가족계획 사업 요원의 단기 수련 사업도 실시했다.

1957년에는 농촌 위생원 구내에 일심영아원을, 1965년에는 군산에 일맥 영아원을 설립하여 농어촌에서 버림받고 의지할 곳이 없는 영아들을 양육했다. 농촌 지역 아동의 건강을 위해 무상급식과 농민들의 성병 예방과 치료, 디스토마 박멸을 위해 많은 일을 했다.

나무가 무척 많은 이영춘 가옥은 그냥 보기에도 외양이 너무 멋있고, 유럽과 일본, 한옥의 정취를 혼합한 듯한 특이한 건물이다. 가정집으로서는 크기도 매우 크다. 현재 군산시에 남아 있는 일제 강점기 시절의 건물 중에서 가

일제 강점기 건물 중 가장 보존이 잘된 '이영춘 가옥'

장 보존이 잘된 건물이라고 한다.

일본인 농장주 구마모토가 1920년대에 건축하였는데, 건축 당시 조선 총독부 관저와 비슷한 건축비를 들여 별장으로 지은 곳이다. 외부 형태는 유럽 양식이며, 평면 구조는 일본식의 중복도형을 바탕으로 하고 있다. 양식의 응접실과 한식의 온돌방이 결합된 복합 건축 양식이다.

가옥 내의 기초와 벽난로는 호박돌을 허튼층쌓기 하였고, 외벽의 하부는 통나무를 절반으로 켜서 걸침턱맞춤으로 짠 귀틀집의 구조이며, 외벽의 상부는 회반죽 뿜칠로 마감하여 색채와 질감이 목재와 좋은 조화를 이룬다. 지붕은 요철이 있는 평면 구조에 맞추어 박공과 모임지붕이 결합된 형태 위에 판석으로 마감했다.

이 집의 바닥은 티그목 쪽매널이 정교하게 짜여 있으며, 샹들리에 및 가구들은 외국에서 수입한 고급 자재를 사용하였다. 중복도를 중심으로 남쪽에 커다란 다다미방이 있고, 북쪽에는 온돌방이 있으며, 복도 끝에 작은 홀이 있어 부엌과 다용도실, 화장실이 연결된다.

외부와 연결되는 북쪽 창은 유리를 낀 세살창과 미닫이 방충망, 완자창 등 3중의 창을 만들었으며, 부엌은 북쪽에 개수대를 설치하여 서서 행동하도록 된 부엌으로 개조하였다. 광복 직후부터 개정병원 원장이었던 이영춘 박사가 사용하면서 일식의 다다미방을 온돌방으로 개조하였으며, 외관의 구조를 포함한 전체적인 주거의 틀은 그대로 유지되어 있다.

특히 이 건물은 일제의 토지 수탈의 역사를 보여 주는 사료적 가치가 있으며, 이영춘 박사의 지역 의료 활동에 끼친 역사적 비중을 볼 때 가치가 있다. 현재 학교법인 경암학원의 소유로, 2003년 전라북도 유형 문화재 제200호로 지정되었다.

살면서 이제까지 본 집 중에 가장 깔끔하고 세련되게 지어진 고택이다. 외부의 호박돌이 무척 마음에 들었고, 집안에 있는 일본식 중복도와 창문 등도 나름대로 특색이 있었다. 마당에 있는 수령 100년은 된 나무들도 생기가 넘치는 것이 이런 집에 며칠 쉬었다 가면 편해질 것 같다는 생각이 들었다. 나는 일제 강점기 국민 의료에 힘쓴 이영춘 박사님에게 잠시 기도를 하고, 해설사에게 집과 박사님에 관한 안내를 받고서 돌아서 나왔다.

이어서 방문한 곳은 임피면에 위치한 장항선의 철도역 '임피역(臨陂驛)'이다. 1936년에 지어진 역 건물은 원형이 잘 보존되어 있다. 농촌 지역 소규모 간이역사의 전형적인 건축 양식과 기법은 물론 철도사적 가치가 큰 것으로 평가되어 지난 2005년 등록 문화재로 지정되었다. 2008년 5월부터 여객 취급이 중지되면서 역으로서의 역할은 잃은 곳이다.

본래 임피역은 당초 읍내리에 만들어져야 했으나, 읍내리의 유림들이 풍수지리적 이유로 반대하여 이곳 술산리를 경유하게 되었다고 전한다. 일본이 호남평야의 쌀을 일본으로 반출하기 위해 건립되어 당시 군산선(대야~임피~개정~군산항)의 중앙에 위치, 쌀 등 각종 화물을 일본으로 실어 내는 교통 요지였다.

임피역 동상

이 쓸모없는 간이역은 다행스럽게도 2010년 문화관광체육부의 '유휴 자원(폐선철로·간이역) 관광 자원화 사업' 대상지로 선정되어 지원을 받아 다시 부활했다. 임피역 내부 복원을 비롯해 시실리 광장과 방죽 공원, 열차 체험 교실, 전통 우물 등을 완공했다.

특히 역전의 방죽 공원에는 일제의 쌀 수탈을 위해 건설된 군산선의 아픈 역사가 그려지고, 시실리 광장에는 거꾸로 가는 시계탑이 만들어졌다. 또 임피역 내부에는 장작난로와 채만식의 대표 소설 〈태평천하〉의 등장인물을 구성한 세트 등이 설치됐다. 또한 외부에 옥구 항쟁과 관련해 기념벽이 조성됐는데, 여기에는 34인의 애국투사 명단과 애국지사 18인의 명단이 새겨져 있다.

이와 함께 코레일에서 무료로 제공한 기차를 이용해 1930년대 기차 내부 및 승객들의 모습도 재현했다. 아울러 군산시는 인근 채만식 문학관을 연계한 문학기행 관광 상품도 개발 중이라고 한다. 우리들은 지는 해를 바라보면서 철길을 걷기도 하고 사진도 찍으면서 역 안팎을 전체적으로 둘러보았다.

우리 일행은 다시 버스를 타고 이웃한 익산시 황등면에 위치한 '한일식당'으로 가서 육회비빔밥으로 저녁 식사를 했다. 다른 곳의 비빔밥과는 달리 이곳의 비빔밥은 미리 밥을 볶은 다음 볶은 밥 위에 기호에 따라 육회나 익힌

고기를 올려 주는 방식으로 아래의 밥이 너무 고소하고 맛있어 식욕을 돋우는 역할을 해서 좋았다.

맛있는 밑반찬과 시원한 숭늉까지 마시고 우리들은 익산 시내에 있는 '원불교 성지'를 잠시 둘러본 다음, 시내의 선술집에서 막걸리를 한잔하고는 숙소인 '익산 유스호스텔'로 갔다. 이동거리가 많았지만, 상당히 재미난 하루였다. 다음 날 아침 익산의 공기는 무척 맑고 상큼했다.

평소보다 늦은 시간인 7시에 일어나 구내식당에서 식사를 하고, 버스를 타고 함라면 함열리로 갔다. 이곳은 한옥과 옛 담장이 멋스러운 전통 마을이다. 여기는 한국의 일반적인 동족촌과는 달리 성이 다른 3인의 가옥을 중심으로 마을이 번성했다.

걷기 좋은 함라 마을의 한옥 골목

한때는 함라 마을의 인심이 전라도 인심을 좌우한다고 할 정도로 대단한 곳이었다. 나비가 되어 꿈길을 날듯 나는 멋진 한옥의 담장을 넋을 놓고 바라보며 한참을 걸었다. 재미있게도 함라 마을의 담장은 주택의 규모가 그리 크지 않은데도 담장이 높은 점이 특징이다. 대부분 흙다짐에 돌을 박은 형식인 토석담이 주류를 이루고 있으며, 그 밖에도 토담, 돌담, 전돌을 사용한 담 등 다양한 형태의 담이 섞여 있다. 담장 일부는 거푸집을 담장의 양편에 대고 황

궁궐의 양식을 흉내 낸 함라 마을 꽃담과 한옥 골목

39

토, 흙과 짚을 혼합하여 축조한 판벽으로 되어 있다.

그래서 애써 담장을 자세히 살펴보기 위해 오는 사람들도 많다. 그러나 아쉽게도 요즘 보수한 담장은 원형을 잘못 복원하여 약간 웃기게(?) 만들어진 곳도 있다. 아무튼 이곳의 한옥과 담장은 마을 주민들 스스로의 힘으로 세대를 이어 가며 만들고 덧붙인, 우리 민족의 미적 감각이 고스란히 담겨 있는 소중한 문화유산임에 틀림없으며, 걸어서 둘러보기에는 무척 좋은 곳이다. 특히 차순덕 가옥의 담장은 담장 양편에 거푸집을 대고 황토와 짚을 섞어 쌓은 전통적인 축조 방식으로 보기 드문 사례라고 한다.

마을을 전체적으로 크게 돌면서 살펴본 다음, 처음으로 방문한 곳은 함라 마을 삼부잣집(조해영, 이배원, 김안균) 중 하나인 '조해영 가옥(趙海英 家屋)'이다. 이곳은 현재는 정말 볼품이 없지만, 마을에서 가장 인심이 좋았던 만석꾼 집으로 예전에 주로 국악인들이 머물면서 연습도 하고 공연도 하던 곳으로 유

조해영 가옥

명하다. 1986년에 전북 문화재 자료 제121호로 지정되었다. 본래 12개의 대문에 수십 채의 건물이 있었던 것으로 추정되나, 현재는 안채 1동과 별채 1동, 그리고 변형된 문간채만 한적하게 남아 있다. 안채 상량문에 '대정(大正) 7년'이라 명기되어 있어 1918년에 건축된 것을 알 수 있으며, 별채는 안채보다 조금 늦은 1922년 전후에 지어진 것으로 추정된다. 정남향에 가까운 남남서향이다.

안채와 별채는 모두 남북으로 길게 서로 평행하게 배치되어 있으나 안채

는 남쪽을, 별채는 서쪽을 향하고 있다. 집을 워낙 크게 지어 시기에 따라서 방향을 달리한 관계로 보이며, 대문이 많은 집이라 주로 대문을 바라보는 방향으로 건물을 배치한 듯 보인다.

이 집은 조선이 망한 직후 궁궐 건축을 하던 대목장들이 지방으로 낙향을 하여 지은 건물의 특징을 모두 가지고 있으며, 궁궐에서나 발견할 수 있는 용 문양과 꽃담 장식 등을 갖추고 있는 것이 특징이다. 하지만 현재는 안채 난간 은 상당히 훼손되었으며, 모든 건물의 기와가 퇴락하였고, 일부 건물은 누수 공사가 필요한 곳도 있는 등 보존 상태가 매우 나쁘다.

여기에 원래 남아 있던 많은 대문은 대부분 없어지고 좁은 문이 남아 있 는데, 보존 상태도 불량하다. 안채와 별채로 둘러싸인 공간을 제외하고는 뒷 담이 없이 거의 텃밭으로 이용되고 있다. 또한 특이하게 별채 동편 울타리 밖 바로 가까이에는 김육(金堉)의 선정비가 있다.

이것으로 보아 이 근방에 비석군(碑石群)이 있었던 것으로 추정된다. 이 비석들은 원래는 집안에 있던 것으로 보이지는 않고 집이 확장되면서 집안 으로 자연스럽게 들어온 듯하다. 집안 전체는 쇠락한 양반가의 모습인데, 후 손들은 어딘가에 있는 것 같아 보였다.

하지만, 현실적인 지원이 없는 상태에서 유지 보수는 제대로 이루어지지 않고 방치되어 있는 듯 보여 안타까울 뿐이다. 일제 강점기 수많은 국악인들 이 이 집의 도움을 받았는데, 이제라도 국악인들이 중심이 되어 주인장에게 양해를 구해 이 집을 수리하고 유지하면서 국악 관련 기관으로 사용했으면 하는 생각이 들었다. 가능하다면 말이다.

다음으로 방문한 곳은 바로 이웃에 있는 '이배원 고가(李培源 古家)'다. 지 난 2002년 익산시 향토 유적 제10호로 지정되었다. 1917년 만석꾼 이배원이 지은 집이다. 안채는 방과 대청, 부엌으로 구성되어 있는데 ㄱ자 형태이며,

이배원 가옥

구조는 장대석 기단 위에 치석한 초석을 놓고, 그 위에 방향 기둥을 세운 다음 도리로 결구하고 있다.

공포는 물익공 양식이고, 창방과 장여 사이에는 소로가 끼여져 있으며, 가구는 대청 상부는 1고주 5량가이고, 방과 대청이 접하는 부분에는 2고주 5량가이다. 지붕은 팔작지붕을 ㄱ자 형태로 꺾어 연결하고 있다. 사랑채는 역시 안채와 같은 구조이나 누마루가 발달되어 있다.

건립 당시에는 안채·사랑채·행랑채·문간채·곳간채 등 여러 채가 있었으나 현재는 안채와 사랑채만 남아 있다. 안채는 입식 부엌이 들어선 뒤쪽 공간 외에는 비교적 원형을 유지하고 있으며, 현재는 외부인을 위해 한옥 민박을 하고 있어 누구나 방문하여 숙박이 가능하다. 사랑채는 주인이 관리하는 것이 힘들었던지 지난 1959년에 원불교가 내부를 완전히 개조해 교당으로 활용하고 있다. 숙박을 하고 원불교 교당으로 쓰고 있어 외부인이 편하게 둘러볼 수 있는 장점이 있는 곳이다. 원래는 안채와 사랑채 사이에 내담을 두고 복도를 설치하여 통행이 가능하도록 되어 있었다.

마지막으로 방문한 곳은 언제나 문이 닫혀 있어 내부를 전혀 볼 수 없는 '김안균 가옥(金晏均家屋)'이다. 1986년에 전북 민속자료 제23호로 지정되었다. 안채와 사랑채는 1922년에, 동·서 행랑채는 1930년대에 건립되었다. 일제 강점기 상류층 가옥의 변모를 보여 주며, 조선 말기 양반 가옥 형식을 기본으로 하여 구조와 의장에 일본식 수법이 가미되었다.

서양식을 본떠 거실과 침실을 구별하였고, 사랑채와 안채 앞뒤로 복도를 두르고 유리문을 달아 채광을 조절하였다. 사랑채 옆에는 세면대가 딸린 화장실을, 행랑채 끝에는 목욕탕을 배치하였다. 대청은 누마루 형식으로 정교한 아자(亞字) 난간을 둘렀으며, 주춧돌은 정교하게 잘라낸 희고 매끄러운 화강암을 사용하였다.

행랑채 끝에 정문이 있고, 곳간은 정면에 기둥을 세워 지붕을 연결한 포치 형식으로 바닥에 시멘트를 발라서 통로로 이용하였다. 뒤쪽 집들을 사들여 점차 넓힌 탓에 넓은 대지에 비해 건물이 앞쪽으로 몰려 있다. 이 집은 주인장이 광복 직후 공산주의자인 박헌영을 지원한 이유로 오랫동안 수난을 당해, 현재 외부와의 소통이 거의 없이 늘 문을 닫고 있

김안균 가옥

어 집 안을 살펴보는 일이 쉽지 않다. 하지만 건너편 교회 종탑에 올라 일부를 조망하는 것은 가능하다. 참 너무 정갈하게 유지가 잘 된 한옥이다. 언제 한번 기회를 봐서 방문을 하고 싶지만, 쉽지는 않을 것 같아 아쉬운 곳이다.

다시 버스를 타고 우리가 이동한 곳은 익산시 망성면 화산리 나바위 부락에 있는 유명한 성당인 '화산 천주교회'라고도 하고 '나바위 성당'이라고도 불리는 우리나라에서 가장 오래된 성당 중에 한 곳이다. 한국인 최초의 김대건 신부가 중국에서 1845년에 사제서품을 받고 페레올 주교, 다블뤼 신부와 함께 옛날 선착장이었던 이곳 나바위의 황산 나루터에 상륙한 것을 기념하기 위하여, 동학 농민 운동 때 망한 김여산의 집을 개조하여 준공한 목조 건물이다. 이 한옥 성당은 1987년 사적 제318호로 지정되었다.

나바위 성당   '나바위 성당'의 스테인드글라스

   그후 1916년 종각을 덧붙여 건립하면서 목조 벽체를 헐고 벽돌벽으로 개
조하였는데 이 지방 벽돌로 중국인들이 쌓았다고 한다. 1922년에는 요셉 까
다르 신부가 바깥 기둥 밑부분을 돌기둥으로 바꾸었다. 평면은 장방형으로
네이브와 아일 없이 중앙에 일정한 간격으로 기둥들을 세워 보를 받쳤다. 본
래는 이 기둥들에 칸막이를 두어 남녀 신도석을 구분하여 출입구도 달리한
것이 가장 큰 특징이다.

   지금도 이런 전통은 이어지고 있는 듯하다. 바닥은 장마루이고 천장은 판
자로 마감하였다. 제대가 있는 곳은 반원 아취로 천장을 받치고 있다. 정면은
잘 다듬은 석재로 기초부를 이루고, 그 위에 벽돌쌓기의 종탑부를 두었다. 종
탑부의 모서리는 후렛버트레스(Flat buttress)가 직교되게 하였다.

   본당의 지붕은 합각을 형성한 팔작지붕으로 한식 기와를 얹었고, 지붕 아
래에는 팔각 채광창을 두었는데 이는 팔괘의 상징이라고 전한다. 특히 양 측
면에는 개방된 회랑이 있는데 서까래가 그대로 노출된 연등천장을 이루어
도리, 보와 더불어 한국적인 분위기를 연출하고 있다.

　전체적으로 볼 때 이 성당은 천주교가 이 땅에 정착하면서 서양식 성당 건축을 짓지 않고, 전통의 한국 목조 건축과 조화되도록 한양(韓洋) 절충 양식으로 지었다는 점에서 그 의의가 크다고 할 수 있다. 아울러 멋스러운 한옥 성당 내부에 있는 형형색색의 화려한 스테인드글라스가 너무 아름다웠다.

　인근에서 점심을 해결한 후 우리는 다시 버스를 타고 완주군 삼례읍의 '삼례 문화 예술촌'으로 간다. 최근에 개관한 완주군 삼례읍의 삼례 문화 예술촌은 100년 이상된 농협 창고들을 개조하여 만든 전통과 현대를 어우르는 지역 문화 예술의 중심 공간이다. 예전부터 삼례는 호남 최대의 역참지이며 조선 시대 삼남대로와 통영대로가 만나는 지점으로 역사·문화적으로 의미가 큰 곳이었다.

　이곳은 애물단지로 전락한 창고를 리모델링 공사를 통하여 종합 세미나실, 비쥬얼 미디어 아트 미술관, 문화 카페, 책공방 북아트센터, 디자인 뮤지

삼례 문화 예술촌 목공방, 책공방, 미술관

엄, 김상림 목공소, 책 박물관으로 개조하여 사용하고 있으며, 내부에 별도의 매표소와 안내소, 주차장, 관람 및 야외 공연장 등을 마련했다. 이를 통하여 지역 주민의 생활 환경 개선 및 도시 재생의 새로운 모델을 제시했고, 예술가들의 일자리 창출 및 공공 미술의 스펙트럼 확장을 통한 지역 문화 예술의 중심으로 자리매김하였으며, 젊음과 사색이 공존하는 열정적인 문화 공간의 역할을 하고 있는 듯했다.

천천히 내부를 둘러보면서 커피를 한잔하기도 하고, 책방을 살펴보고, 목공소에 가서 작업하는 모습도 지켜보았다. 디자인 뮤지엄에서는 현재의 디자인 추세를 보았고, 비쥬얼 미디어 아트 미술관에서는 다양한 작가들의 전시작도 감상했다. 이런 시골에 미술관을 겸한 아트센터라! 대단한 변화를 느낄 수 있었다. 내 고향 영주의 많은 빈 창고들도 다시 보아야 할 시점이 된 것 같다.

시간 여행을 강경으로 떠나다

삼례 문화 예술촌에서 지역 문화의 미래와 꿈을 살펴본 우리들은 마지막 행선지인 충남 논산시 강경읍으로 이동했다. 호남과 충청도의 농산물과 해산물이 넘쳐났던 강경에는 예전부터 밥 굶는 일이 없었다고 전한다. 그래서 가난한 집도 새우젓과 쌀밥을 먹는다는 말이 있을 정도로 번창했었다.

언제나 항구 주변은 사람과 온갖 물산으로 흥성거렸다. 서해 바다 뱃길을 통해 전국 각지에서 몰려든 장사꾼들로 시끌벅적했다. 하루 100여 척의 배가 강 위에 줄을 섰고, 2~3만 명의 상인이 침을 튀기며 흥정을 하기 바빴다. 그래서 강경은 일찍이 금강 하류에 발달한 농업과 어업을 바탕으로 한 항구 도시로서 평양, 대구와 함께 한국 3대 시장의 하나로 꼽혀 왔던 곳이다.

갑문 인근은 1960년대 초까지도 뱃사람들을 상대하는 술집, 요릿집, 여

1920년대 강경 시장 풍경

관들로 흥성했던 곳이다. 사실 강경의 쇠락은 이미 1889년 군산이 개항장이 되고, 1905년 경부선, 1912년 군산선, 1914년 호남선 철도가 개통됨에 따라 시작되었다. 그래도 외지인들이 보기에 아직도 강경은 살아 있는 근대사 박물관으로 일제 강점기의 지역 경제와 건축사를 연구하는 이들의 발길을 붙든다.

경술국치 이후 강경에는 근대적 행정·금융·교육 기관을 비롯해 경찰 등 통치 기구가 설치됐고, 일본인들의 유입에 따라 전통 가옥들은 일본식 가옥들로 바뀌었으며, 전통 포구의 풍경은 근대적 상업 포구의 모습으로 탈바꿈했다. 중앙리의 남일당 한약방과 중앙초등학교 강당, 남교리의 옛 강경 상업 학교 관사, 염천리의 옛 부두 노동조합 사무실, 서창리의 옛 한일은행 강경 지점, 황산리의 강경 화교 학교, 북옥리의 북옥 감리교회 등 등록 문화재들이 많다.

현재의 산업은 젓갈 가공 염장업의 제조와 판매가 주이며, 강경 젓갈 시장이 유명하다. 일단, 일행은 너른 평야 위에 있어 멀리 익산, 군산 지역은 물론 공주, 부여까지 한눈에 조망이 가능한 옥녀봉 공원에 올라 '침례교 최초 예배지'를 방문했다. 이곳 예배지는 예전 초가 가옥 모습과 다르게 슬레이트 지붕에 덧 달아낸 모습이었으나, 당시 모습을 기억하는 침례교회 관계자의 고증과 회의를 거쳐 연전에 복원했다.

한국 침례교회의 역사는 지난 1889년 서울에 도착한 캐나다의 독립선교사인 말콤펜윅의 선교 사업과 더불어 시작됐다. 엘라 씽 기념 선교회에서 1895년에 파울링 선교사 부부, 아만다 가데린양 등 선교사 3인을 한국 선교단 제1진으로 파송했다. 이때 인천에서 강경으로 배를 타고 오가며 포목 장사를 하던 지병석 씨가 1895년 전도되어 서울에서 침례를 받고, 겨울철 금강의 결빙이 풀려 뱃길이 열리자 강경으로 내려와 1896년 2월 주일에 강경 북옥리 자택에서 파울링 선교사 부부, 아만다 가데린양, 부인 천성녀 씨 등과 예배를 드리면서 한국 침례교회의 첫 예배를 하게 되었다.

초가인 침례교 첫 예배지

작고 아담한 초가집에 감동을 하고는 잠시 목례를 했다. 이런 전망 좋은 곳의 집에서 살거나 교회를 다녔으면 좋겠다. 옥녀봉에서 내려온 우리들은 한옥으로 깔끔하게 지어진 '구 강경 성결교회'를 둘러본 다음, '구 한일은행 강경 지점'으로 갔다. 지역에서 가장 오래된 은행 건물 중의 하나로 지난 2007년 등록 문화재 제324호로 지정되었다.

붉은 벽돌로 멋지게 지어진 이 건물은 1913년에 건축되었다. 입면의 비례가 적절하고 화강석으로 벽돌 벽면을 장식하여 세련된 모습이다. 4개의 그

랜드(grand) 필라스터(pilaster)와 화강석을 이용해 독특한 형태를 이루는 주두
(柱枓), 4개의 그랜드 필라스터를 엮어 주는 엔태블러처(entablature) 등은 안전
하고 굳건한 은행 건물의 이미지를 나타낸다. 비교적 원형이 잘 보존되어 있
는 건축물이다.

현재 박물관으로 쓰이고 있는 은행 안팎을 살펴본 다음, '구 강경 노동조
합'으로 갔다. 구 강경 노동조합은 1910년 중반 강경 포구의 하역 작업 처리
업무를 담당하던 노동자들이 결성한 조직체로서, 일반적인 의미의 노동조합
이라기보다는 하역 노동자들의 동업자 모임에 가까운 조직이었다.

한때 조합원이 2~3천 명에 달할 정도였으며, 조합원들은 하루에 200여
척의 하역 작업을 처리할 수 있었다고 한다. 1925년 10월 당시 조합장이자
객주였던 정흥섭이 5천 원의 사재를 출연하여 2층짜리 조합 사무실을 신축
하였다.

크게 멋지거나 이쁘지는 않았지만, 오래된 맛이 있는 이곳은 현재 가끔
새우젓 축제 안내소로 쓰이고 있다고 한다. 본래 2층의 일본 목조 건축 양식
건물이었으나 관리 소홀로 2층 부분이 무너져 내리면서 현재는 1층만 남아
있다. 정면 중앙부에 입구를 두고 돌출된 작은 지붕으로 포치를 구성하고 있
는 정면 5칸, 측면 3칸의 건물로 강경 지역 근대 상권의 흥망성쇠를 엿볼 수
있는 상징적인 건물이다. 2007년 등록 문화재 제323호로 지정되었다.

이어 바로 옆에 있는 '강경 성당'이다. 이 성당은 1945년 논산시 부창동 본
당에서 분리되어 설립되었다. 시골의 작은 성당답게 무척 소박하고 아담하
게 지어진 것이 멋스럽다. 학이 날개를 펴고 올랐다가 잠시 쉬어가기 위해 내
려앉은 모양처럼 단아해 보이기도 한다.

신자가 많지 않은 듯 너무 조용하고 아늑한 곳이다. 강경 인근에는 일찍
이 김대건 신부가 중국에서 사제서품을 받고 서해를 거쳐 첫 발을 디딘 곳

시골 성당치고는 멋진 '강경 성당'

으로, 베르모렐 신부가 설립한 유서 깊은 나바위 본당 등이 있는 곳이다. 나바위 본당의 베르모렐 신부가 연루되어 외교 문제로까지 확대된 '강경포 사건'이 원만히 해결되면서 교세가 더욱 확대되었고, 한국 교회의 순교자들 가운데는 이 지역 출신 신자들이 유독 많은 편이다.

마지막으로 간 곳은 '강경 중앙리 구 남일당 한약방'이다. 지역 최고의 근대 한약방 건축물이다. 2002년 등록 문화재 제10호로 지정되었다. 1923년에 세운 2층 한식 건물로 일본 가옥의 영향이 가미된 나무 구조이다. '남쪽에서 제일 큰 한약방'이라는 뜻의 '남일당(南一堂)'이란 이름처럼 1920년대 충남과 호남 지방에서 가장 큰 규모를 자랑하였다.

앞에서 보면 '一'자 모양이고, 옆에서 보면 'ㄱ'자 모양의 건물이다. 1층에 2개의 방을 두었고, 2층에는 3개의 방을 배치하였는데, 크기는 모두 5평 미만으로 좁은 편이다. 1973년 이후 한약방으로서의 기능을 잃고 창고로 방치되었으나 최근 수리하여 주인이 주말에 가끔 사용하고 있다.

별로 크지는 않은 건물이지만, 수리를 하여 깔끔하고 보기에 좋은 것이 오래도록 기억에 남을 것 같다. 특히 이 건물은 1920년대의 강경 시장 전경 사진에 등장하는 유일한 현존 건물이며, 근대 한옥의 다채로운 건축 양식을 살펴볼 수 있어 근대 문화재로서의 가치가 크다고 한다.

가을비가 오기 시작한다. 이제 서울로 돌아가야겠다. 지난 1박 2일 동안 순간 이동을 하듯 여기저기를 다니면서 수많은 근대 문화유산을 보고 느끼고 둘러보았

하룻밤 머물고 싶은 '구 남일당 한약방'

다. 특히 삼례 문화 예술촌과 히로쓰 가옥, 이영춘 가옥, 나바위 성당 등은 오래도록 기억에 남을 것 같다. 무척 즐겁고 행복한 여행이었다.

귀농하고 싶은 멋진 고장, 나주에 가다

귀농하고 싶은 멋진 고장, 나주에 가다

올해는 연속되는 태풍으로 인해 남도 지역에 피해가 심했다. 2012년 9월 중순 전라도 나주에서 배와 단호박 농사를 짓고 있는, 태풍 피해를 많이 본 노총각 성수를 만나고 위로하기 위해 친구들과 잠시 나주에 다녀왔다. 태풍으로 배는 거의 낙과를 했고, 다행히 단호박은 평년작은 된다고 한다. 혼자 농사를 짓고 있는 성수는 상당히 낙심을 하고 있는 표정이었지만, 오랜 만에 방문한 친구들과 즐겁게 이틀을 보냈다.

서울의 사당동에서 자가용으로 4시간을 가니 성수가 사는 나주시 산포면이다. 아침에 출발을 했지만, 나주에 당도하니 벌써 식사 때가 다 되었다. 성수는 점심으로 나주 특산품인 홍어를 먹자고 했다. 나는 "경상도 촌놈이 무슨 홍어야? 나주에 장어가 유명하다고 들었는데, 장어 먹자."고 우겨 산포초등학교 앞에 있는 장어구이 전문점인 '산포 제일장어' 집으로 갔다. 나주가 영산강 하구에 위치하고 있어 민물과 바닷물이 만나는 지역이라 장어가 무척 유명하다는 것을 알고 있던 나의 강한 주장이 관철되어 일행은 몸보신도 할 겸 장어 소금구이를 먹은 것이다.

우리는 나주까지 온 김에 성수의 농장으로 가서 배 밭과 단호박 농원을 둘러보려 했지만, 한사코 "그냥 관광이나 하고 즐기다 가라."는 성수의 만류에 일단은 나주를 한번 살펴보기로 했다. 길을 나서 이웃한 다도면 풍산리(楓山里)에 있는 '도래 전통 한옥 마을'로 갔다. '도천 마을'로도 불리는 이곳은 마을의 맥이 세 갈래로 갈라져 내 천(川)자 형국을 이루는 까닭에 도천이라는 이름이 붙었다.

이 마을은 조선 중종 때 풍산 홍씨(豊山洪氏)인 홍한의가 기묘사화를 피해 정착하면서 풍산 홍씨 집성촌이 되었다. 조선 후기 사대부 가옥이 많이 남아 있는 전형

나주 '도래 전통 한옥 마을'의 표지석

적인 한옥 마을로, 예전에는 가구 수가 100여 호나 될 만큼 규모가 컸다. 마을 뒤편 주산은 조선의 모든 군사가 사흘 동안 먹을 수 있는 식량이 있는 산이라 해서 이름이 식산(食山)이다. 마을 앞에는 넓은 들판이 펼쳐지는 전형적인 배산임수 지형으로 전체 경관이 빼어나다.

마을 입구에는 공동 정자와 연못 등이 있고, 정자 입구에 있는 2층 효자문 역시 독특한 아름다움을 자랑한다. 가옥은 기와집과 초가로 이루어져 있고, 집들 사이로 돌담길이 나 있어 옛 길의 정취를 흠씬 느낄 수 있다. 대표적인 건물은 종가인 홍기웅 가옥(중요 민속자료 151)을 비롯하여 홍기헌

가옥(중요 민속자료 165), 홍기창 가옥(전남 민속자료 9), 홍기종 가옥(전남 민속자료 10)을 들 수 있다. 모두 19세기 말에서 20세기 초에 지어진 근대 가옥으로, 원형을 고스란히 지니고 있어 구한말 근대 건축사를 공부하는 사람들이 많이 찾는 곳이다.

도천마을은 마을회지인 '도천동지(道川洞誌)'를 만들 만큼 역사와 전통을 간직한 마을로, 지금도 절기마다 마을 잔치가 열린다. '임꺽정'의 작가인 벽초 홍명희 선생의 선대가 이 마을에 살다가 뛰어난 학식을 인정받아 충북의 홍봉한 선생 집에 양자로 간 일화도 남아 있는 곳이다.

나는 '내셔널트러스트 문화유산 기금'으로 마련된 '도래마을 옛집'과 종택인 홍기응 가옥을 유심히 살펴보았다. 특히 관리인이 상주하면서 민박을 겸하고 있는 도래마을 옛집은 1936년에 지어진 일제 강점기의 근대 한옥으로 안채와 사랑방 공간에서 근대 건축의 특징이 잘 나타나 있어 꼼꼼히 살펴보았다.

한국 내셔널트러스트에서는 이 옛집을 보전 대상으로 지정, 2006년에 문화유산 기금 1억 원으로 매입하였으며, 복권위원회 복권기금 6억 원을 들여 보수했다. 이 옛집은 서울 성북동에 있는 국립 중앙 박물관장을 지낸 최순우 선생의 옛집에 이어 시민 문화유산 제2호가 된다.

뒤편에 있는 홍기응 종가는 사랑채와 본채는 비어 있는 듯했지만, 뒤채에는 주인이 살고 있는지 빨래가 걸려 있고 인기척도 들렸다. 사당도 갖추고 있어 조선 사대부의 숨결을 느낄 수 있었다. 마을 전체적으로 10여 채의 한옥이 남아 있고, 20~30채 정도는 개량되거나 양옥으로 지어져 있어 예전의 맛을 느끼기에는 부족한 점이 있기는 했지만, 나름 볼 것이 많은 고즈넉한 시골 마을이었다.

천년 나주목의 숨결 속을 거닐다

나주의 '도래 전통 한옥 마을'을 둘러본 우리들은 입구에 있는 연못가에 앉아 잠시 담소를 나누다가 저녁 식사를 하기 위해 삼영동에 위치한 한식 전문점인 '대지회관'으로 이동했다. 전라도에서 가장 놀라는 것은 물산이 풍부한 곳이라 그런지 별로 비싸지 않은 음식임에도 불구하고 반찬이 무지 많다는 것이다.

채 1만 원도 되지 않는 정식을 부탁했는데, 반찬이 무려 20가지 정도나 된다. 홍어회 무침을 비롯하여 굴비, 콩나물 무침, 멸치조림, 잡채, 부추무침, 김, 버섯, 오이무침, 양념게장, 돼지고기 두루치기, 된장국, 가지무침 등등 너무 많다. 밥도 맛있고 반찬도 맛있어 아주 잘 먹었다.

식사를 마친 우리들은 차를 타고 성수의 집으로 갔다. 오랜 만에 방문한 성수의 집에서 차를 한잔 한 다음 담소를 나누다가 일찍 잠자리에 들었다. 우리는 다음 날 아침 6시도 되기 전에 일어나 '영산포(榮山浦) 홍어의 거리'로 갔다. 예전에 한번 갔던 곳인데, 홍어 냄새도 그립고 주변 풍광이 마음에 들어 다시 찾았다.

원래 흑산도의 특산품인 홍어가 나주에서도 유명하게 된 것은 고려 시대 왜구의 침략과 관련이 있다. 고려 말 왜구가 흑산도 지역에 자주 출몰하여 피해가 잦자, 정부는 공도 정책을 펴서 주민들을 영산포로 강제 이주시켰다. 이때 흑산도 주민들을 따라 홍어도 나주로 들어왔다. 예전에는 흑산도에서 영산포까지 뱃길로 5일 이상 걸리고, 지금처럼 냉동 보관하는 기술도 발달하지 못하여 운송 도중에 홍어가 상하였으므로 나주에서는 홍어가 삭혀 먹는 음식으로 새롭게 자리를 잡았다.

나주 홍어의 거리에는 전문 음식점과 도소매점 수십 곳이 늘어서 있으며, 전통 음식문화의 거리로 조성되어 있다. 매년 4월에 홍어 축제가 열릴 때면 다양한 볼거리가 많다. 홍어의 거리를 둘러본 우리들은 선창에 있는 '영산포 등대'를 보기 위해 잠시 걸어갔다.

강에 있는 유일한 등대인 '영산포 등대'

시원한 가을 강바람을 맞으며 길가에 핀 코스모스를 보면서 홍어의 거리와 등대 및 포구 일대를 둘러본 우리들은 나주가 자랑하는 먹을거리인 '나주곰탕'으로 아침 식사를 하고, 옆에 있는 '나주 목사 내아(羅州牧使內衙)', '금학헌(琴鶴軒)'으로 갔다. 나주 옛 동헌에 딸린 살림집인 내아는 실제로 1980년 후반까지 나주 군수의 관사로 쓰이던 곳이다. '금학헌'이라는 이름은 '거문고의 소리를 들으며 학처럼 고고하게 살고자 하는 선비의 지조가 깃든 집'이라는 뜻으로 1986년 전라남도 문화재 자료 제132호로 지정되었다. 나주 동헌의 정문인 정수루(正綏樓)에서 서쪽으로 약 65m 되는 곳에 있던 동헌 바로 뒤편에 정남향집으로 자리 잡고 있다.

나주의 관아 건축물은 객사인 금성관과 동헌 정문인 정수루, 살림집인 내아가 지금까지 남아 있다. 나주 내아는 일반적인 내아의 양식에서 크게 벗어나지 않는다. 건물은 'ㄷ'자형 평면으로 된 팔작지붕이다. 현재 본채와 문간채만으로 이루어져 있는데, 문간채는 본채와 20m의 거리를 두고 전면에 자리 잡고 있다. 중앙은 전퇴를 둔 5칸으로 왼쪽에서부터 대청 3칸과 그 밖의 여러 곳은 크게 고쳐서 원래의 형태를 거의 찾아볼 수 없다.

손님 접대가 많았던 탓에 부엌이 3개나 되는 것이 특징이다. 기단은 현재 모르타르로 마감되어 있고, 주춧돌은 막돌을 사용했다. 기둥은 정면에만 원형을 쓰고 나머지는 사각 기둥을 사용했다. 그 위로 소루(小累)를 기둥 사이마다 3구씩 배치했다. 가구(架構)는 정면 중앙으로 1고주 5량, 양 날개 쪽은 4량 형식으로 꾸몄다. 처마는 앞쪽은 겹처마로, 뒤쪽은 홑처마로 되어 있다.

조선 후기의 건축물로 안채 상량문에 1825년(순조25년)에 상량되었다는 기록이 보이고, 문간채가 1892년에 건립되었다는 기록이 있다. 그러나 일제 강점기 이후 군수 관사로 사용하면서 여러 번 수리하여 원형을 많이 잃었다. 하지만 아직 남아 있는 몇 안 되는 관아 건축물로 중요한 역사 자료임에는 틀림없는 건물이다.

마당 우측 구석에 소원을 들어 주는 생명력이 강한 500년 된 벼락 맞은 팽나무가 있어 남다른 볼거리를 제공하기도 한다. 금학헌은 지난 2009년부터는 숙박 체험 공간으로 쓰이고 있으며, 인·의·예·지의 네 개의 방을 운영하고 있다. 특히 나주 목사로 존경을 받았던 유석증과 김성일의 이름을 딴 방은 터가 좋아서 맑은 기운을 얻어 소망을 이루는 방이라고 하여 인기가 높다. 나도 가족과 함께 이곳에서 하룻밤 머물고 싶다는 생각이 들 정도로 탐나는 멋진 한옥이다. 우리는 햇살이 좋은 가을날 운치 있는 한옥 마당에 앉아 한참을 쉬었다.

나주 목사 내아

금학원

나주 객사, 금성관을 보며 역사와 숨결에 취하다

'나주 목사 내아'를 경이롭게 둘러본 우리들은 인근의 나주목 동헌의 정문인 '정수루(正綏樓)'를 보기 위해 잠깐 움직였다. 정완루라고도 부르는 나주목 관아의 정문인 정수루는 전남 문화재 자료 제86호로 지정되어 있는 폼나는 건물이다. 조선 선조 36년 나주 목사로 부임한 우복룡이 시작(詩作)과 풍류를 즐기고자 건립했다고 전해진다. 아침이면 이곳 문 앞에서 의관을 다시 정비했다고 한다.

나주목 동헌의 정문인 '정수루'

현재 나주에는 동헌이었던 '제금헌(制錦軒)'이 일제 강점기 어디론가 팔려가 흔적도 없다. 그러나 다행스럽게도 정문인 정수루는 정면 3칸, 측면 2칸의 2층 누각으로 멋지게 남아 있다. 정수루는 1층의 양 측면만 벽체로 구성되어 있고, 나머지는 모두 열린 구조로 개방되어 있다. 지붕은 겹처마 팔작지붕이다. 주춧돌은 낮은 원형이다. 그 위에 둥근 기둥을 세웠고, 2층 바닥에 장마루를 깔았다. 2층의 기둥 위에 주두를 놓아 창방을 걸었다.

천장은 종량 위로는 우물천장을 가설하고 그 외에는 연등천장으로 만들었다. 양 옆의 중심 기둥으로부터 대량 위로 걸은 충량의 머리는 화려한 용머리 장식으로 치장했다. 왼쪽의 용은 여의주가 없고 오른쪽 용은 여의주를 물고 있다. 2층 누각에는 큰북과 가로 158cm, 세로 55cm 크기의 편액이 걸려 있다.

큰북은 1583년~86년까지 재임한 학봉 김성일 목사가 민정이 막히는 것

을 막고자 신문고와 같은 역할을 하기 위해 처음 걸어 둔 것이다. 학봉 선생은
나주 목사로 재임할 당시 명판관으로 이름을 날렸으며, "원통한 일을 하소연
할 자는 누구든 북을 쳐라."라고 할 정도로 민의를 잘 수렴한 목민관으로 알
려져 있다.

북은 오랫동안 시간을 알리기도 했으나 한국 전쟁 때 분실되었다. 지금의
북은 1986년 나주시에서 다시 설치한 것이다. 일제가 길을 내면서 1970년대
까지만 해도 정수루 누문이 통로로 사용되어 왔고, 명절 때는 행사의 무대로
사용되기도 했으나 현재는 건물을 보존하기 위해 우회 도로를 만들었다.

정수루 바로 옆에는 예전에 금남동 사무소 건물로 쓰이기도 했던 '나주목
문화관(羅州牧文化館)'이 있다. 고려·조선 시대 나주목의 천 년 역사를 알리기
위해 세운 문화관이다. 나주는 멀리 고려 성종(983) 때부터 1895년 나주 관찰
부가 설치될 때까지 천 년이 넘는 세월 동안 나주목이 유지된 곳이다. 나주목
문화관은 지난 2006년 개관했다.

지방 행정 단위였
던 '목(牧)'에 대해 한눈
에 알 수 있도록 각종
조형물과 사진, 컴퓨
터 그래픽을 이용한 전
시가 이루어지고 있다.
'어향나주 목이 되다',
'나주 목사 부임 행차',
'나주 읍성 둘러보기',

한양을 닮은, 나주목 문화관에서 본 나주의 모형

'관아 둘러보기', '다시 태어나는 나주' 등 8개관으로 구성되어 있으며, 320명
에 이르는 목사들의 명패와 목사의 하루 일정 등도 한 눈에 볼 수 있다. 특히

한양의 모습과 흡사한 나주 읍성의 모형은 감탄을 자아낸다. 동서남북에 산이 있고 4개의 대문과 서울의 청계천을 연상하게 하는 나주천이 중앙을 가르는 모습은 나주를 '소경(小京)'이라고 불렀던 연유를 알게 하는 모형이다.

나주목 문화관을 본 다음, 일행은 '나주 객사'라고도 불리는 '금성관(錦城館)'으로 갔다. 금성관은 한 달에 두 번 임금의 무사안녕을 기원하며 제를 올리던 곳이다. 양 옆에 있는 서익헌과 동익헌은 외국 사신이나 중앙에서 출장온 관리들이 머물던 요즘으로 말하자면 최고급 국영 호텔이다. 금성관은 정면 5칸, 측면 4칸의 겹처마 팔작지붕 건물로 전라남도 유형 문화재 제2호다. 못을 하나도 쓰지 않고 나무를 짜 맞추어 건축한 이 건물은 조선 초 이유인 목사가 건립한 것으로, 선조 36년에 크게 중수하였고, 고종 21년에 박규동 목사가 또다시 중수했다.

금성관의 규모는 한양에 있는 궁궐 정전과도 비슷할 정도로 크기도 크고 웅장하다. 금성관이라는 앞면의 현판은 추사 김정희가 쓴 것으로 전해진다. 금성관은 안타깝게도 일제 강점기에는 건물의 일부를 개조하여 군청 청사로 사용하기도 했다. 이후 1963년과 1976년 두 차례에 걸쳐 완전 해체, 복원하여 오늘에 이르고 있다.

위용이 장대한 나주 관아 객사인 '금성관'

개보수를 하여 더 멋져진 금성관의 기둥

겹처마집으로, 외일출목(外一出目)의 주심포 양식을 이루고 있는데, 정면 중앙 3칸은 네 짝의 빗살문을, 양쪽 협간에는 두 짝의 빗살문을 달았고, 측면 또한 빗살창문으로 중앙 2칸은 네 짝 문이고, 양쪽 1칸에는 두 짝을 달았다. 크기도 대단하지만 대청이 넓어 행사장으로 쓰기에도 무척 좋았을 것 같아 보인다.

금성관 전체는 최근 원래의 모습으로 복원되어 좌측에는 종3품 이하의 하급 관리들이 머물던 서익헌과 우측에는 정3품 이상의 고급 관리들이 머물던 동익헌을 다시 지었다. 특히 동익헌은 육관대청의 큰 마루와 방을 갖추고 있어 그 웅장함과 크기가 대중을 압도하는 힘이 있다. 우측에는 십여 개의 공덕비와 뒤편에는 학자를 뜻하는 큰 은행나무 두 그루가 서 있다. 그리고 우측 담장 옆에 있었다는 육방 관속 등의 집들은 현재는 없지만, 장기적으로 나주시는 복원 계획을 세우고 있다고 한다.

나주 객사를 둘러본 우리들은 다시 차를 타고 공산면 신곡리에 위치한 '나주 영상 테마파크'로 갔다. 단일 규모로는 전국에서 가장 큰 드라마 촬영장인 이곳에서는 '주몽', '이산', '바람의 아들', '태왕사신기', '전우치' 등 인기 드라마가 촬영되었다고 한다.

내부는 부여와 졸본부여의 왕궁을 중국 황궁의 모습에 뒤떨어지지 않을 만큼 웅장하게 재현해 두었고, 권력의 중심을 담당하였던 제사장이 활동하던 신단과 당시 최고의 힘과 권력을 상징하였을 철제무기 제작소인 철기방 등 신기한 구경거리가 많았다.

개인적으로는 세트장 맨 뒤편에 있는 전망대에서 바라본 영산강과 나주 평야의 전경이 무척 좋았다. 황포돛배를 타는 곳도 보였다. 배도 고프고 시간도 별로 없어서 배를 타는 것은 포기하고 돌아서 나왔다. 그리고 입구에 있는 '삼족오의 비상'이라고 하는 김숙빈 선생의 조각을 보면서 너무 감동을 받았

고대와 현대가 만나는 멋진 조각 '삼족오의 비상'　　　사랑채에서 먹은 나주의 한식

다. 고구려 광개토 태왕의 모습과 현대의 로보트 태권브이를 결합한 형태의 조각으로 우리 민족의 기상과 미래를 표현한 듯하여 기분이 좋았다.

점심을 먹기 위해 다시 나주 시내로 들어와 한식당 '사랑채'에서 맛있는 점심을 먹었다. 반찬도 깔끔하고 맛도 좋아서 정말 맛있게 식사를 했다. 식사 후 인근 커피 전문점에서 맛있는 아메리카노로 졸음을 쫓은 다음, 일행은 다시 금성산 중턱 경현동에 위치한 '다보사(多寶寺)'로 이동했다.

대한 불교 조계종 제18교구 본사인 백양사의 말사인 다보사는 661년(신라 태종무열왕 8)에 원효대사가 창건했다고 전해진다. 금성산에서 초옥을 짓고 수행하던 스님이 땅에서 솟아난 칠보로 장식된 큰 탑 속에서 다보여래가 출현하는 꿈을 꾼 뒤 사찰을 창건했다 하여 다보사라고 했다는 전설이 내려온다.

작지만 학승들의 정진 도량으로 이름이 높은 곳으로, 경내에는 상사화 등의 꽃이 수없이 피어 있고, 700년 된 팽나무가 자리 잡고 있다. 또한 깨끗하고 맑은 물이 흐르는 시원한 계곡과 가을 단풍이 너무 아름다워 이곳을 찾는 신도와 관광객 또한 무척 많다고 한다.

구한말에서 일제 강점기를 거치면서 선불교의 법맥을 잇는 선방(禪房)으로 널리 알려져 있는 다보사는 좁은 골짜기 지형 속에 들어앉아 사방이 울창

한 숲과 산등성이로 둘러싸여
수려한 경관을 자랑한다. 특히
볼거리가 많은 대웅전은 정면
3칸, 측면 2칸의 단층 전각으
로 지붕은 겹처마 맞배지붕이
며, 전라남도 문화재 자료 제
87호로 지정되어 있다.

작지만 이쁜 사찰 '다보사'

실내에는 석가모니불과 문수, 보현의 삼존불이 안치되어 있다. 정면 3칸
문에는 정교하게 조각된 쌍여닫이 빗꽃살문이 설치되어 있으며, 문살에는
국화, 매화, 모란 등의 문양이 정교하고 뛰어난 솜씨로 새겨져 있어 매우 아
름답다. 다보사를 방문하는 사람은 누구나 반드시 보고 와야 할 멋진 문창살
이다.

대웅전 앞으로는 석등, 부도, 5층 석탑, 우화당 대선사비, 진상화상 창적
비 등이 세워져 있다. 또 다른 볼거리였던 보물 1343호 '괘불탱(掛佛幀)'은 현
재 나주시 향토 문화 회관으로 옮겨져 있다. 아울러 절 입구 사천왕문은 기존
절의 경우 사천왕 4명이 무서운 표정으로 서 있지만, 이곳은 어린 동자승 둘
과 전혀 무섭지 않은 사천왕 둘이 서 있어 첫 방문자도 두려움 없이 문을 통과
할 수 있어 좋다. 급하게 다보사까지 둘러본 우리들은 성수를 집까지 바래다
주고, 10월 초순 국제 농업 박람회장을 다시 찾기로 약속을 하고는 서울로 향
했다. 무척 즐겁고 재미난 나주 여행이었다.

대박 난 나주의 2012년 국제 농업 박람회

2012년 10월 초순 당일치기로, 나주에서 열리는 '국제 농업 박람회' 행사
장에 다녀왔다. 9월 중순, 현지에서 농사를 짓는 성수와 함께 방문하여 미리

둘러본 곳을 다시 찾은 것은 개막일에 맞추어 본 행사를 보는 것이 재미있을 것 같았기 때문이다. 서울에서 아침 일찍 출발했음에도 불구하고 점심시간이 다 되어 나주에 도착했다. 금강산도 식후경이라고 입장 전에 삼영동에 있는 '대지식당'에서 간단하게 된장국과 굴비구이가 나오는 정식으로 식사를 하고는 바로 행사장으로 갔다.

7,000원의 입장료가 조금 비쌌다. 그러나 행사장 전체를 부리나케 둘러보면서 너무 볼 것이 많아 별로 비싸지 않다는 생각을 다시하게 되었다. 천천히 보면 하루 종일 보아도 전부 보는 것이 힘들 정도로 다양한 먹을거리, 볼거리가 많았다. 국제 농업 박람회가 열리는 나주시 산포면의 전남 농업기술원 일대는 터가 넓고 웅장하다. 사실 전라남도는 지난 10년 동안 국내용의 농업 박람회를 매년 개최했다.

나주 농업 박람회에 전시된 나주배·선인장·용과

이에 그동안의 경험을 바탕으로 한국 유기농산물의 60%를 생산하는 전남을 알리고, 도시와 농촌이 공생하는 공감대를 형성하기 위해 미국, 프랑스, 네덜란드, 일본 등 24개국 103개 업체와 국내의 300여 개 기업과 관련 단체가 참가하는 국제 농업 박람회를 준비하게 되었다고 한다. 더 놀라운 것은 박람회가 지방인 전남 나주에서 열리지만 농산품과 농기계 전시, 국제 교역, 농촌 어메니티(amenity)를 아우르는 국내 유일의 국제 농업 박람회라는 것이 대단한 점이다.

우리들은 주차장에 차를 세우고는 바로 표를 사서 기업 홍보관으로 향했다. 국내외 농업 관련 기업의 생산품을 홍보하고 판매, 상담하는 곳으로 국내기업은 생산물 소개와 판매에 바빴고, 지자체들은 특산품을 알리는데 주력하는 모습이 열정적이었다.

나는 아프리카와 중남미, 유럽 등지에서 온 외국 기업의 커피, 치즈, 와인, 소스, 농산물 가공 기계 등을 유심히 보았다. 그중에 일본의 무 세정기, 청주와 녹차를 자세히 보았고, 동유럽 국가들의 치즈와 초콜릿 제품도 시식을 해가며 살펴보았다.

이어 농기계 전시 판매관으로 이동하니 국내외 기업의 다양한 농기계가아주 많았다. 잘 알지도 못하는, 처음 보는 농기계 등이 많아서 주마간산으로스치며 지나갔다. 다음은 큰 길을 건너 농업 미래관과 생명 농업관, 친환경축산관을 살펴보았다.

지난번에 왔을 때 약간씩 준비를 하고 있던 곳이라 전혀 새롭지는 않았지만, 내용을 더 하니 볼거리가 많았다. 생명 농업관은 농업이 단순히 농산물을키우는 산업이 아닌 국가 안보와 환경, 문화에 영향을 미치는 중요한 공익적가치를 지닌 산업임을 강조하고 있었다.

농업 미래관에서는 버티컬 팜과 서클비전이 하나로 어우러지는 미래 농업 상상이라는 주제 영상을 360도 서클비전을 통해 전달하면서 스마트폰으로 온실 환경을 직접 제어하는 유비쿼터스 농업 온실 자동화 시스템이 직접작동되는 모습을 보여 주어 무척 경이로웠다.

젊은 사람들이 좋아할 휴식 공간인 디지털 가든에서는 퀴즈 형태로 세계각국의 농작물 인증 제도를 알아보고, 에코 카페에서는 팜프렌지, 위팜 등 스마트폰 앱으로 농업 관련 게임을 즐길 수도 있다. 그리고 환경 친화적이고 지속 가능한 축산업의 현재와 미래를 엿볼 수 있는 친환경 축산관도 좋은 볼거리였다.

이어서 간 농업 예술관의 다채로운 모양의 작물들, 그리고 안전한 먹을거리의 대명사인 유기농산물과 함께하는 유기농업관도 빼놓을 수 없는 볼거리였다. 여기에 가족 단위 관광객을 위한 박람회 주최 측의 준비도 대단해 보였다. 어르신과 어린이들은 우선 무료입장이 가능하며 다양한 체험 프로그램을 즐길 수 있어 좋을 것 같았다.

인도의 고승 마라난타가 세운 '불회사'에 가다

정말 대박이 날 것 같은 나주의 국제 농업 박람회장을 둘러본 우리들은 차를 돌려 또 다른 볼거리인 '홍어의 거리'로 이동했다. 입구에서부터 곰삭은 홍어 냄새가 영산강의 강바람과 만나 가슴 속까지 아련하게 취하게 한다. 우선 버스를 정차한 곳 앞에 있는 나주 '동양 척식 주식회사 문서고(東洋拓殖株式會社 文書庫)'를 잠시 살펴보았다. 일제 강점기인 1910년대 초반에 건축된 건물로 현재는 전체 건물 중에서 일부인 문서고와 숙직실만이 남아 있다.

카페, 게스트하우스 등으로 활용하고 있는 '동척 문서고'

강을 끼고 있어 풍광이 좋고 붉은 벽돌의 건물도 멋스러워 오랫동안 개인 별장으로 쓰이다가 최근 찻집으로 개조되어 영업하고 있는 곳이다. 일제가 토지를 수탈하기 위하여 만든 대표적인 기관인 동척이 100년 전에 10년 정도 쓴 건물치고는 오랫동안 보존이 잘 되어 있다. 현재 있는 다른 건물들과 큰 나무, 한옥 담장, 연못 등이 잘 어우러진 멋스런 곳이라 차를 한잔 마시며 천천히 둘러볼 여유가 있다면 누구나 한 번 쯤은 방문해도 좋을 것 같은 곳이다. 개별 관광객을 위해서는 민박도 한다고 한다.

이어 강변을 따라 조금 걸어가면 황포돛배 선착장과 나란히 있는 등록문화재 제129호 '영산포 등대(榮山浦 燈臺)'가 보인다. 일제 강점기 초기인 1915년에 건립된 강에 있는 국내 유일의 등대로 쌀 수탈과 해산물 등의 해상교역에 중요한 역할을 했던 영산포 선창의 기능을 말해 주는 주요한 산업 시설물이다. 특이하게도 이 등대는 해마다 범람하던 영산강 수위 관측 기능도 겸하고 있었다. 콘크리트 구조물로서 몸통에는 거푸집의 흔적이 남아 있으며, 등대로서는 이른 시기에 만들어져 현재까지 원형을 그대로 보존하고 있다.

물론 현재는 별로 쓰임이 없지만, 원형을 보존하여 문화재로 관람이 가능한 시설로 되어 있어 내 외부를 자세히 살펴볼 수 있다. 100년 전 등대라고 상상이 되지 않을 정도로 아주 잘 지어진 튼튼한 구조물이다. 이어 홍어의 거리를 대충 살펴본 다음, 거리 안쪽에 있는 '영산포 성당(榮山浦聖堂)'으로 갔다.

예전에 온 적이 있는 곳으로 나주 본당 5대 주임 박문규 신부가 1948년 설립한 공소에서부터 출발하는 곳이다. 현재의 본당 건물은 영산포가 발전하면서 신도들의 헌금을 모아 1956년 완공하였으며, 운치 있고 기품이 있는 건축물로 영산포를 찾는 사람이면 누구나 발걸음을 하는 작지만 멋진 성당이다.

홍어의 거리를 대략 살펴본 우리들은 '나주 객사'는 다들 둘러본 관계로, 나주에 가면 꼭 봐야 할 볼거리 중하나인 한반도에서 가장 먼저 세워진 사찰 중의 하나인 다도면 마산리 덕룡산에 있는 백제 고찰 '불회사(佛會寺)'로 이동

나주 제일 백제 고찰 '불회사'

했다. 들어가는 입구부터가 장관인 불회사는 전나무, 삼나무, 비자나무, 편백나무 숲이 아름답고, 특히 11월 중하순이면 근동에서 가장 멋지다는 명품 단풍을 보기 위해 찾는 관광객들이 많은 곳이다.

불회사는 '불호사 중창급단청문(佛護寺 重刱及丹靑文)'의 기록에 따르면 384년(침류왕 1)에 인도에서 건너 온 고승 마라난타가 창건했다고 전한다. 그러나 일설에는 367년(근초고왕 22)에 희연이 창건했다고도 한다. 누가 절을 세웠건 분명한 것은 백제 불교의 전래와 거의 동시에 건립되었다는 사실이다. 2천년이 다 되어 가는 고찰임에도 불구하고 여러 번의 화재와 중창으로 지금은 예스러운 맛이 별로 없는 절이기는 하지만, 종이불인 대웅전의 석가모니불과 입구의 아름다운 숲, 석장승 등이 운치를 더하는 곳이다.

숲이 좋아 나무 하나하나를 보면서 입구를 통과하다 보면 중요 민속자료 제11호로 지정된 커다란 석장승 한 쌍을 발견하게 된다. 장승을 보는 순간 환한 웃음이 절로 나온다. 남도인의 멋진 미소와 해학이 깃들어 있는 재미난 표정을 지닌 할아버지, 할머니 모습을 한 장승이 있어 남다른 정취를 느낄 수 있다.

창건 초기부터 오랫동안 '불호

불회사 석장승

사(佛護寺)'로 불리던 이곳은 1808년경에 '부처가 모인다.'는 뜻의 불회사로 바뀌었다고 전한다. 그만큼 부처님을 모시는 수도승들이 많이 모이는 참선 방이었나 보다. 다시 주변을 살펴보면 너무 조용하고 나무도 많고 산세와 풍광도 좋은 곳이라 공부하고 참선하기에 멋진 절로 보인다.

신상은 없고 그림으로 그려진 사천왕문을 지나 돌계단을 오르면 절의 중심에 가장 볼거리가 많은 보물 1310호 대웅전이 보인다. 현재의 대웅전은 1402년에 건립되었으며, 앞면 3칸, 옆면 3칸에 팔작지붕으로 가구수법(架構手法)이 빼어난 건물이다. 그 안에는 비로자나불, 석가모니불 등 삼존불이 봉안되어 있다.

특별한 볼거리 중의 하나인 석가모니불은 종이로 만든 것으로 매우 특이하다. 또한 대웅전의 문짝은 두터운 통판자로 짜서 창살무늬와 불상, 화조 등을 새긴 희귀한 것이었는데, 아쉽게도 한국전 당시 인민군들이 떼어 갔다고 전한다. 여기에 괘불탱화, 나한전, 명부전, 칠성각의 칠성탱화, 산신탱화와 원진국사의 영정도 볼거리다. 한때는 고승 휴정(休靜)과 유정(惟政)의 영정도 봉안되어 있었다고 한다. 그 밖에도 당간지주 2기와 원진국사 부도도 있어 천천히 산책하듯 보며 거닐기 좋다.

나주 제일의 백제 고찰인 불회사를 차근차근 둘러보면서 지금은 비록 고풍스러운 옛 맛을 많이 잃은 절이지만, 백제인의 숨결과 혼이 서린 석장승, 석가모니불, 멋진 숲을 보기 위해 조만간 다시 한 번 찾고 싶은 곳이라는 생각이 들었다. 백제의 멋스러움과 나주의 아름다움을 재차 확인하기 위해 11월 중하순, 불회사 주변 덕룡산에 가을 단풍이 보기 좋게 들면 또 찾고 싶다.

여름, 산과 계곡이 좋은
원주 나들이

여름, 치악산과 계곡이 좋은 원주로

　친구들로부터 강원도 원주 여행을 제안 받고서 나는 사실 많이 망설였다. 우선 군 입대 후 원주에서 군사 훈련 받은 6주간의 사단 훈련소에 대한 좋지 않은 기억이 아직도 머릿속에 남아 있고, 치악산과 구룡사, 구룡 계곡을 제외하고는 특별히 볼거리가 없기 때문이었다. 그래도 원주에는 맛있는 강원도 음식점이 많았다는 기억이 떠올라 오랜만에 메밀, 옥수수, 감자 등 지역 특산 음식을 맛보기 위해 겸사겸사 2013년 7월 하순 1박2일 일정으로 원주로 갔다.

　사실 나는 원주를 생각하면 〈토지〉를 쓴 '박경리' 선생이 먼저 생각나고, 다음은 국내 최초로 생산자 협동조직과 소비자 협동조합을 만들어 '한살림 공동체' 운동을 주도한 '무위당 장일순' 선생이 떠오른다. 그래서 이번 여행에서는 원주의 산과 계곡, 절은 물론 두 분의 기념관도 둘러볼 생각이다.

　우리 일행이 원주에서 가장 먼저 방문한 곳은 치악산 아래 소초면 학곡리에 자리 잡고 있는 신라 시대 의상대사가 창건한 '구룡사(龜龍寺)'다. 구룡사

템플스테이의 원조 원주 '구룡사'

는 조계종 제4교구 본사인 월정사의 말사다. 서기 668년(문무왕 8) 창건되었
으며, 창건에 얽힌 설화가 전하고 있다.

　　원래 절터 일대는 깊은 소(沼)로서, 거기에는 아홉 마리의 용이 살고 있었
다고 한다. 의상이 절을 지으려 하자 용들은 이를 막기 위해서 뇌성벽력과 함
께 비를 내려 산을 물로 채웠다. 이에 의상이 부적 한 장을 그려 연못에 넣자
갑자기 연못이 말라버리고, 그중 용 한 마리는 눈이 멀었으며, 나머지 여덟
마리는 구룡사 앞산을 여덟 조각으로 갈라놓고 도망쳤다.

　　의상이 절을 창건한 뒤 이러한 연유를 기념하기 위해서 절 이름을 구룡사
(九龍寺)라 칭하였다고 전한다. 이후 절 이름은 조선 중기 쇠락한 절의 운세를
지켜 주는 거북 바위를 다시 살린다는 의미에서 '거북 구(龜)'자를 써서 구룡
사(龜龍寺)로 바뀌었다.

　　창건 이후 도선(道詵), 무학(無學), 휴정(休靜) 등의 고승들이 머물면서 영
서 지역 최대 사찰의 지위를 지켜왔다. 절의 당우로는 강원도 유형 문화재 제
24호로 지정된 대웅전을 비롯하여 보광루, 삼성각, 심검당, 설선당, 적묵당,

천왕문, 종루, 일주문, 국사단 등이 있다. 대웅전은 조선 초에 개축된 건물로서, 여러 차례 중수하여 예스러운 맛이 다소 감소되었으나 못 하나 쓰지 않은 화려한 건축물로, 특히 부처님 머리 위에 있는 닫집은 조선 후기의 목공예 기술을 그대로 보존하고 있는 귀한 것이다.

불국토로 향하는 관문의 역할을 하는 보광루는 정면 5칸, 측면 2칸의 이층 누각이며, 3면이 막혀 있으나 누각 층은 대웅전 방향으로 개방되어 있다. 일대에서는 가장 장대한 건물로 기둥이 크고 누마루가 장중하다. 그러나 규모가 장대함에도 불구하고 지붕은 맞배형, 골기와가 얹혀 있는 단청이 화려하지는 않아 소박함도 물씬 풍기는 건물이다. 특히 이층 마루에 깔린 멍석은 3명의 장인이 3개월 동안 만든 것으로 우리나라에서 제일 큰 것으로 볼만하다.

구룡사 입구에 있는 '황장금표'

아울러 이곳의 사천왕문도 남다른 매력이 있다. 중층으로 지어진 규모가 전국적으로도 가장 큰 사천왕문을 자랑한다. 2층 천정에 그려진 만다라가 볼만하다. 좌우측 세로 기둥 위의 선녀화도 마치 당장 날아갈 것 같은 어여쁜 모습을 표현하고 있다. 절 입구에는 조선 시대에 세운 황장금표(黃腸禁標)가 있는데, 이것은 치악산 일대의 송림에 대한 무단 벌채를 금하는 표석으로, 전국적으로 몇 개 남아 있지 않아 역사적 가치가 있다.

오전 9시경 치악산 국립 공원 매표소에 차를 세운 우리들은 입구의 황장금표를 보고는 바로 이곳이 명품 소나무 숲길임을 느낄 수 있었다. 해설사의 설명에 따르면 신라의 고찰임에도 불구하고 구룡사에 금강송을 이용한 멋진 사찰 건물이 없는 이유가 조선 왕조가 이곳의 소나무를 무단 벌목하는 것을 금지했기 때문이라고 한다.

덕분에 후세들이 좋은 소나무 숲길을 걸을 수 있는 기회가 되었지만, 절은 별로 볼품이 없는 사찰이 되어 아쉽기도 했다. 매표소에서 구룡사까지는 대략 900m의 계곡을 끼고 있는 숲길로 소나무, 고로쇠나무, 참나무, 서어나무 등 침엽수와 활엽수가 혼재되어 있어 그윽한 정취를 느낄 수 있는 최고의 산책로이며 피서지다.

나는 우선 매표소를 지나 황장금표 앞에 있는 금강송 연리지를 안고서 기념 촬영을 했다. 금슬송이라고 불리는 연리지는 부부는 물론 가족 간의 금슬을 좋게 한다고 하여 많은 사람들이 안고 소원을 비는 곳이기도 하다.

정말 계곡과 소나무가 좋았다. 입구를 지나면 바로 구룡교 다리가 나오는데, 다리 중간에 거북상 2개와 좌우측 끝에 용머리 조각이 4개 있다. 비로소 구룡사에 들어선 느낌이다. 이어 다시 계곡을 끼고 있는 멋진 숲길이 이어진다. 마음 그득히 들어차는 청량한 기운과 소나무 숲의 향기가 일품이다.

구룡 계곡은 맑디맑은 물과 빽빽이 들어찬 수목, 그리고 온갖 자생 식물들이 어우러져 그야말로 입이 벌어지는 비경을 연출하고 있다. 귀를 즐겁게 하는 새들의 울음소리와 그윽한 소나무 향, 세차게 흘러가는 물소리는 무릉도원이 따로 없음을 실감하게 한다.

이어 길을 오르면 바로 일주문인 원통문이다. 아마도 둥근 원처럼 중생의 고뇌를 씻어 준다는 의미인 것 같다. 원통문을 지나 절 입구로 들어서기 직전 수령 200년은 되어 보이는 은행나무가 오리발 같은 잎을 드러내고 있는데 자태가 웅장하고 눈이 부실 정도로 멋스럽게 서 있다.

이어 산기슭에 높은 단을 쌓아 터를 다진 곳에 구룡사가 있다. 웅장한 사천왕문을 지나 계단을 오르면 대웅전과 보광루, 종루 등이 보인다. 절의 내부를 살펴본 다음, 해설사의 설명을 들으며 잠시 종루 앞에 선다.

경주의 에밀레종을 닮은 이곳의 범종은 지난 1978년 박정희가 만들어 기증한 것이라고 한다. 비록 종소리는 비할 것이 못되지만, 박정희가 생애 마지막으로 절에 하사한 종이라고 하니 구룡사 측에서는 의미 있는 종이라고 했다. 산과 숲, 계곡, 폭포가 좋아서 그런지 구룡사에는 생각보다 사람이 많았다.

별로 볼 것이 없는 천년 고찰이지만, 지난 2002년부터 템플스테이를 전국 최초로 실시한 절이기도 하다. 아울러 지역민을 위한 불교대학도 운영하고 있어, 신도들의 출입도 많은 절이라고 한다. 특히 요즘 같은 여름에는 계곡으로 피서를 오는 사람도 많고, 일주문을 지나 몇 걸음이면 구룡 폭포, 조금 더 가면 세렴 폭포가 있어 시원한 물소리를 듣고 보기 위해 오는 인파가 즐비하다고 한다. 아름다운 구룡 계곡과 구룡 폭포는 치악산의 진면목을 보기에 좋은 듯하다.

절을 보고 돌아 나오며 숲길을 걷는 내내 마음을 울리는 물소리는 더 없이 청아하고 편안했다. 구룡 폭포는 비록 규모는 작았지만, 초록의 빛과 숲이 어우러진 풍경이 마음에 오랫동안 남아 잔잔한 떨림이 아직도 가슴 속에 남아 있는 듯하다.

천년 가는 한지를 소개하는 원주의 한지 테마파크

원주의 치악산 구룡사를 둘러본 우리들은 인근 학곡리 마을에 있는 '치악산 드림랜드'로 갔다. 서울에 드림랜드가 있었던 것은 알고 있지만, 이곳 원주에도 드림랜드가 있다니, 같은 회사가 거의 같은 시기에 운영을 시작하여 서울은 없어지고, 원주는 아직 경영을 하고 있다고 한다. 오래된 시설이라 별로 볼 것도 없고 인구도 많지 않은 원주에 자리하고 있어 찾는 사람은 많지 않지만, 도리어 한적하여 미술관, 박물관, 수영장을 이용하기 위해 6월~8월 휴가철에는 제법 붐빈다고 한다.

입구에 있는 동헌 설매 미술관과 상설 전시관, 체험관을 둘러본 다음, 수석 전시관, 공예 전시관, 도예 전시관, 동물원, 놀이동산 등을 보고서 좌측에 있는 수영장을 살펴보았다. 조용히 피서를 즐기고자 하는 사람이라면 가족과 함께 이곳에 와서 산책을 하거나 수영을 하면서 편안하게 쉬어 갈 수 있을 것 같았다. 숙소는 인근의 유기농산물로 유명한 친환경 생태 마을인 학곡리에서 민박을 하거나 치악산 유스호스텔, 혹은 좀 더 가서 학곡 낚시터 부근에 있는 치악산 호텔도 좋을 것 같았다.

닥나무와 한지의 고장인 원주의 '한지 테마파크'

드림랜드를 둘러본 우리들은 다시 차를 타고 원주시 무실동에 자리한 '원주 한지 테마파크'로 이동했다. 원주는 강원 감영이 있던 곳이라 종이의 쓰임이 많았고, 사질 양토가 풍부하

75

고 햇빛이 강해 한지의 원료가 되는 닥나무의 번식과 성장이 좋은 지역이다.

불과 20년 전까지만 해도 원주시 단구동 일대에는 한지 공장이 15개 정도 남아 있을 정도로 원주 한지는 유명하다. 사찰과 관공서를 중심으로 한지의 소비가 많았고, 최근에는 한지를 이용한 한복, 공예품, 장신구, 생활용품은 물론 한지 문화제, 한지 패션쇼, 전국 규모의 한지 대전 등을 개최하여 한지의 부흥과 소비 촉진을 주도하고 있다. 원주에는 현재 한지를 소개하고 이용하는 각종 전시 기획과 공연 및 공예 기술을 전수하는 '원주 한지 테마파크'를 중심으로, 원주 의료고등학교와 지역의 대학들이 함께 참여하여 한지를 다양하게 이용하는 의류 개발과 문화 사업을 진행하고 있다.

원주시 호저면(好楮面)의 경우 지명조차도 '닥나무 저(楮)'자를 써서 닥나무 밭이 많았던 곳이라는 것을 미루어 짐작할 수 있다. 닥나무는 뽕나무과에 속하는 관목인데, 1년생 줄기가 한지를 만드는 재료가 된다. 같은 종류의 닥나무라고 해도 기후와 토질에 따라 섬유의 폭과 길이가 달라져 품질에 영향을 준다. 특히 닥나무 껍질을 이용하여 만든 한지는 매우 질기고 튼튼하여 세상에서 가장 우수하고 오래가는 종이로 알려져 있다. 그래서 예부터 선인들은 '종이는 천 년을 가고 비단은 오백 년을 간다.'고 했다.

우리들은 1, 2층의 전시장을 둘러보고는 다시 1층 판매장으로 와서 한지로 만든 한복과 이불, 넥타이 등을 구경하고 판매장에서 한지 몇 장을 기념으로 샀다. 원주에 이렇게 한지가 유명한지는 이번에 처음 알았다. 원주 한지 테마파크를 둘러본 우리들은 다시 차를 타고 원주시 일산동에 위치한 '강원 감영'으로 갔다.

사적 제439호인 강원 감영은 강원도 관찰사가 근무하던 곳으로, 조선 왕조 500년 동안 강원도의 중심으로 원주의 위치와 역할을 짐작하게 하는 곳이다. 현재 전국적으로도 비록 원형에 가깝지는 않지만 감영의 흔적이 남아 있

는 곳은 원주, 평양 정도에 불과
하다고 한다.

태조 4년인 1395년 원주에
설치된 강원 감영은 선화당, 포
정루, 청운당 등이 원래 위치에
남아 있고, 중삼문지, 내삼문지,
담장지 등의 유구가 보존되어 있
다. 뿐만 아니라 강원 감영 이전
의 원주목 관아의 건물지 등이

멋스러움이 남아 있는 원주 '강원 감영'

땅속에 그대로 남아 있어 관아 건물 연구에 중요한 자료가 된다. 강원 감영은
1896년 감영이 춘천으로 이전하기 전까지 약 500년 동안 유지되었다.

강원 감영의 청사로 이용된 선화당은 정면 7칸, 측면 4칸의 단층 건물로
팔작지붕이 특징이다. 선화당의 정문인 포정루는 2층 누각으로 정면이 3칸,
측면 2칸인 초익공집이며, 팔작지붕의 겹처마로 한국전 당시에 파손되었다
가 보수한 것이다.

강원 감영에는 당시 중앙에서 파견된 관찰사를 비롯한 5명의 간부와 문
서와 세금 업무를 담당하던 영리, 감사와 중군 및 영리를 보조하던 영아전,
각종 군사 및 경찰 업무를 담당하던 무임, 기술적인 업무를 담당하던 장인 이
외에 군관, 군병, 공노비 등 1만 5천 명 정도가 근무를 했다고 한다.

강원 감영은 비록 원래의 규모에 비해 크기도 건물도 많이 줄기는 했지
만, 원주의 역사를 알기 위해서는 반드시 가 봐야 할 곳이다. 원주시에서는
강원 감영을 보다 많은 사람들이 찾을 수 있도록 하기 위해 감영 문화 학교를
개설하여 지역의 역사와 문화를 알려 주는 프로그램을 진행하고 있다.

또한 졸업생들을 중심으로 감영 사랑방의 운영과 1박 2일의 숙박 체험

도 실시하고 있다. 감영까지 둘러본 우리들은 점심 식사를 하기 위해 단계동에 위치한 궁중 한정식집인 '미향'으로 이동했다. 원주시가 지역의 모범업소 6곳과 함께 원주 시민들이 21세기 원주의 맛을 대표할 음식이 되었으면 하고 추천한 두 가지 메뉴 중에 하나인 '뽕잎황태밥'으로 점심을 먹었다. 참고로 다른 하나는 치악산 복숭아와 한우를 이용한 '복숭아불고기'다.

박경리와 장일순 선생을 원주에서 만나다

원주에서 뽕잎황태밥으로 점심 식사를 마친 우리들은 중앙동에 있는 '무위당(无爲堂) 장일순(張壹淳) 선생 기념관'으로 갔다. 무위당 선생은 평생을 고향 원주에서 사회 운동가, 교육자, 생명 운동가로 활동을 했던 인물이다. 많은 사람들은 무위당의 사상과 행동을 좋아했다. 이영희 교수는 '사회에 밀접

무위당 장일순 선생

하면서도 매몰되지 않고, 안에 있으면서도 밖에 있고, 밖에 있으면서도 안에 계시던 분'이라고 늘 존경을 표했다.

또한 그의 곁에서 그와 행동을 같이 했던 김지하 시인은 '하는 일 없이 모든 일을 했던 분, 엎드려 머리 숙여 밑으로만 기다가 드디어 한 포기 산 속 난초가 되신 분'이라고 했다. 나는 그 분을 도종환 시인의 표현대로 '순한

물 같고 편안한 흙 같은 분'이라고 알고 있다. 선생은 1945년 경성 공업전문에 입학했으나 국립서울대 설립안 반대 투쟁의 주모자로 지목되어 제적되었다. 1946년 다시 서울대 미학과에 입학했다가 한국 전쟁으로 군에 입대하여 거제 수용소에서 통역관으로 활동했다.

제대 후 1953년 고향 원주로 돌아와 대성학원을 설립해 이사장으로 5년

간 활동했다. 1960년 사회대중당 후보로 민의원에 출마하여 정치 활동을 시작했다. 5·16 군사 쿠데타 직후 그동안 주창해 온 '중립화 평화 통일론'이 빌미가 되어 체포된 뒤 3년간 수감되기도 했다.

1963년 풀려난 뒤 지학순 신부, 김지하 시인 등과 함께 강원도의 농촌 광산 지역을 돌며 농민과 노동자들을 위한 교육과 협동조합 운동을 주도했다. 또한 박정희 정권의 부정부패를 폭로하고 사회 정의를 촉구하는 시위를 주도하는 등 반독재 민주화 투쟁에 앞장섰다.

1974년에는 민청학련 사건에 연루된 구속자들의 석방을 위해 지학순 주교와 함께 국제 사회에 관심과 연대를 호소했다. 1970년대 후반부터 동학사상에 입각한 생명 운동으로서 도시와 농촌의 공생을 추구하는 협동 운동을 전개했다. 1983년 '민족 통일 국민 연합'의 발족에 일조한 데 이어, 그 해 10월 도농 직거래 조직인 '한살림'을 창립했다. 1988년에는 한살림 운동의 기금을 마련하기 위해 수차례 서화전과 전시회를 열었으며, 강연과 함께 한살림 운동이 정착할 수 있도록 노력했다.

1993년에는 제자인 이현주 목사와 노자의 〈도덕경〉을 생명 사상의 관점에서 대담으로 풀이한 〈장일순의 노자 이야기〉를 펴내는 등 노장사상에 조예가 깊었다. 난초 그림에 사람의 얼굴을 담아내는 '얼굴 난초'로도 유명했다.

내가 무위당 선생을 존경하는 이유는 스스로 농사를 지으며, 농약과 화학비료의 폐해를 몸소 체험하고 '이러다가는 땅이 죽고 사람이 죽고 자연이 다 죽는다.'는 생각에 생명의 기본이 되는 친환경 생명 농업을 주창했기 때문이다. 또한 이러한 생명 사상으로 신용 협동조합 운동을 전개하면서 생산자 협동 조직과 소비자 협동조합을 만들어 이후 한살림 운동을 통하여 안전한 유기농 먹을거리 생산과 생명을 살리는 일에 주도적 역할을 했고, 이런 노력이

21세기 우리 농업의 좌표와 공동체 의식 확립에 큰 기여를 했기 때문이다. 평소 존경하던 무위당 선생 기념관에 방문하여, 잠시 선생의 활동상을 담은 영상과 책, 그림 등을 살펴본 우리들은 단구동에 위치한 〈토지(土地)〉의 '박경리 선생 문학 공원'으로 갔다.

박경리(朴景利) 선생은 1926년 경남 통영 출신으로 1945년 진주여고를 졸업하고 1955년에 김동리의 추천을 받아 단편 〈계산〉과 1956년 단편 〈흑흑백백〉을 현대문학에 발표하면서 문단에 나왔다. 1957년부터 본격적으로 문학 활동을 시작하여 단편 〈전도〉, 〈불신시대〉, 〈벽지〉 등을 발표하고, 1962년 〈김약국의 딸들〉을 비롯하여 〈시장과 전장〉, 〈파시〉 등 사회성 강한 문제작을 발표함으로써 문단의 주목을 받기 시작했다.

특히 1969년부터 1994년까지 집필한 대하소설 〈토지〉는, 한국 근현대사와 여러 인물의 상이한 운명과 역사의 상관성을 깊이 있게 다룬 작품으로 영어, 일본어, 프랑스어로 번역되기도 하고 영화와 드라마로도 만들어져 호평을 받았다. 1999년에는 한국 예술평론가 협의회에서 주최한 20세기를 빛낸 예술인에 선정되었다. 주요 작품에 〈나비와 엉겅퀴〉, 〈영원의 반려〉, 〈단층〉, 〈노을진 들녘〉, 〈신교수의 부인〉 등이 있고, 시집에 〈못 떠나는 배〉가 있다. 한국 전쟁 당시 남편은 납북되었으며, 김지하 시인이 그의 사위다. 2008년 5월

박경리 선생 동상

박경리 문학 공원

5일 폐암으로 사망하였다. 사후 2008년에 금관문화훈장이 추서되었다.

원주에는 이곳 문학 공원 외에도 흥업면 매지리에 선생의 뜻을 기리는 '토지 문화관'도 운영 중에 있다. 우리가 찾은 문학 공원에는 선생이 18년 동안 살면서 〈토지〉를 집필했던 옛집과 마당에 있는 조각가 심정수의 작품인 선생의 동상, 2층짜리 북카페, 문학의 집이 있다.

5층 건물의 문학의 집은 1층 사무실을 시작으로, 2층은 선생과의 만남을 표현한 방으로 선생의 삶을 연표로 나열했고, 사진과 시 등으로 구성된 타임캡슐과 같은 공간이다. 육필원고와 만년필, 국어사전, 재봉틀, 달 항아리, 직접 조각한 여인상, 호미와 장갑, 옷 등이 전시되어 있다.

3층에는 토지의 역사 문화적인 공간 이미지와 등장인물 관계도, 하이라이트, 영상 자료 등을 통하여 보다 쉽게 소설을 이해할 수 있도록 알리는 공간이다. 4층은 책이나 다른 전시 공간에서 살펴보지 못한 선생의 삶과 작품을 연구하는 공간으로 전시장과 함께 청소년 토지 학교가 열리는 장소이기도 하다.

5층 세미나실은 선생에 관한 영상물 상영과 세미나가 열리는 공간이다. 전체를 둘러본 우리들은 다시 건물 밖으로 나와 교육자이신 최희웅 선생이 평생 동안 교육 자료로 모은 일제 강점기의 희귀 연구 자료를 기증하여 전시한 공간인 북카페 2층과 책 대여를 하고 있는 1층을 보았다.

그리고는 선생이 살면서 집필하던 공간인 마당 넓은 옛집으로 가서 글을 쓰던 방을 보고 텃밭을 일구던 모습을 형상화한 동상과 정원을 둘러보았다. 소설 토지를 시각적으로 다시 보는 멋진 계기가 된 것 같다.

문학 공원을 둘러본 우리들은 다시 차를 타고 행구동에 '108 대염주'가 만들어져 있다는 '치악산 관음사'로 갔다. 1971년에 창건된 관음사에는 대웅전, 관음전, 명부전, 삼성각, 산신각 등이 있는 작은 절이다. 이곳은 재일동포 3세인 임종구 선생이 지난 2000년에 제작한 108 대염주가 있는 곳으로 유명하다.

'생각하는 구슬'이라는 뜻의 염주는 인간과 자연의 조화와 합일을 의미하는 것으로 구슬은 부처님을 실은 관음보살

치악산 관음사 '108 대염주'

을 뜻한다. 이곳에 있는 대염주는 무게 240kg, 지름 74cm의 모주(母珠) 1개와 무게 45kg, 지름 45cm의 나머지 염주로 구성된 전체 무게 7.4톤의 세계 최대의 염주다.

수령 2000년이 넘는 지름 3m의 아프리카산 부빙가나무로 만들어졌다. 부빙가(bubinga)나무는 적도 아프리카에 분포하는 나무로 나뭇결이 정교하고 압축강, 곡강도가 크고 황인장 강도가 강해 잘 쪼개지지 않고 병충해도 잘 견디는 무거운 나무다.

임종구 선생이 만든 이 108 대염주는 현재 1벌은 일본 오사카 통국사에 있고, 나머지 1벌은 치악산 관음사에, 나머지 1벌은 북한 묘향산 보현사에 있다. 조국의 평화 통일과 세계 평화를 기원한다고 한다. 관음사를 둘러본 우리

들은 다시 차를 타고 판부면 금대리에 있는 '금대 계곡'으로 갔다. 원주에는 참 계곡이 많다고 하더니 금대 계곡은 청명한 물소리와 맑은 물이 주는 청량감으로 더운 여름을 나기에 딱 좋은 곳이었다.

정말 시원한 치악산 '금대 계곡'

남대보에서 흘러내리는 맑은 계류와 숲이 우거진 금대 계곡이 절경이라 사람들이 많은 찾는다고 한다. 곳곳에는 찻집과 음식점이 많았고, 특히 민물매운탕 집이 많았다. 치악산의 울창한 원시림과 함께 청명한 계곡이 인상적이라 야외 캠핑을 하기에도 적당한 곳으로 알려져 있다.

우리들은 이왕 금대 계곡까지 온 김에 모두 계곡 안으로 들어가 세수도 하고, 탁족을 하면서 잠시 더위를 잊어 본다. 손발을 씻고 나서 잠깐이지만 계곡 사이의 산책로를 걷고는 저녁 식사를 위해 금대 초등학교 인근에 있는 '야누드 시골 밥상'이라는 토속 한식집으로 가서 전통 시골 밥상으로 식사를 했다.

돌 너와지붕을 인 황토 집 안채와 역시 황토로 지은 사랑채가 2개, 마당에는 분수와 벤치 4개, 원두막이 3개 정도 있어서 우리들은 원두막에서 식사를 했다. 20년 정도 되었다는 식당인데 분위기도 조용하고 조경이 좋아 차를 파는 찻집으로 오해를 하고 오는 사람이 많을 정도로 깔끔했다.

여름철에는 사랑방을 손님들에게 무료로 내어 주기도 한다고 하여 가족 나들이를 이곳으로 와야겠다는 생각을 했다. 식당 전체를 둘러보고는 벤치에 앉아 차를 마시며 친구들과 한참 이야기를 나누며 쉬었다. 산바람이 좋다. 잠시 쉰 우리들은 다시 길을 나서 숙소가 있는 반곡동의 '인터불고호텔'로 갔다. 무척 바쁘고 피곤했지만 즐거운 하루였다.

허브의 향을 가득 느낄 수 있는 자연학습장 '원주 허브팜'

다음 날 아침 6시에 일어났다. 햇살이 참 좋은 아침이다. 친구들과 아침 식사를 하기 위해 행구동에 위치한 '할멈숨두부'로 갔다. 처음에 나는 숨두부라고 해서 무슨 순두부를 잘못 알아들었다고 생각을 했다.

"아침부터 순두부라. 해장에 좋을 것 같기는 한데, 약간은 부담스러운 메

원주 '할멈숨두부'에서의 식사

뉴구나!"라고 생각하면서 식당으로 갔다. 그런데 아니나 다를까 숨두부라고 칭하는 순두부였다. '숨이 살아 있는 두부'라는 의미인 것 같았다. '이름 하나는 걸작이다.'고 생각을 했다. 원주에서는 상당히 알아 주는 숨두부는 웰빙 식단으로 인정을 받는 음식으로 순두부와 청국장, 흑두부, 손두부, 더덕구이, 편육 등 15가지 정도의 맛깔난 반찬에 구수한 두부와 깔끔한 청국장이 별미였다.

식사를 마친 우리들은 다시 차를 타고 강원도에서 가장 오래된 식물박물관인 무실동에 소재한 '원주 허브팜'으로 갔다. 6,000평 정도 되는 면적에 약 1,000여 종의 허브가 자라고 있는 허브팜은 몸과 마음의 치유 정원으로 지역에서는 인기가 높은 곳이다.

이곳은 지난 1996년부터 나무를 심고 허브와 연을 본격적으로 이식하기 시작하여 2008년 5월에 정식으로 개관을 한 곳으로 허브 뜰, 장미 뜰, 수련 뜰, 실내 뜰, 족욕 뜰, 연 뜰, 부들 뜰, 야생화 동산, 쉼터 뜰, 체험 뜰, 허브 샵과 5곳의 연못으로 구성되어 있다.

허브향 가득한 정원에는 오롯이 눈부신 자연과 생동감 넘치는 생명의 기운이 느껴진다. 다양한 식물을 관람하고 직접 만지면서 체험하는 것이 가능한 허브팜은 특별히 정한 동선이 없는 관계로 자유롭게 정원 내부를 오가며 둘러보는 것이 가능하다.

특히 인기가 높은 곳은 150여 종의 허브가 있는 허브 숲으로 그레이트로벨리아, 아일랜드 포피, 박하 등 다양한 효능을 가진 허브를 보며 향기를 직

접 접할 수 있는 공간으
로 그윽하고 감미로운
향을 느낄 수 있어 가장
붐빈다. 다음은 250여 종
의 야생화로 조성된 야
생화 동산으로 누구라도
동화 속으로 초대된 사
람처럼 야생화가 만발한

원주 허브팜 장미 뜰 산책로

동산에 올라 천연의 꽃과 허브팜의 전체 전경을 한눈에 볼 수 있는 기쁨이 있
는 공간이다.

또한 장미 뜰에는 일 년에 4~5번 개화하는 50여 종의 장미와 만남이 가
능하다. 수십 종의 장미가 가득한 이 공간에서는 산책하는 것 자체가 영광
이라는 생각이 들 정도로 황홀하다. 연과 수련을 볼 수 있는 연 뜰도 신비감
이 넘치는 공간이다. 전 세계적으로 유명한 연꽃이 모여 있어 모든 꽃이 피
어 있는 오전 시간에 찾는 사람이 많다. 연 뜰과 연결된 잔디밭은 맨발로 걸
으면서 지압도 하고 땅의 세찬 기운도 온몸으로 느낄 수 있어 적극 추천하
고 싶다.

개인적으로는 정원의 맨 안쪽에 있는 자작나무 가로수 길과 벚나무 가로
수 길을 가장 추천하고 싶다. 마치 북유럽의 황량한 숲속을 걷는 느낌도 나
고, 나무 아래에 있는 야생화를 보며 걸으면 고향 집 뒷산을 걷는 편안함도 주
는 곳이다. 그렇게 크지 않는 허브팜이지만, 천천히 산책을 하면서 담소도 나
누고 곳곳에 있는 벤치에 앉아서 쉬면서 걸으면 두어 시간은 금방 가는 편안
한 곳이다. 나는 무농약으로 직접 재배한 허브의 향을 맡으며 명상하듯 발을
담그고 쉬는 것이 가능한 족욕 뜰에서 30분 넘게 족욕을 즐겼다.

도시 생활의 피로가 확 풀리는 것을 느낄 수 있었다. 향이 온몸 가득 퍼지는 것이 정말 최고다. 족욕을 마치고 허브 관련 다양한 먹을거리를 체험할 수 있는 허브카페로 가서 차를 한잔하면서 허브의 기운을 다시금 온몸으로 느꼈다. 허브팜은 살아 숨 쉬는 식물의 특성상 항상 같은 전시품이 아닌 하루하루 변화하는 자연의 모습과 마주칠 수 있고, 생동감 넘치는 해설과 안내로 여행의 즐거움을 느낄 수 있어 좋았다. 며칠 머물면서 마음과 병 치유를 할 수 있는 숙소 시설이 없는 것이 무척 아쉽기는 했다.

천천히 허브팜 관람을 마친 우리들은 원주의 전통 시장을 보기 위해 원주역 인근에 있는 '중앙 시민 전통 시장'으로 갔다. 시장이라는 곳이 다 그렇고 그렇지만, 강원도라서 그런지 올챙이국수를 파는 집, 메밀 전을 파는 집이 눈길을 잡았고, 반찬집, 기름집 등이 손길을 유혹했다.

나오는 길에 1934년에 지어진 조선 식산은행 원주 지점 건물이었던 곳을 살펴보았다. 외관은 전체적으로 좌우대칭을 이루며 창문을 위아래로 길게 반복하여 수직성을 강조하였고, 외벽은 인조석 질감의 모르타르로 마감하는 등 전형적인 일제 강점기의 건물이다. 대한민국 근대 문화유산 등록문화재 제164호 건물이다. 지금도 은행으로 쓰이고 있는 이 건물을 보면서, 일제 강점기의 시설물이 도심 중앙에 아직도 남아 있다는 사실에 복잡한 생각이 들었다.

송강 정철이 극찬한 관동별곡의 무대 '간현 관광지'

원주의 재래시장을 둘러본 우리들은 다들 약간씩 필요한 물건을 사고는 점심을 먹기 위해 소초면 흥양리에 위치한 '제주본가'라는 식당으로 갔다. 난 제주본가로 간다고 하여 회를 먹거나 매운탕을 먹을 것으로 알고 갔는데, 이런 웬걸 고깃집이다.

아무튼 고깃집에 가서 다른 음식을 먹을 수도 없고, 고기는 조금 먹고 반찬을 많이 먹는 수밖에 없을 것 같았다. 주인장이 개발했다는 '돼지참갈비'를 8인분 시켰다. 숯불에 구워먹는 돼지갈비는 나름 맛이 좋았고, 고기를 절이는 과정에서 각종 양념을 잘해서 그런지 입에 착착 붙었다.

식사를 마치고 원주에서 가장 인기 있는 유원지 중 한 곳인 지정면의 '간현(艮峴) 관광지'로 이동했다. 간현에서는 매년 8월 '원주 섬강 축제'가 열린다고 한다. 여름휴가에 맞추어 방문하는 피서객들을 위한 행사로 불꽃놀이와 노래자랑 등 다양한 프로그램으로 지역에서는 이미 터를 잡은 축제라고 한다.

간현은 조선 시대 이전부터 원주인들의 사랑을 받았던 곳이다. 특히 송강 정철이 관동별곡을 통하여 "한수를 돌아드니 섬강이 어드메뇨, 치악이 여기로다"라고 그 절경을 예찬하여 더 유명해졌다. 섬강의 푸른 강물과 내륙이면서도 넓은 백사장, 삼산천 계곡의 맑은 물에 기암·준봉이 병풍처럼 그림자를 띄우고 있어 더욱 운치를 더하는 곳으로 남한강의 지류인 섬강과 삼산천이 합류하는 지점에 자리 잡고 있다.

강 양쪽에 40~50m의 기암괴석들이 울창한 고목, 푸른 강물과 조화를 이루고 있으며, 맑은 강물이 흐르고 경관이 뛰어나 여름철이면 물놀이 피서객으로 무척 붐비는 곳이다. 최근 소금산 등산로를 따라서 소금산교를 건너면 기암절벽으로 둘러싸여 있는 간현암에서 암벽 등반을 하기 위해 사람들이 많이 몰려

최고의 강수욕장 원주 '간현 유원지'

들고 있는 곳이기도 하다.

우리가 갔을 때에도 멀리서 암벽을 즐기고 있는 수십 명의 모습이 보였다. '간현'이라는 이름은 조선 선조 때 이조판서를 지낸 이희가 낙향하던 길에 주변 산세에 반해 잠시 머물렀다고 하여 붙여진 이름이라고 한다. 간현의 빼어난 풍광은 자연이 빚은 선물이다.

모래사장 쪽의 얕은 물가는 수심이 깊지 않아 물놀이하기에 적격이고, 물길 곳곳에 형성된 여울이나 소(沼)에서는 낚시나 어항으로 쏘가리, 메기, 피라미 등을 잡을 수 있어 즉석해서 매운탕을 즐길 수 있다.

아울러 주변이 민박집과 식당이 많고, 캠핑장, 수련원, 공연장, 화장실, 개수대, 샤워장 등이 설치되어 있어 가족 동반으로 야영을 할 수도 있다. 안쪽에 있는 소금산에는 약 3.5km 정도 되는 완만한 등산로가 있어 3시간 정도면 누구나 쉽게 등산을 즐길 수 있다.

소금산의 높이는 343m로 완만한 초입과 가파른 하산길, 아찔한 낭떠러지와 까마득한 철계단까지, 산행하는 내내 다채로운 즐거움과 기막힌 절경이 함께하는 곳이다. 산과 강을 동시에 즐기면서 강수욕을 편안하게 할 수 있는 가족 단위 관광지가 바로 간현 유원지다.

유원지를 크게 둘러본 우리들은 섬강을 가로지르는 중앙선 철로가 몇 년 전 4~5km 정도 이설을 하여 현재는 폐선이 되었다는 말을 듣고는 무조건 철로 위로 올랐다. 터널을 지나고, 강을 건너서 걸었다. 생각보다 길이 길고 철교 위에도 안전을 위해 우측에 설치한 펜스와 통행이 가능하도록 바닥에 철판까지 깔아 두어 다니기에 좋았다.

한편 원주시는 체험형 어드벤처 시설로 와이어를 이용해 하늘을 비행하는 신종 레포츠인 짚라인(Zipline -양 편의 나무 또는 지주대 사이로 튼튼한 와이어를 설치하고 탑승자와 연결된 트롤리(trolley, 도르래)를 와이어에 걸

어 빠른 속도로 반대편까지 이동하는 이동 수단 또는 레포츠의 통칭으로, 와
이어를 타고 이동할 때 트롤리와 와이어의 마찰음이 '짚~(zip~)'과 비슷하
게 들린다하여 '짚라인'이라 불린다. 지역에 따라 플라잉 폭스(Flying Fox), 짚
와이어(Zip-wire), 에어리얼 런웨이(Aerial Runway), 티롤리언 크로싱(Tyrolean
Crossing) 등 다양한 명칭으로 불리기도 한다.) 시설을 관광지 내에 설치하기
로 이미 결정했으며, 20억 원의 민자 유치로 조만간 본격적인 사업이 시작된
다고 한다.

짚라인 설치도 희소식이지만, 나와 일행 몇 명은 철로를 건너면서 많은
생각을 했다. 너무 전망이 좋고 쓰임이 많을 것 같은 폐철로를 활용하는 방안
을 고민해 봐야 할 것 같았다. 날씨가 더웠지만, 이런 저런 고민을 하면서 유
원지 곳곳을 둘러보고 철로 위를 뛰어 다녔더니 무척 기분이 좋았다.

3시간 넘게 간현 관광지를 즐겁게 둘러본 우리들은 약간 이른 시간이었
지만, 내가 더운 여름 원기 보충을 위해 반드시 추어탕은 먹고 가야 한다고 협

28가지 재료가 들어간 원주의 보양식 추어탕

박을 한 덕분에 저녁을 먹기 위해 문막
읍에 있는 '장터추어탕'으로 갔다. 이
곳의 추어탕에는 물과 미꾸라지를
포함하여 28가지의 재료가 들어간다
고 하니 보양식임에는 틀림없었다.

이번 원주 여행은 날이 덥고 힘들
었지만, 산과 계곡이 좋고, 맛있는 강
원도 음식을 무지 먹어서 기분은 좋았다. 저녁을 왕창 먹은 우리들은 차를
타고 서울로 향했다. 조만간 가족과 함께 치악산 등반과 신사에서 템플스테
이로 이틀 정도 머물고 가는 일정으로 원주를 다시 찾아야겠다. 즐거운 여행
이었다.

백제의 역사가 숨 쉬는 고도,
부여 탐방

부여 궁남지의 아름다운 연꽃

　사실 나 같은 경상도 사람에게 '백제'의 문화와 역사는 약간은 생소한 느낌이 든다. 그러나 일본에서는 백제의 문화를 제일로 친다. 백제 유민 상당수가 일본으로 건너가 초기 일본 문화를 일구었기 때문일 것이다. 오죽하면 일본어에 '시시하다', '쓸모없다'를 뜻하는 말이 'くだらない(쿠다라나이)'가 되었을까? 이 말을 직역하면 '백제에 없다.'가 되는데, '좋고 훌륭한 것은 다 백제에 있는데, 이것은 백제에 없어. 그러니 시시한 거야.'라는 말이다. 다시 말하면 '백제의 물산만이 최고이고 나머지는 시시하다.'라는 의미를 내포하고 있는 것이다.

　이처럼 화려했던 문화 대국 백제의 역사 중 부여 시대(538~660년)는 성왕 16년(538) 공주에서 천도하여 660년 신라에 멸망할 때까지(제31대 의자왕) 123년으로 그리 길지는 않다. 하지만 이 시기는 백제 문화의 최전성기를 구가하였을 뿐만 아니라 삼국 문화 중 최고의 예술혼을 꽃피웠던 시기였다. 그러나 아쉽게도 현재 부여에서는 백제의 역사와 문화를 찾아보기 어렵다. 하지만 일본에서는 지금도 백제의 아름다운 문화를 곳곳에서 발견할 수 있을 정도로 정치, 경제, 문화적 영향력이 대단했다.

2012년 7월 중순, 친구들과 함께 찾은 충남 부여군 부여읍 동남리에 있는 백제 시대의 연못 궁남지(宮南池)는 바로 백제 문화, 특히 조경 문화의 수준을 엿볼 수 있는 사적으로, 〈일본서기〉에 궁남지의 조경 기술이 일본에 건너가 일본 조경의 원류가 되었다고 전해지고 있는 곳이다.

이곳은 신라 진평왕의 딸인 선화 공주와의 소문난 사랑으로 유명한 백제 무왕의 전설이 전해지는 곳이기도 하다. 현재 궁남지에는 여러 가지 연꽃을 종류별로 재배하는 서동 공원이 조성되어 있어 6~7월 연꽃이 필 때면 정말 최고의 경치를 자아낸다.

궁남지는 사적 제35호인 거대한 인공 연못이다. 다른 이름으로 마천지(馬川池), 남지(南池), 마래방죽이라고도 부른다. 〈삼국사기〉에 "무왕 35년(634) 궁 남쪽에 못을 파고 물을 20리 밖에서 끌어들였으며, 둘레에 버드나무를 심고 못 가운데에 섬을 쌓아 방장선산(方丈仙山)을 본떴다."라고 기록되어 있다.

원래 있던 작은 연못을 무왕이 인근에 별궁을 만들면서 3~4만평 규모로 크게 축조한 것으로 추정된다. 현재 연못 주변에는 별궁에 있었던 것으로 보이는 우물과 몇 개의 초석이 남아 있고, 연못 안에는 정자와 목조다리가 있으나 초라하게 퇴락하여 옛 모습을 잃었다.

궁남지는 사비궁 별궁의 궁원지(宮苑池)로 꾸며진 우리나라 최초의 궁원지다. 궁남지는 현재 1만평 규모로 그 크기가 줄기는 했지만, 전국적으로 연꽃이 가장 아름다운 연못이라는 찬사를 받고 있는 곳이다. 매년 7월 하순 이곳을 중심으로 '부여 서동 연꽃 축제'가 열린다고 한다.

부여의 궁남지에는 현재 흔히 우리가 연이라고 부르는 백련, 홍련, 황금련이 많다. 이런 연들은 식용 혹은 약용으로 많이 쓰인다. 잎도, 꽃도, 뿌리도

눈 덮인 궁남지 전경

먹는 품종이다. 또한 일본에서 건너온 2,000년 전 연씨 3개에서 발아시켜 분홍색 꽃을 피운 전설의 연꽃인 '대하연(大賀蓮, 오오가 하스)'도 있어 탐방객의 눈을 자극한다.

밤이 되면 꽃잎이 오므라드는 수련 종류도 많다. 백수련, 황수련, 홍수련으로 주로 약용으로 쓰이는 종이다. 이런 수련을 보기 위해서는 반드시 오후 4시 이전에 방문하는 것이 좋다. 아울러 식용 혹은 관상용으로 쓰이는 가시연도 있다. 여기에 약용 또는 관상용으로 쓰이는 왜개연도 있고, 주로 관상용으로 쓰이는 물양귀비도 있다. 또한 최근 남미에서 도입된 '빅토리아연'도 숫자가 적지만 자리를 차지하고 있어 또다른 볼거리다.

현재 궁남지 자체는 1만 평 정도지만, 10여 년 전부터 연이 지역 경제에 상당한 수익이 되는 관계로 부여군이 주변의 논과 습지를 매입하여 연을 대량으로 심고 '소통, 낭만, 사랑, 학습을 주제로 하는 서동 공원'을 조성했다. 규모를 늘린 이곳은 현재 10만평 규모의 전국 제일의 '사랑과 낭만, 연꽃향이

궁남지의 연꽃

가득한 정원'으로 자리를 잡았다. 또한 매년 6월 하순에서 9월 하순까지 매주 토요일 밤에는 '달빛, 별빛과 함께하는 국악 및 추억의 대중가요 콘서트'가 열려 지역 주민은 물론 전국적인 사랑을 받고 있기도 하다.

우리 일행은 궁남지 주차장에 차를 세우고 서동 공원을 크게 한 바퀴 돌았다. 온갖 종류의 연꽃을 보면서 사진을 찍기도 하고, 수양버들 아래에 앉아 쉬면서 잠시 휴식을 취하기도 했다. 축제가 다가오는 관계로 지역민들이 꽃대를 제거하면서 행사 기간 동안 더 많은 싹이 나와 꽃을 피울 수 있도록 돕는 모습에 분주하기도 했다.

나는 연못 가운데 있는 분수와 황포돛배가 특히 눈에 들어와 나중에 백마강에 가서 배를 한번 타고 싶다는 충동을 느꼈다. 무작정 연꽃 구경을 위해 부여까지 갔지만, 궁남지의 연꽃은 나에게 무더운 여름을 이기는데 충분한 에너지를 주는 청량제가 되었다. 한 시간 넘게 궁남지를 둘러본 우리들은 규암면에 있는 작은 부여 생활사 박물관인 '백제원'으로 이동했다.

부여의 역사와 문화를 즐길 수 있는 특별한 공간 '백제원'

우리들이 두 번째 행선지로 규암면에 위치한 '백제원'으로 간 이유는 비록 작은 규모의 식물원, 박물관이지만, 부여 지역의 역사와 문화를 전체적으로 포괄하는 복합 문화 공간으로 상당히 의미가 있다는 소문을 익히 들었기

복합 문화 공간 '백제원'

때문이다. 우선 '백제원'은 지역에 자생하는 식물들의 특성에 맞게 집중 집약하는 시설을 만든 다음, 이것을 예술적으로 작품화하여 이야기가 있는 부여 지역 유일의 식물원으로 수천여 종의 식물과 물고기, 농업 자료, 민예품 등을 전시하고 있다.

아울러 이웃한 공간에 있는 '부여 생활사 박물관'에는 부여 관련 자료, 근대 생활사 자료, 영화 관련 자료, 음악 관련 자료 등을 두루 전시하고 있다. 백제 시대부터 근·현대사에 이르는 각종 자료와 문화유산을 전시한 공간 등이 있어, 역사 관광과 문화 체험을 동시에 즐길 수 있는 아주 특별한 복합 문화 공간으로 자리 잡고 있다.

여기에 고란초 및 부여 특색 식물 연구소, 도예 연구소, 문화 상품 연구소를 두어 각종 연구 및 개발을 지원하고 있다. 이외에도 수익 사업으로 건강과 휴식의 공간인 웰빙 음악 카페 '꿈꾸는 백마강'을 운영하고 있기도 하다.

백제원에서 볼만한 곳은 고란초 및 부여 지역의 특색 식물들을 보존하고 연구, 증식하여 생태계 보호에 기여하고 있는 전시 공간이다. 작은 식물원이지만 식물들을 특성에 맞게 집약화하고 예술 작품화하여 이야기와 테마가

있는 공간으로 꾸몄다. 아울러 궁남지와 백마강, 부소산 등 부여의 자랑스러운 문화유산을 식물과 접목해 역사가 살아 숨 쉬는 공간으로 재현하고 있는 공간도 있어 깊은 감동을 느끼며 볼 수 있다.

백제원의 생활사 박물관 내부 모습

특히 주목을 받는 생활사 박물관의 공간은 1960~70년대를 회상하게 하는 전시실로 근대, 현대 서민들의 생활 모습이 담긴 각종 민속 유물, 민속 자료, 생활 유물 등을 펼쳐 놓고 있다. 이 공간은 부모님들에게는 지나간 시절의 아련한 향수를, 아이들에게는 평소 알지 못했던 부모님 세대의 정겨운 생활 모습과 삶의 애환을 느낄 수 있는 기회도 제공하고 있다.

여기에 웰빙 음악 카페 '꿈꾸는 백마강'은 과로와 스트레스에 시달리는 현대인들에게 영혼까지 맑게 해 주는 향기로운 커피 한 잔으로 정신적인 여유를, 향과 맛에 자연과 전통을 가득 담고 있는 한방차로 신체의 건강을 동시에 충족시켜 주는 휴식 공간이다.

카페 내부에는 1930년대부터 발매된 일만여 장의 국내외 LP레코드판과 1,300권의 노래책, 160여 점의 악기류, 일백여 점의 음향 관련 장비, 음악 관련 자료 등을 이용해 작은 음악 박물관으로 꾸몄다. 나는 개인적으로 박물관 내부를 돌면서 가장 놀란 곳은 수백 종의 민물고기가 살고 있는 자생 물고기 전시실이었다. 안내를 맡은 최규원 대표는 "환경 파괴 등으로 위기에 처한 우리나라 자생 물고기에 대한 정확한 정보를 제공하여 자생 물고기에 대한 관심을 높이고, 보호할 수 있는 방법을 강구하기 위해 조성된 공간"이라고 했다.

다음으로 놀란 곳은 백제원의 얼굴인 주전시설로 약 $260m^2$의 면적에 다양한 고서적, 연구논문, 도감, 전집, 교과서, 잡지, 기구, 사진, 포스터, 안내장 등 삼국 시대부터 근현대, 최근까지의 식물과 농업, 원예 등에 관련된 자료들을 전시하는 공간이었다.

정말 수십 년간을 자료를 모으기 위해 부여는 물론 전국 방방곳곳을 다니고, 사고, 얻고, 쓸고, 닦고 했을 것 같은 소중한 자료들이 이곳을 찾는 모든 사람들에게 감동을 주는 것 같아 나도 마음 한켠으로부터 존경심과 감사함이 흘러 넘쳤다. 그리고 목석원은 곳곳의 기암괴석들과 괴목 사이사이에 고산식물인 만병초, 해변에 주로 서식하는 백소사나무, 기암괴석에서 자생하는 석위, 철쭉, 돌단풍, 일엽초 등으로 금수강산의 아름다움을 잘 표현하고 있어 무척 좋았다.

이외에도 일월오봉도, 굴뚝원, 옹기원, 장독대, 기와원, 사군자원, 무궁화원, 장미원, 미니 동물원도 볼만했고, 부여 지역의 산수를 재현한 백마강, 낙화암, 고란사, 부소산, 조룡대 등이 눈에 쏙 들어왔다.

백제원을 차근차근 둘러보면서, 개인이 이렇게 아기자기하게 온갖 종류의 동식물, 역사 문화 자료, 도예 교육 체험장, 카페, 식당 등을 운영하면서 부여를 알리고 문화를 홍보하는 사업에 정성을 다하는 것이 정말 놀라워 보였다. 특히 방대한 자료를 수집하기 위한 온갖 수고와 식당 수익금 대부분을 투자하여 식물원과 박물관의 규모를 늘려 내방객을 모으고, 학생들을 대상으로 체험 교육장을 운영하는 모습에 찬사를 보내고 싶어졌다.

재미있게 백제원을 둘러본 우리들은

연잎향이 물씬 풍기는 연잎밥

점심을 먹기 위해 버스를 타고 연잎밥 전문점으로 이동하여 맛있는 연요리로 식사를 했다. 나는 얼마 전 문경 처가에 갔다가 한 병 얻어 온 오미자주를 친구들과 반주로 한잔하면서 연잎향과 오미자향에 빠졌다.

낙화암을 빼고 부여를 논하지 말라

연꽃이 유명한 부여에서 즐긴 연잎밥은 나름 매력 있는 식단이었다. 우리 일행은 다시 버스를 타고 규암면에 위치한 '백제 문화 단지'로 이동했다. 백제 문화 단지는 찬란했던 백제 역사 문화의 우수성을 세상에 알리고자 백제 왕궁인 사비궁, 능사, 위례성, 고분 공원 등을 재현했고, 단지 내에는 백제 역사 문화관과 한국 전통문화 대학교, 롯데 부여 리조트 등이 있어 역사 문화 체험은 물론 교육과 다양한 볼거리를 제공하고 있는 곳이다.

단지는 1994년부터 조성되어 2010년에 완공이 되었으며, 짧게는 한 시간에서 길게는 세 시간 정도면 산책과 체험이 가능하다. 우리들은 입구에 있는 역사 문화관은 나중에 보는 것으로 하고 우선 정양문을 통과하여 사비궁

찬란했던 백제 문화를 재현한 '백제 문화 단지'

으로 들어선다. 사비궁은 백제의 왕궁 가운데 최초로 재현된 곳으로 실제 사비궁의 전체는 아니지만 왕이 정치를 하던 공간인 치조(治朝)를 복원한 곳이다. 백제 건축의 특징인 하앙(下昻) 주심포 양식으로 웅장하면서도 섬세한 자태를 보여 주고 있다.

가장 볼만한 곳은 왕이 신하들과 국사를 논하던 정전인 천정전(天政殿)으로 사비궁의 중심이다. 왕의 즉위의례, 신년 행사를 비롯하여 각종 국가의식, 사신을 맞이하던 곳으로 왕궁의 핵심 구역이다. 그 규모가 서울에 있는 경복궁의 정전만큼 크다. 이외에도 정전의 출입문인 천정문, 왕이 문관들과 집무를 보던 동궁의 정전인 문사전(文思殿), 신하들의 집무실인 연영전, 왕이 무관들과 집무를 보던 서궁의 정전인 무덕전(武德殿), 신하들의 집무실인 인덕전 등이 멋지다.

아울러 궁궐의 우측에 복원된 성왕의 명복을 빌기 위해 만들어진 백제의 왕실사찰인 '능사(陵寺)'도 부여읍의 능산리에서 발굴된 유구의 규모와 동일하게 재현되어 있어 볼만하다. 이곳은 '뜻이 크게 통한다.'는 의미로 법화경의 철학을 담은 사찰의 출입문인 대통문(大通門)을 시작으로 38m 목탑을 재현한 능사 5층 목탑과 대웅전이 눈길을 끈다. 이외에는 강당인 자효당, 숙세각, 부용각, 향로각, 결업각 등이 복원되어 있다.

또한 능사의 뒤편에 사비 시대 귀족들의 고분으로 추정되는 횡혈식 석실분 6기, 황구식 석곽분 1기도 의미 있는 볼거리다. 크기는 길이

백제 문화 단지에 복원된 왕실사찰인 '능사의 5층 목탑'

가 3m를 넘지 않고, 폭은 1m~8m까지 높이는 1m 내외로 그다지 크지는 않지만, 백제의 고분 형태를 파악하는 중요한 자료가 된다. 그리고 사비궁의 좌측에는 사비 시대의 가옥을 재현해 둔 생활 문화 마을이 있다. 쉽게 설명을 하자면 용인의 '한국 민속촌' 같은 느낌이 드는 곳이다. 이곳에는 요즘으로 보자면 총리인 대좌평의 가옥과 계백 장군의 집, 중류 계급과 서민의 초가 등 10여 채가 복원되어 있다.

나는 민속촌에 온 것 같은 기분으로 빈집을 기웃거리기도 하고 우물에서 물을 조금 떠서 세수도 하고, 채전에서 토마토를 하나 따서 맛을 보기도 했다. 그리고 마지막으로 간 곳은 맨 안쪽에 복원된 위례성이다. 사실 이곳은 약간 생뚱맞은 곳이다. 서울이나 하남시에 있어야 할 위례성을 부여에 복원한 것도 그렇지만, 2,000년이나 된 유물을 과연 제대로 고증하여 복원했을까 하는 의문이 들었기 때문이다. 아무튼 위례궁과 땅을 파서 기둥을 세우거나 박아 넣어서 만든 건물인 고상가옥(高床家屋), 개국 공신인 마려의 집, 온조왕의 숙부인 우보 을음의 집, 망루 등이 있어 잠시 둘러보았다.

전반적으로는 상당히 큰 부지인 3,200㎡ 규모에 7,000억 원에 가까운 돈이 투자되어 만들어진 곳이지만, 별다른 맛이 없다는 점이 아쉬웠다. 좀 더 조경을 하고, 왕이나 신하, 군인, 백성들로 분장한 사람들이 실제로 왔다 갔다 하면서 활동하는 생동감 있는 공간으로 변화했으면 하는 마음이 들었다.

백제 문화 단지를 관람한 우리들은 다시 버스를 타고 이웃한 '정림사지(定林寺址)'로 갔다. 정림사는 6세기 중엽에 창건된 왕실 사찰로 백제와 함께 운명을 같이 한 절이다. 현재 부여에 남아 있는 유일한 백제 유적이기도 하다. 사찰의 구조는 남북 일직선상의 중문, 탑, 금당, 강당 순으로 백제 가람의 대표적인 양식이며, 높이 8m의 국보 제9호인 정림사지 오층 석탑이 가장 볼 만했다. 백제 장인들이 만든 정돈된 형식미와 세련되고 완숙한 미를 보여 주

국보 제9호 정림사지 5층 석탑

고 있다.

또한 좁고 낮은 단층 기단과 각 층 우주에 보이는 민흘림, 살짝 들인 옥개석 기단부, 낙수면의 내림마루 등에서 목탑의 기법도 엿볼 수 있다. 기존 목탑의 모방에서 벗어나 창의적 변화를 시도하여 완벽한 구조미를 확립하였다는 평가를 받고 있는 우리나라 석탑의 시원 양식으로 의미 있는 탑이다.

탑신부에는 당나라 소정방이 백제를 점령한 다음 승전 기념문으로 새긴 '대당평백제국비'가 있어 아픈 역사의 모습도 느낄 수 있는 탑이다. 우리는 석탑과 그 주변을 둘러본 다음, 우측에 있는 '정림사지 박물관'으로 들어가 내부에 있는 백제 시대 중 가장 화려했던 사비의 불교 유적을 두루 살펴보았다.

아름다운 오층 석탑을 본 감동을 뒤로 하고 우리들은 다시 부소산성(扶蘇山城)과 백마강, 고란사(皐蘭寺), 낙화암을 둘러보기 위해 '부소산'으로 갔다. 부소산은 106m 정도의 낮은 산이지만, 부여를 한눈에 조망하는 것이 가능하고 산책로가 무척 좋아 젊은 연인들이 많이 찾는 곳이다. 소나무 군락, 상수리나무 군락, 졸참나무 군락이 있어 삼림욕장으로도 의미가 있는 관광 코스다.

이곳에는 평시에는 왕실 후원으로, 전시에는 최후 방어성으로 이용되던 둘레 2.2km에 이르는 토성인 부소산성이 있다. 성내에는 서복사지, 영월대지(迎月臺址), 해맞이를 하던 영일루(迎日樓), 식량을 저장하던 군창지, 달맞이를 하던 송월대지(送月臺址), 사비루, 낙화암, 백화정, 고란사, 백제의 충신인

성충, 홍수, 계백의 위패를 모시고 있는
삼충사, 궁녀사 등이 있다.

산성 아래를 흐르는 금강의 하류인
백마강은 고대 중국과 일본으로 가는 교
역로였고, 북쪽 절벽은 나당 연합군에 의
해 백제가 멸망할 때 삼천 궁녀가 몸을

백제 왕실 사람들만 마셨다는 '고란정' 약수

던졌다는 고사로 유명한 낙화암이 있다. 낙화암 아래 백마강에 임하여 삼천
궁녀들의 영혼을 달래기 위해 세워진 고란사가 있다. 이 절 뒤편의 암벽에서
솟아나는 약수는 백제왕들의 음료수로 사용되었다고 전해오고 있다. 약수터
주변에 자라는 고란초는 고사리과에 속하는 다년생 은화식물로 그늘진 바위
틈에 자생하는 희귀식물이다.

낙화암 아래의 백마강 물굽이에는 당나라 소정방의 일화로 유명한 조룡
대(釣龍臺)가 있으며, 낙화암의 위쪽에는 백제의 여인들을 추모하여 이름 지
은 백화정이 있다. 산성 전체를 둘러보고, 낙화암 위쪽에 있는 백화정까지 올
랐다가 내려오면서 고란사를 들러 나도 오래 살기 위해 예전에 왕실 사람들
만 마셨다는 약수를 마셨다. 그리고 고란사 앞에 있는 유람선 선착장에서 황
포돛배를 타고 백마강을 거슬러 올라 강과 낙화암을 멀리서 조망한 다음 구
드래 선착장에 당도했다.

비가 많이 와서 정신이 없었지만, 백마강은 물이 많아 배를 타기에 좋았
다. 멀리서 바라보는 낙화암의 풍경과 비와 함께 쓸려간 궁녀들의 모습이 상
상되어 숙연해지기도 했다. 당일치기 짧은 여행을 마친 우리들은 서울로 돌
아가는 길에 부여의 특산품인 대추토마토를 한 상자 사서 나누어 먹으면서
귀경했다. 즐거운 사비 여행이었다.

문화 도시 대전의
근대 건축물을 찾아서

놀랍다! 문화 도시 대전의 근대 건축물

2012년 9월 초순, 당일치기로 친구들과 버스를 타고 대전에 다녀왔다. 대전의 근대 건축물을 둘러보기 위해 간 것이다. 일반적으로 한국의 근대 건축은 1876년 개항 이후부터 한국 전쟁 전후까지를 말하지만, 대전의 경우에는 일제가 만든 철도 도시의 성격이 강한 관계로 1904년 대전역 개역(開驛)부터 시작된다.

본격적인 대전의 건축 역사는 1928년 세워진 대전역 신축과 1932년 준공된 충남도청을 기점으로 보면 된다. 조선 후기까지 회덕현의 작은 마을이었던 대전이 급성장하게 된 배경은 1905년 경부선이 개통되면서 일본인 철도원과 상인들이 터를 잡으면서부터이다.

1910년 경술국치 이후, 일제의 식민 정책이 실시됨에 따라 1914년 대전군 대전면을 설치했다. 경부선에 이어 1914년 대전을 기점으로 하는 호남선이 개통되자 1904년 당시 수십 가구에 불과한 외진 마을이었던 한밭은 급속하게 팽창한다. 이후 철도의 물류 기지와 기관차 수리 공장으로 급성장한 대전은 1931년 대전읍으로 승격했다.

다시 1932년 도청이 공주에서 대전으로 이전하게 되자 충남의 정치·경제·문화의 요충지가 되었다. 이처럼 대전은 철도를 시작으로 경부 고속 도로, 호남 고속 도로 지선, 국도가 분기하는 교통과 물류의 중심으로 성장하여 현재는 과학 기술 단지와 연구소를 다른 한축으로 삼아 지속적인 발전을 꾀하고 있다.

우리는 한국 전쟁으로 거의 파손된 대전의 근대 건축물 중에서 아직 남아 있는 몇 개의 건물과 전쟁 이후에 지어진 시설들을 보기 위해 우선 시내 중심인 은행동에 소재한 '대전 시립 미술관 창작 센터'로 갔다. 이곳은 등록 문화재 제

농산물 품질 관리원에서 미술관으로 변신한 '대전 시립 미술관 창작 센터'

100호로 원래는 '국립 농산물 품질 관리원 충청 지원'으로 쓰이던 곳으로 지난 1958년 건립되어 1999년까지 원래의 용도로 사용되었다.

충청 지역의 농산물 품질 관리를 위하여 건립된 관공서로 대전에서 활동한 건축가인 배한구가 설계했다. 출입구는 아치형을 이루며 육중한 철제 문짝과 건물 외벽에 돌출된 상자 모양의 창틀은 추상화된 예술 작품의 느낌이 든다. 서쪽의 강렬한 햇빛을 차단하기 위해 창문 앞에 설치한 수직 철제 블라인드가 매우 인상적이다.

1층의 홀과 방은 사무실과 전시장, 세미나실, 응접실 등의 형태로 개조되어 쓰이고 있었고, 화장실도 현대적으로 손질을 하여 아주 깔끔하다. 2층으로 올라가는 계단의 모습도 오래된 대리석의 느낌과 육중한 창틀이 주는 멋

스러움이 좋았다. 2층 전시장의 경우 천정의 목조 트러스(truss)가 나뭇결이 그대로 살아 있어 운치도 있고, 탁 트여 높이가 주는 여유로운 공간의 미학도 아름다운 곳이다. 지역 예술인들의 창작과 전시 공간으로 충분히 가치를 발휘하고 있는 듯했다.

이곳 세미나실에서 지역의 근대 건축에 대한 짧은 설명을 듣고서, 건물도 둘러보았다. 정오를 지나 점심을 먹기 위해 이웃한 대흥동의 올갱이(민물다슬기)국 전문점인 '내집'으로 가서 충청인들이 즐겨 먹는 올갱이국과 두부두루치기를 안주로 옥천군 군북면 증약리의 명물인 '증약 막걸리'를 한잔했다. 내 생각에 대전은 특별히 맛있고 유명한 요리가 없는 것 같다.

올갱이국 전문점 '내집'

멋진 문화 공간으로 변신한 산호 여인숙

심심한 식사와 막걸리까지 마신 우리들은 다시 인근에 있는 산호 여인숙으로 갔다. 이곳은 1977년부터 30년 가까운 시간 동안 운영되다가 문을 닫고 한동안 도심 속의 폐가가 되어가던 여인숙을 임대 개조하여 문화와 예술이 문안(問安)하는 공간으로 탄생시킨 '복합 문화 공간과 여행자를 위한 쉼터'이다.

1층은 전시와 '찌라시 도서관' 등 문화 공간과 예술가들의 자유 공간으로 운영되고 있다. 2층은 예술가들의 숙소는 물론 여행자들을 위한 게스트 하우스로 온돌방과 침대방을 저렴한 가격에 빌려 주고 있다. 물론 간단한 식사도 가능하다고 한다.

대전의 중심인 대흥동에서 산호 여인숙은 지역 문화를 리드하는 안내자이자 예술가는 물론 여행자간의 교류의 장으로 역할이 크다고 한다. 나도 서울 도심의 낙후된 지역에 돈도 모으고 사람들을 모아서 이런 집을 한번 운영하고 싶다는 생각이 들었다. 술도 한잔하면서 그림도 논하고 시도 쓰고 책도 읽고 여행자도 받고 길 안내도 하고 지구촌의 수많은 사람들과 끊임없이 대화하는 공간으로 말이다.

이어 바로 이웃에 있는 1944년에 지어진 목원대 초대 학장의 옛집으로 갔다. 지금은 '초록지붕'이라는 작은 레스토랑으로 운영하고 있는데, 오래된 집을 개조하여 식당을 하는 모습이 유럽의 시골 레스토랑 같은 느낌이 들었다. 입구와 정원에 나무를 좀 더 심었으면 더 분위기 있을 것 같다는 생각이 들기는 했지만, 오래된 집이 기분 좋게 바뀌어 있어 음식도 무척 맛있을 것 같다는 생각이 들었다.

길을 건너 옛 '우남 도서관'이 있던 자리와 '대전 중구청'이 있던 자리 등을 살펴본 다음, 대전여중 옛터로 갔다. 현재는 '대전 평생 학습관'으로 쓰이고 있는 이곳 본관 앞에서 2007년 5월부터 매달 대전에서 발간되고 있는 문화 잡지 〈월간 토마토〉를 만드는 사람들이 주관하는 책 판매 행사장과 카페를 잠시 둘러보았다.

서울도 아닌 지방에서 10여 명의 직원들이 매달 문화 잡지를 만들고 있는 전사들의 모습도 대단했지만, 여러 책을 팔고 전시하는 행사 또한 발상이 무척 좋아보였다. 난 친구가 대전의 명물인 60년 전통의 '성심당' 제과점에서 방금 사온 따뜻한 '튀김소보로'를 간식으로 맛있게 먹으면서 책들을 살펴보았다.

대전 대흥동 성당에서 만난 강렬한 오방색 벽화

대전에서 발행되는 문화 잡지 〈월간 토마토〉를 만드는 사람들의 책 전시 및 판매 행사를 둘러본 다음, 우리들은 대전여중 옛터에 있는 대전시 문화재 자료 제46호인 '대전여중 강당'을 살펴보았다. 100평이 조금 넘는 크기인 강당은 현재는 갤러리로 쓰이고 있었다. 1937년에 준공된 박공지붕 건물이다. 이 지역에서는 보기 드문 독특한 형태를 지니고 있는 작지만 멋스러움이 있는 강당이다.

한국 고유의 초가지붕을 연상하게 하는 아르누보풍의 부드러운 지붕선이 보기에 좋았다. 처마 아래는 고전주의적 수법인 치형(齒形) 돌려쌓기로 벽돌을 장식하여 처마선을 받쳐주면서도 부드러운 이미지가 강조되고 있다. 붉은 벽돌로 쌓은 앞쪽과 뒤쪽 벽면에는 정사각형의 넓은 창을 3개씩 마련하여 자연 채광을 실내에 끌어들이고 있어 벽돌 건물의 답답한 느낌을 크게 줄였다. 창문 주변의 인방은 벽면보다 들어가게 처리한 뒤 콘크리트로 마감하여 건물이 견고하고 짜임새 있어 보인다.

사방 모서리에는 벽돌을 내어쌓기로 쌓아 올려 입체감을 느낄 수 있는 변화를 주었다. 양쪽 측면의 넓은 상부 벽면에는 각각 아치형 창을 설치하여 부드러운 지붕 곡선과 자연스럽게 어울리면서 환기창 역할을 한다. 지붕은 녹색 마름모꼴의 망형 슬레이트로 마감하여 박진감이 넘친다.

건물은 단층으로 아기자기하면서 독특한 느낌을 주며, 중간에 기둥이 하나도 없어 갤러리로 쓰기에 무척 좋은 곳으로 보였다.

'대흥동 성당' 본당 입구 철문

탁 트인 공간을 활용하는 것이 자유로워 다양한 변화가 가능해 보인다. 방문 당일에는 지역 화가의 작품 전시회가 열리고 있어 멋진 그림으로 눈요기를 하는 행운도 얻을 수 있었다.

강당의 외부와 내부의 그림 전시회를 본 우리들은 이웃한 등록 문화재인 천주교 '대흥동 성당'으로 갔다. 1919년에 설립된 대흥동 성당은 1952년 새롭게 성당 신축 공사에 착수하여 1953년 봉헌한 건물이다. 정면에서 보면 키가 무척 큰 키다리 아저씨 같은 형상의 본당 건물은 입구의 철문이 육중하여 하부가 튼실해 보인다. 정면으로 난 크고 작은 창이 좋고, 좌우측 상단 외벽에는 최종태 선생의 12사도 부조상이 있다.

여기에 본당 내부에는 상성규 선생이 만든 14개의 스테인드글라스와 예수의 생애를 조각해 놓은 이남규 작가의 14처가 돋보인다. 아울러 프랑스인 성 베네딕도회 왜관 수도원 부통(Andre Bouton, 1914~1980) 신부가 1969년에 '성 베드로'와 '성 바오로 사도'를 그린 두 개의 대형 벽화가 있어 교회 미술품이 많은 대전 원도심의 명소로 터를 잡고 있다.

부통 신부가 그린 벽화는 야수파적인 오방색의 강렬한 색채를 주로 사용하여 흰 벽면에 그려진 강렬한 색상은 성당 내부를 압도하기에 충분하다. 원래 10개를 제작했던 벽화는 색이 원색적이고 화려하며, 강렬하고 사실적이며 파격적으로 표현된 작품이다. 이에 기법상의 문제로 내부 신도들의 논란을 걱정하여 자의 반 타의반으로 부통 신부 스스로가 8개는

부통 신부가 그린 벽화

지워버리고 2개만을 남겨 둔 것이 아쉽다는 생각이 들 정도로 작품성이 뛰어났다. 시간이 많았으면 차근차근 유리벽의 스테인드글라스와 14처, 12사도 부조상 등을 하루 종일이라도 보고 왔으면 좋으련만, 아쉬움을 달래면서 큰 벽화 두 점만을 자세하게 살펴보고는 성당을 나와 다시 길을 나선다.

이번에는 대전 공회당과 대전시청 건물로 쓰이다가 현재는 외부를 전부 개조하여 그 맛을 잃은 삼성화재 충청 본부 건물과 사거리 건너편의 문화원 건물로 쓰이던 갤러리아 백화점을 보고는 중앙시장 방향으로 향했다. 길을 가면서 예전에 은행 건물로 쓰인 듯한 한국투자증권 건물과 목척교를 지나 우리은행 건물 등을 살펴본다. 모두 50년 이상은 되어 보였다. 아울러 근래에 생긴 목척교의 상층 아치 부분도 모양이 특이하여 자세하게 한 번 더 보고는 강을 건너갔다.

이어서 등장한 건물은 대전 지역을 대표하는 근대 건축물로 현재는 안경점으로 쓰이고 있는 등록 문화재 제19호인 '구 산업은행 대전 지점'이다. 일

구 산업은행 대전 지점

제의 대표적 경제 수탈 기구였던 산업은행 건물은 동구 중동에 자리 잡고 있으며, 1937년에 1층으로 준공하였으나 1989년 개축하면서 은행 건물의 특징인 층고가 높은 영업장을 2개 층으로 분할하여 사용하고 있다.

화강석 기단 위에 상부는 타일과 테라코타로 수평 띠를 둘러 견고하면서 미적인 감각을 살려 마감했다. 그 밑으로 팔각형 기둥을 설치하여 강인함을

강조하였다. 외벽에는 나무줄기 문양의 만주와 독일에서 수입한 화강석과 테라코타 등을 사용하여 간결하면서도 장중하고 깨끗한 이미지를 주었다. 건물 전면은 일제 강점기 관청 건물의 보편적인 형태인 르네상스풍의 견고하고 근엄한 분위기를 나타내지만, 유리창을 크게 설치했으며 부분적인 장식이 세밀하고 유별나게 화려하다.

나는 언뜻 보기에 외부 벽면이 전부 화강석으로만 보였는데, 자세히 보니 테라코타에 일일이 석회를 발라 부착한 것이 건물의 정갈한 맛을 더하고 있어 무척 좋았다. 측면 일부를 부분 보수하면서 색깔이 맞지 않는 곳이 있기는 했지만, 외관상으로는 80년이 다 된 건물이라고 보기 어려울 정도로 깨끗하여 보기에 좋았다.

대전의 일제 강점기 철도 관사촌을 어떻게 유지 보존하지?

외부 경관이 멋진 '구 산업은행 대전 지점'을 둘러본 우리들은 인근의 중앙시장으로 이동하여 먹자골목을 잠시 걸었다. 돼지머리와 순대를 파는 가게, 시계 등을 수리하는 노점의 모습, 구제 옷을 파는 가게 등을 재미나게 살펴보았다. 특히 다양한 옛날식 순대를 발견하고는 잠시 쉬면서 한 점 먹고 싶다는 충동이 일었다. 하지만 시간이 없어 마음만 남겨 두고 몸은 대전역 동쪽의 '철도청 대전 지역 사무소 재무과 보급 창고'를 보러 갔다.

지난 2005년 등록 문화재 제168호로 지정된 이 창고는 원래 4동이 있었는데, 주차장을 만들기 위해 3동을 헐어버린 관계로 현재는 1동만 남아 있는 상태라고 한다. 너무도 안타까운 순간이다. 폭이 6~7m 정도 되고 길이가 25m는 되어 보이는 100평이 조금 넘는 크기의 창고는 한국 전쟁 직후인 지난 1956년에 지어졌다고 한다. 이 창고는 철도 교통의 중심인 대전의 역사를 잘 말해 주는 건물로 철도청의 필요 물자를 이동 보관하기 위해 건립되었다.

현재 외부도 특별히 정비되어 있지 않고, 내부도 텅 비어 있는 것으로 보아 사용되고 있지는 않은 것 같았다.

이 창고는 전후에 지어지기는 했지만 일본과 미국의 기술을 적용한 목조 건물이다. 현재 한국에는 근대 목조 건축물이 거의 남아 있지 않아 희소가치가 높으며, 1950년대 창고 건축물의 특징을 알 수 있는 자료로 역사적 의미가 크다. 정면에 문과 창이 각 3개, 뒤편에 창이 6개, 좌우측에 창이 각 1개씩 나 있는 건물로, 특히 상부와 외부 하중을 분산하고 힘을 받을 수 있는 장점이 있는 정비되지 않은 목재 트러스 지붕 구조를 가지고 있어 오랫동안 무너지지 않고 사용이 가능했다.

건물 내부 중간에 기둥을 설치하지 않아 다양한 공간으로 활용성이 높아 넓고 크게 쓸 수 있는 장점이 있어 보였다. 아울러 외부 마감은 목재 널판을 사용하여 통풍성이 뛰어나다. 아쉽게도 지붕은 석면이 많은 슬레이트로 되어 있어 환경적으로 문제가 있어 보였다.

목조 건물이라 수리하여 다른 용도로 사용이 쉽지 않아 보였다. 지역의 건축가 및 예술가들이 이번 겨울에 노래와 음악 공연을 한다고 한다. 그러나 운치는 있을 것 같아 보였지만 공연장으로 적당해 보이지는 않았다.

창고를 둘러본 다음, 우리들은 이웃한 '소제동 철도 관사촌'을 둘러보기 위해 이동했다. 소제동은 원래 우암 송시열의 고택은 물론 기국정 정자, 솔랑산 등과 소제 호수가 있던 작은 마을이었다. 풍광이 좋아 중국 소주의 호수들에 버금간다 하여 소제호(蘇堤湖)로 불렸다고 한다.

소제동의 모습이 크게 바뀐 것은 지난 1907년 일본이 이곳 솔랑산 중턱에 태신궁이라는 일본 신사를 건립하고부터다. 경부선 철도가 생긴 이후 대전에 터를 잡은 일본인들은 대전역 주변과 지금의 인동, 대동 부근에 집단 거주를 시작했다. 이들의 거주가 시작되면서 경관이 좋고 일본인들이 많이 사는 소제동에 일본 신사가 들어온 것이다. 이후 1914년 호남선 철도가 개통되면서 대전은 급성장하기 시작했고, 철도원은 물론 기술자들의 거주가 늘어났다. 이에 대전역을 중심으로 남쪽과 북쪽, 동쪽에 일본의 철도 관사촌이 형성되었다. 현재 남북에 있었던 철도 관사는 거의 사라지고, 동쪽에 위치한 소제동 관사촌이 원형에 가까운 형태로 남아 있다.

소제동의 철도 관사촌은 1920년 초반에 형성되기 시작했고, 인구가 늘고 철도원이 많아지면서 소제호를 매립하여 그 위에 1939년 다시 증설되어 건축되었다. 대전의 역사와 함께 관사촌이 늘어나기는 했지만, 광복이 되어 도시가 확장되면서 대전의 중심이 서쪽으로 이동하며 소제동을 비롯한 원도심은 상대적인 쇠락의 길을 걸었다. 현재 소제동 지역은 대전의 대표적인 슬럼으로 남아 있는 상태다.

그러나 소제동은 단순한 슬럼 지역이 아니라 철도 시대 대전의 옛 모습을 간직하고 있는 소중한 문화 지구다. 이제는 얼마 남지 않은 근대 대전의 흔적을 볼 수 있는 곳이다. 단순하게 적산가옥이라고 말하는 이들도 있지만, 엄연히 근대 문화유산으로 가치가 있는 근대적 경관이다. 우리들은 길을 따라 40~50채 정도 남아 있는 철도 관사촌을 둘러보았다. 생각보다 담장이 높아 내부를 볼 수는 없었지만, 6~7급 정도 되는 하급 철도원들의 집치고는 규모가 꽤 크게 보였다.

이곳의 관사들은 두 개의 집을 좌우가 대칭이 되도록 (요즘으로 보자면 연립이나 땅콩주택처럼) 짓고, 중간에 벽을 두고 같이 쓰는 형태로 건축되었다. 각각의

근대 건축물로 보전 가치가 있는 '소제동 철도 관사'

집이 대지는 100평 정도 되고, 건물은 각각 25평 정도로 방 3개와 부엌, 작은 거실과 화장실이 내부에 설치되어 있는 혁신적인 건물이다. 화장실과 세면장이 건물 내부에 있던 것은 당시의 조선에서는 놀라운 변화라고 할 수 있는 사건이었다.

집의 크기와 구조는 직급에 따라 조금씩 달랐지만, 대체로 6~7급의 하급 철도원용 관사로 마당이 넓은 것이 좋았다. 대부분의 집 마당에는 언제 심은 것인지는 모르겠지만, 감나무, 향나무, 석류나무 등이 많았다. 아울러 집 내부의 다락과 외부의 창고 건물이 독특하게 보였다. 사람이 살고 있는 집도 많았지만, 현재는 비어 있는 곳도 몇 군데 있었다.

내부를 볼 수 없어 아쉬움이 많았지만, 다행스럽게도 관사촌 북쪽에 위치한 42호 관사를 볼 수 있었다. 대전시와 목원대학이 공동으로 만든 '대전 근대 아카이브즈 포럼'이 문화 체육 관광부의 지원을 받아 '지역 문화 컨설팅 사업'의 일환으로 임대하여 사용하는 곳이다. 이곳은 '대전 근대 유산을 활용한 지역 공동체 문화 활성화' 사업으로 연구소와 기념관, 모임 장소, 사진관 등의 용도로 쓰고 있어 누구나 방문하면 자세하게 볼 수 있는 개방된 공간이었다.

1970년대 민간에게 불하된 철도 관사촌은 지금은 그냥 일반인들이 사는 주택가의 모습을 하고 있다. 하지만 대전시와 문화인들이 적어도 10여 채 이상은 역사 문화적인 가치와 의미를 각인하는 마음

멋진 작업실로 변신한 소제동 철도 관사

으로 수리를 하여 연구하고 공부하는 공간으로 자리매김할 수 있도록 노력하는 자세가 필요해 보였다.

몇 년 전 문경시의 은성 광업소 자리에 지어진 석탄 박물관에 갔을 때, 안내원이 광업소 관사를 철거한 것이 가장 아쉽다는 말을 하길래, 그때는 그 의미를 잘 알지 못했다. 그러나 여기 와서 보니 철도 관사를 철거하거나 재개발하는 것보다는 어떤 형태로든 활용하는 방안을 조속히 구상하는 것이 타당하다는 생각이 들었다. 짧은 시간 동안 교통 물류 도시 대전의 근대 건축물 답사를 하고 서울로 돌아오면서 구 충남도청사와 공관 등 아직도 멋스럽게 남아 있다는 대전의 근대 건축물을 한 번 더 보기 위해 조만간 대전을 다시 방문하고 싶어졌다.

인심 좋은 대나무의 고장
담양을 걷다

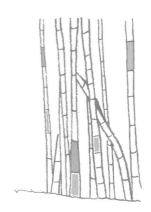

인심 좋은 대나무의 고장 담양

2012년 7월 초순, 대학을 졸업하고 전남 담양으로 귀농한 친구 춘수에게서 반가운 전화가 왔다.

"얼마 전 미국의 타임지가 선정한 '건강에 좋은 여름철 슈퍼 푸드 10가지'를 소개한 기사 봤니?"

"응, 정확하게 기억나지는 않지만 대략 보름 전쯤 봤지. 키위, 아스파라거스, 레몬, 시금치, 수박, 딸기, 블루베리, 버찌 등이 슈퍼 푸드라고 하는 기사 말이지?"

"그래 그중에 블루베리(blueberry)를 내가 7년 전에 심어 두 해 전부터 수확하고 있는데, 농장에 한번 놀러 와라. 지금 수확이 거의 끝나가고 있는데 맛이 제일 좋은 시기라 올 거면 이번 주말에 꼭 와라."

"응, 주말에 가지."

담양 블루베리

오랜 만에 걸려온 친구의 전화에 반가움으로 난 덜컥 방문 약속을 했다. 15년 전 일본에 살던 시절 즐겨 먹던 블루베리를 실컷 먹을 수 있는 기회가 주어졌는데 마다할 이유가 없었다. 심한 안구 건조증에 시력도 별로 좋지 않은 나는 일본에서부터 눈에 좋다는 자색고구마와 블루베리를 즐겨 먹었다. 단맛이 거의 없는 자색고구마를 먹는 일은 사실 곤욕이었지만 눈과 심장에 좋다는 말에 건강을 위해 지금도 꾸준히 먹고 있다.

춘수와의 약속으로 나는 친구들 여러 명을 모아 2012년 7월 중순 장맛비가 오는 가운데에도 전남 담양군으로 갔다. 새벽같이 출발한 우리들은 오전 10시쯤 농장에 당도했다. 현재 담양군에는 170여 곳의 블루베리 재배 농가가 있고, 영농 조합 법인을 주식회사 형태로 만들어 운영하고 있다고 한다.

2,000평 정도 되는 춘수의 블루베리 농장은 아주 깔끔하게 정리되어 있었다. 고랑을 만들고 위쪽에 나무를 심고, 아래는 전부 비닐을 깔아 풀을 자라지 않게 하여 곤충들의 서식도 막아내고 있었다. 생육 기간이 45일 정도라 농약을 치지 않고도 재배가 가능하여 농장에서 바로 따서 그냥 먹을 수 있어 좋았다. 단맛과 신맛이 공존하는 미묘한 맛이 더 좋았다. 시장에서 사서 먹던 것과는 전혀 다른 느낌의 식감으로 한 시간 넘게 사진도 찍고 따 먹기도 하면서 밭을 한 바퀴 돌았다.

춘수는 "현재 담양은 전국 블루베리 생산량의 10% 정도를 점유하고 있으며, 조합에 가입된 농가는 전부 유기농으로 재배를 하고 있어 값도 비교적 비싸게 받고, 6월 중순에서 7월 중순까지 동시 출하를 하는 관계로 유통 비용도 절감되어 보통 이상의 수익을 내고 있다."고 했다. "내가 10여 년 전부터 눈에 좋아서 자주 먹는다."라고 했더니 "사실 눈에도 좋지만, 변비 해소, 항암 작용, 미용, 당뇨 예방, 다이어트에 좋은 최고의 건강식품."이라며 "매일 7~10알 정도씩 먹는 것이 최상의 효과를 볼 수 있는 식습관."이라며 꾸준히 먹으라고 권한다.

나는 그동안 담양군은 춘수가 가끔 보내오는 죽순, 방울토마토, 단감, 딸기 정도만 유명한 줄 알았다. 그런데 이번에 블루베리도 최근 각광을 받고 있다는 사실을 알았다. 그래서 농장도 둘러보고 관광도 할 겸 아주 잘 왔다는 생각을 했다. 춘수의 농장에서 비가 오는 가운데에도 정말 맛있게 블루베리 따기 체험을 했다. 난 무척 많이 먹었고 덜 익은 것부터 숙성이 지난 것까지 전부 맛을 보아 단맛, 신맛, 쓴맛, 새콤한 맛, 상한 맛을 두루 보았다.

친구도 만나고 오랜 만에 건강에 좋은 블루베리를 많이 먹어서 기분은 무척 좋았다. 배탈이 나지 않기를 바라며 식사를 하기 위해 친구들과 농장에서 나와 담양읍에 있는 '한국 대나무 박물관' 인근에 소재한 대통밥집인 '박물관 앞집'으로 이동했다.

죽향(竹鄕) 담양군에는 볼거리, 먹을거리도 많지

죽향(竹鄕)인 담양군에서 첫 식사는 대통밥으로 했다. 대나무 통 속에 오곡을 넣어 밥을 하는 대통밥은 정말 오감이 꿈틀댈 정도로 맛이 좋았다. 오래 전 담양에 왔을 때 먹었던 맛과는 또 다른 느낌인 것을 보면 집집마다 편차가 있기는 한 것 같다. 맛있게 식사를 마친 우리들은 식당 앞 천변리에 위치하고 있는 '한국 대나무 박물관'으로 이동했다.

대통밥

한국 대나무 박물관은 지난 1966년 담양군이 죽세공예품의 보존, 전시, 기술 정보 교환, 판매 알선을 위해 '죽세공예 센터'를 설립한 것이 시작이다. 이후 1981년 죽물박물관으로 이름을 바꾸었고, 1998년 담양 죽세공예 진흥단지 준공과 함께 현재의 위치로 이전하였으며,

2003년에는 지금의 이름으로 바뀌었다. 이곳은 대나무에 관한 한 국내 최대의 전시관이다. 부지 5만 200㎡, 지하 1층, 지상 2층의 건물이 약 3,300㎡ 규모로, 박물관, 중요 무형 문화재 전수관, 106종의 죽종장, 대나무 공예 교육 체험교실, 담양 문화원, 죽제품 전문판매점, 테마 공원 시설 등으로 이루어져 있다.

박물관 소장품은 국산 죽제품 2,146점, 외국 죽제품 355점, 기타 700점 등 총 3,200여 점에 이른다. 전시실은 6개로, 제1전시실은 대나무의 정의 및 특성, 담양에 자생하는 대표적인 대나무의 종류, 유리부스 바닥에 대나무의 생태를 보여 주는 디오라마(diorama, 배경 위에 모형을 설치하여 하나의 장면을 만든 것, 또는 그러한 배치), 세계 대나무 분포도, 한국 대나무 분포도, 대나무 뿌리와 줄기 단면을 통한 생장 과정 등을 소개하고 있다.

제2전시실은 죽근, 모근, 묘근 등 대나무 재배 방법 및 대나무 채취에 사용하는 도구와 죽공예 제작 시 사용하는 도구, 죽공예품을 제작하는 엮기의 종류 및 대나무를 이용한 놀이기구, 죽공예 제작 과정을 알려 주는 디오라마, 조선 시대부터 현대에 이르는 죽제품을 소개하고 있다.

제3전시실은 죽물생활 공예품을 전시한 곳으로 전국 대나무 공예대전에서 수상한 생활 공예품을 소개하고 있다. 무형 문화재 공예품도 볼 수 있다.

한국 대나무 박물관

제4전시실은 1960~80년대 담양읍을 배경으로 죽물 시장이 열리던 풍경을 재현한 미니어처(miniature, 실물과 같은 모양으로 정교하게 만들어진 작은 모형)를 볼 수 있으며, 담양의 대숲소리 제품도 전시되어 있다.

제5전시실은 약용으로 쓰이는 대나무와 동의보감에 소개된 대나무 한방 치료법을 소개하는 건강학 자료와 죽순을 이용한 요리법을 알려 주고 있다. 마지막 제6전시실인 기획 전시실은 개인이나 단체를 위한 작품전과 전국 대나무 공예대전 수상 작품을 전시하는 방이다.

전시관 옆으로 가면 대나무 교육 체험관, 산업 미래관, 명인관, 외국관, 영상홍보관 등이 있어 인기다. 특히 어린이들에게 인기가 높은 교육 체험관에서는 지도 교사의 도움을 받아 상시 체험이 가능한데 아이들은 바람개비, 청소년들은 연이나 부채 같은 실용적인 작품을, 어른들은 단소 등을 만들 수 있다. 또한 긴 대나무를 잘라 대나무 통을 만들어 주는데 집으로 가져와 대통밥을 지어 먹을 수도 있고, 술통으로 대통주도 만들 수 있다. 박물관은 관광객들에게 볼거리와 놀거리, 쉴거리, 체험이 모두 가능한 종합 시설로 가족 여행에 좋은 코스다.

전시장 전체를 둘러보니 곳곳에 있는 멋진 대나무 사진 작품과 죽순을 가공하는 모습을 그린 그림이 무척 인상에 남았다. 또한 죽물 시장을 재현한 미니어처를 보면서 타임머신을 타고 과거로 돌아가 옛사람들이 팔던 죽물을 한두 점 사 오고 싶어졌다.

다시 입구 쪽으로 나와 곳곳에 있는 조각들을 감상했다. 담양과 대나무를 상징하는 조각들이 멋졌다. 그리고 우측에 있는 106종의 대나무가 심겨진 죽종장에는 작은 키의 다양한 대나무들이 자라고 있어 비교를 해가며 볼 수 있는 즐거움이 있었다.

중간 중간에 작은 연못과 연꽃, 소나무와 조화를 이루는 대나무 숲, 죽물 판매장 등을 둘러보면서 조만간 가족과 함께 이곳을 다시 방문하고 싶다는 생각을 했다. 비가 와서 그런지 참 운치 있는 곳이다. 박물관을 둘러본 우리 일행은 다시 버스를 타고 창평면으로 이동했다. 그곳에서 전국적으로 그 명성을 떨치고 있는 담양의 또 다른 명물인 '담양 한과' 공장을 방문하여 한과 만들기 문화 체험을 했다.

대한민국 식품 명인 33호인 '박순애 선생'이 경영하는 '담양 한과 명진식품'에서는 우리의 전통 한과를 생산, 판매하는 것과 함께 한과 만들기 체험과 한옥 민박 등을 통하여 전통문화를 알리고 홍보하는 일에 주력하고 있다. 육간대청(六間大廳)의 한과 체험장에서 우리들은 삼색쌀엿강정 만들기를 했다.

처음에는 아이들이나 하는 한과 만들기 체험이라고 생각을 했는데, 모두들 무척 재미있어 했다. 당일 만든 한과는 다음 날까지 담양 읍내를 오가며 간간히 먹을 수 있는 좋은 먹을거리가 되었고, 남은 것은 집으로 돌아와 연우에게 멋진 아빠가 직접 만들어 준 간식이 되어 기뻤다.

담양에 가실 때는 반쪽을 반드시 동반하세요

담양 한과 만들기 체험을 마친 우리들은 다시 담양읍으로 이동하여 숙소 근처에 있는 돼지갈비 전문점인 '향토'에서 돼지갈비와 막걸리로 저녁 식사를 했다. 난 술을 즐기지는 않지만, 지방에 가면 늘 지역 막걸리를 한잔씩 한다. 광주에서 온 '무등산 쌀막걸리'와 담양의 '죽향 생막걸리', '담양 대잎 동동주'를 맛보면서 농주에 푹 빠져들었다. 특히 대나무 향기가 물씬 풍기는 '죽향 생막걸리'는 일품이었다. 식사를 마친 일행은 인근 숙소로 가서 종일 내린 비로 얼룩진 옷과 신발을 말리고는 잠자리에 들었다.

참 비가 많이 오는 밤이다. 다음 날 우리는 숙소 인근에 위치한 떡갈비와 대통밥 전문점인 '죽향 속으로'라는 식당에서 죽순 된장국으로 아침 식사를 했다. 아침부터 고기를 먹기는 부담스러워 된장국을 먹었는데, 담양에서는 죽순이 들어가지 않은 반찬이 없을 정도로 온통 대나무 요리다.

죽순향이 된장의 잡내를 전부 잡아주어 맛이 좋았다. 난 반찬으로 나온 도토리묵과 죽순 무침에 반하여 정말 맛있는 아침을 먹었다. 식사를 마친 일행은 아침 일찍 혹은 저녁 늦게 가야만 그 맛을 제대로 느낄 수 있다는 '메타세쿼이아 가로수 길'로 서둘러 갔다.

메타세쿼이아 가로수 길은 사진작가들 사이에서 명성이 높은 길로 차가 다니지 않고, 아스팔트 포장도 걷어내어 정말 걷기에 좋은 길이고, 연인들이 아침 산책을 하기에도 좋아 적극적으로 추천할만한 길이었다. 이 길은 원래 담양읍 담양군청 동쪽의 학동 교차로에서 금월리 금월교에 이르는 옛 24번 국도로, 바로 옆으로 새로운 국도가 뚫리면서 산책로로 바뀐 길이다. 산책로로 바뀐 초기에는 걷거나 자전거를 탈 수 있는 도로로 이용되었다.

그러나 자전거가 너무 많아져서 숫자를 제한하기도 해 보았지만 제대로 통제가 되지 않아 연전에 자전거 통행을 전면금지하고 흙길을 복원해 탐방로를 조성했다. 대신 흙길을 걸으려면 입장료를 내야 한다. 담양군은 이 길의 보다 체계적인 관리와 운영을 위해 어른은 1000원, 어린이는 500원을 받고 있다. 원래 이 길은 지난 1972년 가로수 조성 사업 때 중국산인 3~4년생 메타세쿼이아 묘목을 심은 것이 현재의 울창한 가로수 길이 된 것이다.

당초 국도 24번 확대 포장 공사 시 사라질 뻔했던 것을 담양군민들의 피나는 노력으로 지켜낸 결과 현재는 대나무와 함께 담양을 상징하는 또 다른 명소가 되어 많은 관광객들을 불러 모으고 있다. 메타세쿼이아 가로수 길은 지난 2002년 '산림청'과 '생명의 숲 가꾸기 운동본부' 등에서 주관한 '아름다운 거리 숲' 대상을 수상했고, 2006년 건설교통부 선정 '한국의 아름다운 길

메타세쿼이아 가로수 길의 사계(四季)

100선'의 최우수상을 수상한 길로도 유명하다. 이 길은 사계절 전혀 다른 매력으로 방문객의 육감을 사로잡으며 각종 드라마, 영화, CF 촬영장으로 주목을 받고 있다. 평일에는 1일 1,000여 명, 주말과 관광 성수기에는 1만여 명의 관광객들이 다녀가는 명소가 되었다.

관광 자원으로 특화된 메타세쿼이아 가로수 길의 성공으로 담양군은 지난 2011년에 이 길을 포함한 '담양 수목길'을 조성하여 걷기 좋은 명품 길을 만드는데 공을 많이 들이고 있다. 담양읍의 '죽녹원~관방제림~메타세쿼이아 가로수 길~금월교~경비행기 체험장~담양 리조트'로 이어지는 8.1km 길이의 탐방로는 성인 걸음으로 세 시간 정도면 걸을 수 있는 편안한 길로 새롭게 주목받고 있다. 아침 8시 30분에 메타세쿼이아 가로수 길에 도착한 우리

들은 정말 신나게 사진도 찍고 걸었다. 비가 온 다음이라 공기도 시원하고 오가는 사람도 많지 않아 정말 길의 정취를 만끽할 수 있어 좋았다.

담양에 다시 올 때는 반드시 가족과 함께 와야겠다는 생각이 아주 많이 들었다. 독신이라면 반드시 애인과 함께. 비가 그친 시원한 아침에 산책을 마친 우리들은 다시 차를 타고 담양읍 향교리에 있는 대나무 정원인 '죽녹원(竹綠苑)'으로 이동했다.

대나무 숲길의 정취를 즐길 수 있는 '죽녹원'

죽녹원은 담양군이 성인산 일대에 조성하여 지난 2003년 개원한 약 16만 m^2의 울창한 대숲이다. 죽림욕을 즐길 수 있는 총 2.2km의 산책로는 추억의 샛길, 성인산 오름길, 운수대통길, 선비의 길, 죽마고우길, 철학자의 길 등 8가지 주제의 길로 구성되어 있다. 입구를 통과하여 우측에 있는 전망대로부터 산책로가 시작되는데, 전망대에서는 담양천을 비롯하여 수령 200년이 넘는 팽나무, 느티나무, 이팝나무, 개서어나무, 곰의말채나무들로 구성된 관방제림과 방금 걷고 온 메타세쿼이아 가로수 길 등이 내려다보인다.

흙이 고운 산책로는 여름이면 맨발로 걷기에 좋은 곳이다. 생태 전시관, 인공폭포, 생태 연못, 야외 공연장, 민박을 겸한 한옥 체험장, 죽로차 교육장, 주막 등이 있으며, 더운 여름밤이나 눈 내리는 겨울밤에도 산책을 할 수 있도록 대숲에 다양한 조명도 설치되어 있다. 또한 왕대, 분죽, 신우대, 오죽, 맹종죽 등 여러 종류의 대나무가 있다. 이곳의 대나무는 품종이 달라도 3~6월경에 죽순이 대부분 올라온다. 일단 죽순이 올라오면 한 시간에 2~3cm씩 자라 30~40일 안에 5~10m 높이까지 쑥쑥 자란다.

더 놀라운 것은 대나무는 뜨거운 여름이 되면 피톤치드를 아주 많이 방출한다. 흔히 피톤치드를 많이 방출하는 것으로 알려진 편백나무보다 두 배 정도 많다고 한다. 여기에 산소 발생량

최고의 삼림욕장인 대나무 숲

도 생각보다 많다. 따라서 대나무 숲의 온도는 숲 바깥보다 4~7도 더 낮다. 대나무에서 품어 나오는 음이온은 우리의 뇌파 활동을 완화하고 알파파가 폭발적으로 늘어나게 한다. 그래서 대나무 숲을 걸으면 시원하기도 하고, 상쾌함도 느낄 수 있는 것이다. 아직 세상에 잘 알려지지는 않았지만, 사실 죽림욕은 편백나무 숲을 거니는 것 이상의 좋은 스트레스 해소법이며 병 치료법이다.

우리 일행은 담양군의 문화 관광 해설사인 송명숙 선생과 함께 운수대통 길과 철학자의 길을 걸었다. 사실 잘 모르는 곳에 가면 해설사랑 동행을 하는 것이 가장 편하고 쉽게 관광을 하는 방법인 것 같다. 송 선생에게서 대나무의 속성이나 특징, 비오는 날 대숲은 시원해서 산책하기에 좋고 피톤치드도 무척 많이 나온다는 사실을 들었다.

여기에 담양군의 대나무 산업 육성과 관광 발전에 미쳐 사시는 열정적인 군수님 이야기 등도 들을 수 있었다. 크게 한 바퀴 죽녹원을 둘러본 우리들은 대나무 분재 및 생태 전시관을 본 다음, 옆문으로 나오는 길에 담양 향교를 잠시 보고는, 곁에 있는 '채상장(彩箱匠) 서한규(徐漢圭) 선생 작품 전시관'으로 들어갔다.

호남 선비의 기상과 꿈을 담은 맑고 깨끗한 소쇄원

담양 채상장(彩箱匠)은 대나무나 버들, 갈대, 왕골 등으로 네모난 상자 모양의 기물을 제작하는 기술 또는 기술자를 말하는 것으로 1975년 중요 무형문화재 제53호로 지정되었다. 채상은 비단결같이 곱고 보기에 아름다우며 쓰임새가 좋은 죽세공의 한 부문이다. 대나무를 종이처럼 얇고 가늘게 잘라 거기에 다양한 물감으로 염색하여 무늬를 넣어 겉을 짜는 기법과 겉대와 속대의 색상이 다른 것을 이용하여 염색을 하지 않고 그대로 짜서 무늬가 은은히 비치게 하는 두 가지 제작법이 있다.

주로 여성 용품을 만드는 데 쓰여, 반짇고리, 채죽침(彩竹枕), 일용품 상자 등을 만든다. 최근에는 기술의 발전과 응용으로 가방을 만들거나, 그림처럼 만들어 액자에 넣어 판매하기도 한다. 손방인 나의 눈에도 대나무를 가르고 염색하는 기술 및 무늬를 넣어 짜는 모습이 대단해 보였다.

현재 이곳 전시관에는 여든이 넘어서도 작업을 하고 있는 서한규 선생과 그의 딸, 사위가 함께 일하고 있었다. 오랫동안 전통을 지키면서 채상을 만드는 분들에게 인사를 드리고는 담양을 상징하는 뚝방인 '관방제림(官防堤林)'으로 갔다. 관방제림은 담양천 물길을 관리하기 위해 만들어진 제방이다.

제방을 조성한 것은 인조 28년(1684년)이고, 200년 가까이 지난 1854년 철종 시대에 제방에 나무를 심어 숲을 조성했다. 이곳에는 이름도 생소한 푸조나무가 많았다. 뿌리가 깊은 푸조나무는 복잡하게 엉켜 있어, 흙을 단단히 지탱해 제방을 튼튼히 해 준다.

이외에도 팽나무, 개서어나무, 이팝나무, 느티나무 등 수령 200년이 넘는 고목들이 늘어서 있다. 아쉽게도 제방 폭은 3m 남짓으로 좁은 편이었다. 그러나 요즘 같이 더운 여름이면 그늘이 좋은 이곳에는 피서를 위해 나오신 어르신들이 아주 많다.

사실 이곳을 좋아하는 시인, 묵객, 사진작가들이 너무도 많지만 아쉽게도 전체를 조망하는 촬영이 어렵고, 길이 좁아 사진도 글도 잘 나오지 않는다는 평이 있어 안타깝기도 한 곳이다. 더위를 피해 잠시 앉아 쉬어가기에는 너무 좋은 곳이다. 관방제림을 품고 있는 담양읍 객사리에는 담양군이 새로운 관광 및 수익 사업 모델로 심혈을 기울이고 있는 '담양 국수거리'가 있다. 70년대까지는 죽공예품 시장이 열리던 이곳에는 장사치들이 주로 애용하던 국숫집이 모여 있었다.

지금은 죽공예품 시장이 사라지고 길옆에 대 여섯 집과 골목 안쪽에 십여 집 등 이십여 집이 남아 관광객과 주민들을 상대로 장사를 하고 있다. 우리 일행은 6명이 가서 국수 두 개와 계란 9개를 시켜 맛을 보았다. 비빔국수는 독특한 맛이 별미였다. 국수를 조금 맛본 우리들은 돌아 나오는 길에 이웃에 있는 '죽순빵'을 파는 노점에서 간식으로 빵을 조금 샀다.

죽녹원을 끼고 있는 향교리 주민들의 공동 사업으로 죽순과 현미를 이용한 간편한 간식거리로 만든 죽순빵은 속에 죽순을 넣어 씹히는 맛도 좋았고 현미로 만들어 구수함도 느껴지는 색다른 빵이었다. 간식까지 먹은 우리들은 남은 일행들을 위해 이웃한 강쟁리에 소재한 퓨전한식점인 '죽순떡갈비'를 주로 만드는 '금송정'으로 가서 점심을 먹었다.

새로운 먹거리 '죽순빵'

떡갈비에 죽순을 넣어서 만든 요리는 조금 달기는 했지만, 나름 맛이 있어 즐겁게 식사를 마쳤다. 식사를 마친 우리들은 담양 최고의 대나무 정원이며, '선비의 기상과 사림의 정신을 담은 아름답고 맑고 깨끗한 정원'이라는 뜻을 지닌 남면 지곡리의 '소쇄원(瀟灑園)'으로 갔다.

소쇄원은 1530년(중종 25) 조광조의 제자로 대사헌을 지내던 소쇄 양산보(梁山甫:1503~1557)가 기묘사화로 죽은 스승 조광조의 모습을 보고 벼슬에 환멸을 느껴 귀향하여 건립한 원우(園宇)이다. 명승 제40호인 이곳은 계곡을 사이에 두고 여러 개의 건물을 지어 자연과 인공이 조화를 이루고 있는 호남 선비 문화를 대표하는 정원이다.

내부는 제월당(霽月堂), 광풍각(光風閣), 오곡문, 애양단, 고암정사 등 10여 동의 건물로 이루어져 있다. 제월당은 정면 3칸, 측면 2칸이고, 광풍각은 정면 3칸, 측면 4칸이다. 또한 광풍각에는 영조 31년(1755) 당시 소쇄원의 모습

소쇄원의 사계(四季)

이 그려진 '소쇄원도'가 남아 있다.

소쇄원은 양산보가 귀향한 1519년 무렵부터 그의 아들 자징과 손자인 천운 등 3대에 걸쳐 완성된 정원으로 자연과 어우러진 조선 시대 호남 지역 정원의 아름다움을 잘 보여 주는 곳이다. 이곳을 드나든 사람은 면앙정 송순, 우암 송시열, 석천 임억령, 하서 김인후, 사촌 김윤제, 제봉 고경명, 송강 정철 등 이름만 들으면 알 만한 지식인들로 정치, 학문, 사상을 논하던 구심점 역할을 했다. 입구부터 대나무 숲이 우거져 있으며, 작은 천을 지나 안으로 들어가면, 제월당, 광풍각 등이 있다. 계곡 옆 정자인 광풍각은 '침계문방'이라 하여 머리맡에서 계곡 물소리를 들을 수 있는 선비의 방으로 주로 손님을 위한 사랑방 역할을 했던 곳이다.

소쇄원 가장 높은 곳에 있어 한눈에 내려다볼 수 있는 제월당은 '비개인 하늘의 상쾌한 달'을 뜻하는 이름으로 우암 송시열이 현판을 썼다. 주로 주인이 거처하며 학문에 몰두하던 곳이다. 세상의 모든 것은 아는 만큼 보이고 또 아는 만큼 느끼게 된다.

특히 소쇄원은 건축이나 조경을 하는 사람들이 조금 알고 가면 보이는 것이 많고 감동이 큰 아주 소중한 곳이지만, 공부를 하지 않거나 안내를 받지 않으면 아무 것도 보지 못하고 느끼지 못하는 그저 평범한 대나무 숲 정원일 뿐이다. 그래서 조금 알고 가면 이곳은 '소쇄'라는 이름을 통하여 양산보가 맑고 깨끗함을 지향하는 인물이라는 것을 느낄 수 있으며, 제월당이라는 이름을 통하여 비 개인 하늘의 상쾌한 달과 같은 마음으로 학문에 정진하고자 했던 조선 선비의 마음을 배울 수 있다.

또한 '비 갠 뒤 해가 뜨며 부는 청량한 바람'이라는 뜻을 가진 광풍각은 사랑방을 드나들던 손님들을 칭송하거나 극진히 받들던 양산보의 속 깊은 마음을 이해할 수 있는 곳이다. 또한 입구에 있는 초정과 대봉대를 통하여 그의 꿈과 염원도 알 수 있다.

아울러 문패격인 '소쇄처사양공지려'라는 현판은 양산보의 인물됨과 비움의 철학을 보여 주고 있다. 어떻게 보면 작은 대숲 정원에 불과한 이곳은 조선 선비의 기상과 사림의 정신을 모두 포괄하는 선비 숨결의 산실이다. 나는 이곳에 잠시 앉아 쉬면서 500년 전 이곳을 스쳐간 수많은 선비들의 숨결을 느끼다가 송강 정철의 '성산별곡'이 탄생된 곳인 이웃의 '식영정(息影亭)'으로 이동했다.

전남 도기념물 제1호인 식영정은 16세기 중엽 서하당 김성원이 자신의 스승이자 장인인 임억령을 위해 지은 정자로 '그림자가 쉬고 있는 정자'라는 뜻이다. 정자의 규모는 정면 2칸, 측면 2칸이고, 단층 팔작지붕이며, 온돌방과 대청이 절반씩 차지한다. 가운데 방을 배치하는 일반 정자들과 달리 한쪽 귀퉁이에 방을 두고, 앞면과 옆면을 마루로 깐 것이 특이하다.

자연석 기단 위에 원주를 세운 굴도리 5량의 헛집 구조다. 난 이곳에 올라 송강 정철을 떠올리며 그의 가사 문학과 인간 됨됨이(?)를 잠시 생각하다가 발길을 돌려 서울로 향했다. 비가 와서 몸이 힘들고 길은 멀었지만 즐겁고 행복한 담양 여행이었다.

식영정

한반도 배꼽 전북 새만금과
전주 한옥 마을 체험

거짓(?)으로 얼룩진 새만금 방조제

　2011년 10월 초순, 전북 새만금 일대의 변화된 생태 환경 관찰과 전주 한옥 마을 체험 여행을 다녀왔다. 아침 8시에 종로구 사직단 앞에서 버스를 타고 달려 점심시간이 다 되어 군산시 비응도(飛鷹島)를 관통하는 군장(群長) 산업도로 위에 차를 세웠다. 33.9km에 이르는 새만금(萬金) 방조제 길의 시작이라고 할 수 있는 이곳에서 우선 철새들을 관찰했다.

　한반도의 배꼽에 해당하는 새만금 유역에는 보통 이맘때면 헤아릴 수 없을 정도로 수많은 철새가 북에서 남으로, 남에서 북으로 이동을 하며 일주일에서 보름 정도 쉬어가던 곳이다. 하지만 방조제 건설로 물의 흐름이 좋지 않아 바다가 거의 죽은 요즘에는 수천 마리의 새들만이 먹이를 찾기 위해 이리저리 방황하고 있는 모습만 관찰되고 있다.

　전북의 군산과 부안을 연결하는 새만금 유역은 동진강(東津江)과 만경강(萬頃江) 하구에 전국 제일의 곡창 가운데 하나인 김제(金堤) 평야와 만경평야를 이루고 있다. 두 개의 강이 바다와 만나는 곳이라 물고기 등 먹을

거리가 풍부한 갯벌이라 매년 300만 마리 이상의 새들이 찾던 세계적인 철새 도래지였다. 여기에 전복 버금가는 고급 패류로서 궁중 연회에 쓰였으며, 껍데기는 약품 용기 또는 바둑의 흰 돌을 만드는 재료로 이용되며, 회·죽·탕·구이·찜 등에 주로 쓰이는 백합(白蛤) 조개가 지역 특산품으로 아주 많이 났던 곳이다.

또한 칼슘, 철, 인, 비타민 B2가 풍부하며, 담즙의 분비를 촉진하고 간장의 기능을 활발하게 하는 작용이 있어 예로부터 황달 치료 및 피로 해소, 숙취 제거 식품으로 애용되어 서민 음식의 대표 주자로 자리 잡고 있는 바지락이 많이 잡히던 곳이기도 하다.

이런 새만금에 찾아오는 새가 기하급수적으로 줄고, 조개도 많이 잡히지 않게 된 가장 큰 이유는, 지난 1987년 대선후보로 출마했던 노태우 전 대통령이 정치적 목적으로 저개발 상태인 전북 지역에 개발 공약으로 제시했던 대규모 간척 사업을 통한 농지 조성 계획 때문이다.

세계 최장의 방조제인 '새만금 방조제'

현재 당초의 계획과는 별개로 굴러가고 있는 새만금 종합 개발 계획은 농지보다는 공업 단지와 신도시 개발로 가닥을 잡아가고 있다. 또한 새만금 내부의 담수화 계획 및 바닷물과의 해수 유통의 한계 등으로 연전에는 '쇠돌고래(상괭이)' 100여 마리가 폐사할 정도로 물이 썩어 가고 있고, 갯벌이 줄어들어 조개도 거의 잡히지 않고 새들도 찾지 않는 죽음의 바다가 되었다.

이에 고향과 생업의 터전을 잃은 어민들은 이웃한 '곰소만' 등으로 작업장을 옮겼지만, 생각보다 소출이 많지 않고 시간적으로나 금전적으로 수익이 나지 않아 심각할 정도로 생계에 타격을 받고 있다. 그리고 새만금 방조제가 완공된 후부터 관광객이 많이 오기는 하지만, 지역의 관광 기반 부재와 판매할 농수산물이 없는 관계로 그저 스쳐 지나가는 해변 관광 명소로 전락한 것도 이와 같은 현실적인 어려움을 불러일으킨 요소이다.

너무나 터무니없이 개발된 새만금 방조제와 내부의 바다를 둘러본 우리들은 두 개의 통수관문을 추가로 둘러본 다음, 부안군의 변산반도로 30km를 더 달려 변산면 대항리에 위치한 '변산 명인 바지락죽' 집으로 점심을 먹기 위해 갔다. 작은 마을에 대략 10곳은 되어 보이는 죽집이, 통상 보아 오던 바닷가의 횟집 많은 동네와는 사뭇 다른 분위기였다. 바지락으로도 죽을 만들어 먹는구나! 바지락에 녹두와 인삼 등을 넣어서 정성스럽게 끓인 죽은 짜장 별미였다. 요즘 새만금에서는 거의 바지락이 잡히지 않아 이곳의 바지락은 곰소만에서 채취한 것을 주로 쓴다고 한다.

식사를 마치고는 이웃한 해창 갯벌로 갔다. 이곳은 지난 2001년 환경 운동 연합이 중심이 되어 천년 후 후손들을 위해 향나무를 묻고 비석을 세운 매향비가 있고, 작은 컨테이너로 만들어진 교회와 성당, 70~80개는 되어 보이는 장승이 자리를 잡고 있는 곳이다.

새만금을 반대하는 지역 주민과 환경 단체들이 만든 성지와도 같은 곳이

해창 갯벌의 매향비

기도 하다. 이웃의 작은 해창산을 전부 밀어 바다를 메우고 있어서 그런지 황량한 분위기에 장승과 찬바람, 생태계가 파괴된 황폐한 갯벌이 내 머릿속에서 '이곳이 바로 새만금의 무덤이구나!'라는 슬픈 생각을 대뇌이게 했다.

서해안에 주로 분포되어 있는 우리나라의 갯벌은 캐나다 동부 해안, 미국 동부 해안, 북해 연안, 아마존 유역과 함께 세계 5대 갯벌로 알려져 있다. 특히 우리의 갯벌은 높은 산소 투과율과 퇴적층이 다채로워 다양한 수생 생물이 생존하며, 오랜 시간 동안 갯벌에 기대어 생활한 어민들이 많다는 것이 한국만의 남다른 특징이다. 원래 변산반도(邊山半島) 동부는 광활한 곡창 지대, 중서부는 노령산맥 자락으로 숲이 우거진 산과 계곡이 모래, 암석 해안과 어울려 뛰어난 경승지를 이루고 있는 국립 공원 지역이다.

새만금 해창 갯벌의 장승들

이런 변산반도의 북부인 해창 갯벌은 새만금 개발로 갯벌이 모두 사라져 모래 바람만이 강하게 부는 사막 같은 느낌이 드는 황량한 토지로 바뀌어 있었다. 이곳의 장승들은 눈물이 날 정도로 시대의 아픔을 전부 안고 서 있는 모습으로 너무 처량해 보였다.

장승들을 뒤로 하고 우리들은 다시 '계화미(界火米)'와 백합, 바지락, 굴, 새우 등이 나는 계화도 간척지로 갔다. 원래 섬이었던 이곳은 1960년 후반 간척 사업으로 육지화되어 농업과 어업으로 살아가는 주민들이 많은 곳이다.

이곳에서 우리들은 지금도 백합과 바지락을 손으로 캐는 맨손 어업을 하고 있는 주민을 만나 지역 상황을 들을 수 있었다. 40여 년 전에 이곳으로 시집와서 줄곧 살고 있다는 아주머님은 새만금이 생기기 전에는 어업만으로 충분히 먹고 살 수 있었다고 한다. 하지만 요즘은 멀리 곰소만까지 가서 일을 하고 있는 관계로 때론 차비도 나오지 않는 경우가 많다면서 뗏거리를 걱정하는 현실적 어려움을 토로했다.

모두가 아주머님의 어려운 현실에 눈물이 날 정도로 마음 아파했고, 나또한 가슴이 쓰리고 머리가 텅 비는 느낌이었다. '하루 1만 원의 차비를 주고 트럭을 빌려 타고 곰소만까지 가서 백합이나 바지락을 캐는 작업을 하는데, 본전인 1만원 벌이도 못할 정도로 조개가 없는 날이 많다.'고 말하는 소리가 아직도 내 두 귀에 쟁쟁하다. 아주머님의 이야기를 듣고서 둘러본 계화도 갯벌도 물고기와 조개가 더 이상 살 수 없는 황무지가 되어 있었다. 개발을 위해 중간 중간 대형 트럭이 오가는 모습이 마치 사막이나 황무지를 촬영하는 영화 세트장처럼 보인다.

죽어도 며칠 쉬어 가고 싶은 절, 변산 '내소사'

우리 일행은 주마간산(走馬看山)으로 새만금을 둘러보았다. 새만금 전체의 1/10도 보지 못했지만, 조개도 없고 철새도 찾지 않는 죽은 바다인 새만금의 미래는 너무 잿빛이었다. 일행은 다시 버스를 타고 변산반도의 남부인 부안군 진서면 석포리에 소재한 내소사(來蘇寺)로 향했다.

내소사는 백제 말기인 633년(무왕34) 혜구 스님이 창건한 사찰로 당초 이름은 소래사(蘇來寺)였다고 한다. 원래는 아담한 절이었으나 조선 중기 이후 본격적인 증축이 이루어져 대웅보전, 설선당, 요사채 등이 들어서면서 절의 규모가 커졌다. 이후 1980년대에 들어 일주문, 대웅보전 중수, 천왕문, 설선당과 요사채 보수, 봉래루의 해체와 복원, 진화사, 수각, 종각 등을 조성하여 현재의 규모가 되었다. 현존하는 당우 및 중요 문화재로는 보물 제291호 대웅보전(大雄寶殿)을 비롯하여 제277호 고려 동종, 제278호 법화경절본사경, 제1268호 괘불이 있고, 전북 유형 문화재 제125호 요사채, 설선당, 보종각, 봉래루, 제124호 삼층 석탑이 있다.

이 가운데 대웅보전은 1623년(인조1)에 완공되었는데 건축물의 형태와 모양, 시공 기법이 매우 독창적인 조선 중기의 예술품이다. 못 하나 쓰지 않고 나무를 깎아 서로 교합하여 만들었다고 하며, 법당 내부 벽면에 그려진 관세음보살상도 대단한 수작이다. 아울러 연꽃무늬가 중심이 된 문창살의 경우에도 소백산 아래 영주 성혈사의 문창살과 함께 국내 목공예 역사에 길이 남을 정도로 뛰어나다는 평가를 받고 있어 유심히 살펴볼 필요가 있다.

그리고 법화경절본사경은 조선 초기 이씨 부인이 먼저 간 남편의 명복을 빌기 위해, 한 글자를 쓰고 한 번 절하는 일필일배(一筆一拜)의 정성으로 필사한 것으로 유명하다. 사실 내소사는 절도 절이지만, 일주문을 지나고부터 이어지는 전나무 길이 '한국의 아름다운 길 100선'에 선정될 정도로 운치가 있는 곳이다. 10여 분 정도를 걸어가면 되는 길지 않은 길이지만, 100년 내외의 수령을 자랑하는 전나무 숲길을 상큼한 공기를 마시며 거닐 수 있는 기쁨은 남다르다.

당초 숲이 더 좋았다고 하는데 최근에 간벌을 하면서 작은 잡목들을 전부 제거한 관계로 생태계가 많이 파괴되었다고 한다. 나무 아래에 상당히 많았

내소사 입구 전나무 길

던 버섯이나 벌레들이 많이 줄어들어 시야는 깨끗해지고 확 트인 느낌이 들어 좋았지만, 산책의 재미를 반감시키는 측면도 있었다. 전나무 숲길을 10여분 정도 걸어서 들어가면 천왕문에 이어 수령이 1,000년 된 노쇠한 군나무와 설선당, 보종각, 봉래루 등이 나온다. 그리고 고려 범종도 작지만 용머리 등이 멋지고, 삼층 석탑과 절의 중심에 위치한 대웅보전의 위용도 대단하다.

특별히 단청을 하지 않은 단아한 대웅보전은 조각품 같은 목조 한옥 건물에 불상과 벽면의 보살상 그림, 입구 좌우측의 문창살 등이 걸작이다. 물론 절 뒤편의 대나무 숲과 야트막한 관음봉도 편하게 등산을 하거나 산책하기에 좋을 것처럼 보인다. 내소사는 이렇게 가족 여행이나 잠시 휴양을 위해 템플스테이를 하면서 2~3일 쉬어가기에 참 좋은 절이다. 도시의 찌든 때를 빼면서 등산도 하고, 풍경소리 들어가며 사찰 요리와 명상을 즐길 수 있는 쉼터이다

내소사 대웅보전

내소사 영산회괘불탱화

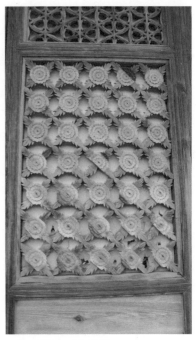

대웅보전의 멋스러운 문창살

내소사를 둘러본 일행은 일주문 앞에 있는 상가와 식당가를 둘러본 다음, 숙소가 있는 전주로 향했다. 한옥 마을이 유명한 전주까지는 대략 1시간 정도가 걸렸다. 우리들은 전주에 도착하기 무섭게 전주시에서 어르신들의 일자리 제공을 위해 만든 사회적 기업인 한옥 마을 주막 '천년누리 봄'으로 가서 식사를 했다. 한옥을 개조한 듯 보이는 주막에는 주로 막걸리를 파는 것이 주요한 사업인지 술을 한 상 시키면 안주를 4~5가지 세트로 제공하는 형식으로 주문을 받았다. 안주가 더 필요하면 별도로 추가 요금을 내고 안주를 조금 더 시키던가, 아니면 술을 한 상 더 시키면 다시 안주 세트가 4~5가지 제공되는 곳이었다.

이곳에서 어른들은 술과 안주로 속을 채우고 부족한 것은 밥과 찌개를 더 시켜서 먹고, 어린이들과 청소년들은 식사와 안주거리를 먹는 것으로 한 시간 정도를 보냈다. 시장이 반찬이라고 다들 허겁지겁 저녁을 때웠다. 식사를 마친 일행은 숙소가 있는 한옥 마을로 이동하여 2곳의 한옥으로 나뉘어 쉬는 시간을 가졌다. 나는 평일에는 찻집으로 이용하다가 주말과 휴가철을 중심으로 성수기에만 야간에 민박을 하는 55년 된 서민 한옥집인 '차마당'으로 숙소가 정해졌다. 그곳에서 주인장과 일행 7~8명이 함께 늦은 시간까지 이야기를 나누다가 새벽에야 잠자리에 들었다.

전주 콩나물국밥, 깊은 맛에 자빠지다

느린 걸음으로 천천히 걷기 좋아 국제 슬로시티(slow city)로 지정되었으며, 한옥 마을이 유명한 전북의 중심 전주시(全州市). 전주는 10세기 초 견훤(甄萱)이 세운 후백제의 도읍이었던 곳으로 우리나라에 몇 안 되는 역사와 문화가 살아 숨 쉬는 예향(藝鄕)이다. 전주는 후백제가 멸망한 이후에도 고려, 조선 시대 내내 전라도의 행정 중심지였다. 하지만 현재는 그 규모가 줄어 전북의 중심으로만 기능하고 있는 인구 60만 명 정도의 중형 도시다.

전주의 한옥 마을은 박정희 대통령 시절인 지난 1977년 한옥 보존 지구로 지정된 뒤, 전통 한옥 문화 특구 등으로 불리다가 2002년 10월 '전주 한옥 마을'로 이름을 바꾸었다. 군사 독재의 상징인 박정희 정부의 강한 공권력이 현재의 멋진 한옥 마을을 유지 보존하는 힘이 되었다니 아이러니하고 재미난 현실이다.

한옥 마을 곳곳에는 판소리, 춤, 타악 등 전통 공연을 관람할 수 있는 전통 문화 센터, 막걸리·청주의 제조 과정 관람과 시음까지 할 수 있는 전통술 박물관, 숙박을 하면서 온돌과 대청마루 등 한옥을 직접 체험할 수 있는 한옥 생활 체험관, 전통 공예품을 전시하는 공예품 전시관 및 명품관 등이 있다.

전라도의 중심이었던 전주는 원래부터 큰 장이 열리던 곳이다. 전주장은 전국의 15대 시장으로 꼽혔을 뿐만 아니라, 대구, 평양 혹은 대구, 공주와 함께 조선의 3대 시장으로도 불릴 만큼 그 규모가 컸다. 거래 물품은 전국 제일의 곡창 지대에 위치하였으므로 당연히 미곡이 으뜸이었고, 특산

전주 한옥 마을 전경

품인 생강, 종이, 부채, 칠, 자기, 죽세품, 감, 석류 등과 토목, 모시, 연초, 해산물 등이었다.

전주장 가운데에서도 특히 남부 시장은 1970년 이후 가장 규모가 큰 상설 시장으로 발전하여 농수축산, 공산물을 전부 판매하는 종합 시장의 형태로 전주인들의 사랑을 받고 있다. 우리 일행은 아침을 해결하기 위해 남부 시장에서도 주민들에게 가장 인기가 높다는 전통 피순대와 콩나물국밥이 유명한 집으로 흩어져 이동했다.

아침부터 피순대를 먹기에는 곤란한 것이 많다고 생각한 사람들이 다수인지 대부분은 콩나물국밥집으로 갔다. 시장 안에는 콩나물국밥집이 여러 곳 있었지만, 나는 가장 오래되고 유명하다고 소문이 난 '현대옥'으로 가 밥을 먹기 위해 줄을 섰다. 이곳은 30년 역사를 자랑하며 최근까지 주인장인 '양옥련' 여사가 직접 운영했던 곳으로, 현재는 프랜차이즈 체인(franchise chain)으로 사업을 전환하여 새로운 주인이 본점으로 활용하고 있는 곳이다. 물론 그 맛과 전통은 고스란히 잇고 있다는 평이다.

오랜 전통이라고 하지만 가게 규모는 매우 작아 식탁 3개에 10여 명의 손님이 합석하여 밥을 먹을 정도로 좁았다. 그래서 모두가 긴 시간 줄을 서고 자리가 나면 너무나 바쁘게 밥을 먹고는 이웃한 찻집으로 이동하여 커피나 전통차를 한잔 마시고 가는 속전속결의 현장이었다.

전주 콩나물국밥

현대옥의 콩나물국밥은 전통적인 방식인 뚝배기에 육수를 넣고, 불 위에 올린 다음 콩나물, 풋고추, 마늘, 파, 새우젓, 식은 밥을 넣어 끓여내는 방식과는 조금 다른 방법으로 고안된 개량 국밥이다. 이곳에서는 뚝배기에 밥을 담은 다음, 미리 준비한 멸치육수를 여러 번 퍼가면서 담았다가 부었다가 하여 뚝배기와 밥에 온기와 녹말이 남도록 한 다음, 새우젓으로 간을 한 후 쫑쫑 썰어 놓은 대파와 풋고추, 마늘을 적당히 넣어 먹는 방식이다.

여기에 개인의 기호에 따라 약간의 양념을 더하고, 구워서 부셔 놓은 김을 넣기도 한다. 아울러 종재기에 반숙한 계란 2개를 받아 국밥에 풀어 먹기도 하고, 종재기 안에 국물을 조금 부어 적당하게 간을 한 다음 마시듯 먹기도 한다. 달걀 반숙의 비린내가 싫은 사람들은 약간의 구운 김을 부셔 넣어 먹기도 한다. 늦게까지 약주를 한잔한 날이면, 아침 해장국으로 최고의 음식인 것 같다.

국밥을 비운 일행은 이웃한 찻집에서 커피와 전통차를 마시고 잠시 담소를 나누다가 시장 곳곳을 살펴보았다. 3.1운동 때 전주 지역 만세 운동의 시작지이며, 전라도 최대의 시장이었던 남부 시장은 이제는 비록 그 규모가 줄기는 했지만, 해산물, 쌀, 한과, 일용잡화, 각종 농산물, 공산품이 넘쳐나는 정겨운 모습이었다.

역시 우리의 전통 시장은 남다른 맛이 난다. 남부 시장을 둘러본 다음, 보물 제308호인 전주성 남문인 풍남문(豊南門)으로 갔다. 풍남문은 고려 공양왕 때 창건되었다가 조선 영조 때 소실되어 문루를 다시 보수한 곳으로 전주가 조선 왕조의 발상지라는 의미에서 풍(豊)을 머리글자로 사용했다. 성곽은 전부 사라졌지만, 크고 웅장한 모습이 멋진 문이다.

이어 최근 드라마나 영화 촬영장으로 인기를 모으고 있는 1914년에 완공된 전동 성당(殿洞聖堂)으로 갔다. 아침 식사를 마치고 한국 천주교 순교 1번지인 전주시의 전동 성당을 둘러본 일행들은 각자 흩어져 점심시간까지 자유여행을 시작했다. 나는 몇몇 사람들과 우선 성당 앞에 자리하고 있는 경기

외관이 아름다운 '전동 성당'　　　　　　　전동 성당 순교터 비

전(慶基殿)으로 갔다.

　　조선 태조와 그의 조상 4대조의 숨결을 느낀 우리들은 경기전을 나와 천천히 걸으면서 교동 아트센터, 소설가 최명희 문학관, 부채 박물관, 600년 은행나무, 전통 한지원, 한방 문화 센터, 공예품 전시관 등을 둘러보았다. 한옥과 함께하는 작은 카페와 식당, 편의점, 공예품 판매점 등등 이색적인 볼거리에 만족감은 최고였다.

　　이어 오목대(梧木臺), 이목대(梨木臺)를 둘러본 다음, 다시 길을 아래로 잡아 교동에 자리 잡고 있는 전주 향교(全州鄕校)로 갔다. 향교를 둘러본 다음, 시간이 남아 골목길을 다시 돌았다. 나는 길 중앙에서 전주의 특산품인 모주(母酒)를 팔고 있는 가게를 발견했다. 술, 특히 지역 특산주와 와인에 관심이 많은 나는 처음 보는 막걸리에 눈길이 갔다.

　　전주 모주는 막걸리에 생강, 대추, 감초, 계피, 배, 칡 등 8가지 약재를 넣고 하루 동안 끓인 해장술로 알코올은 1도 정도로 부드러운 술이다. 광해군 때

인목대비의 어머니가 귀양지 제주에서 빚었던 술이라 해서 '대비모주(大妃母酒)'라 부르다가 '모주'라 줄여서 불리게 되었다는 설과, 술을 즐기는 아들의 건강을 염려한 어머니가 막걸리에다 각종 한약재를 넣고 달여 아들에게 주었다고 하여 이름 붙였다는 설도 있다.

모주는 밑술 또는 술을 거르고 남은 찌꺼기라는 뜻인데, 막걸리에 8가지 한약재를 넣고 술의 양이 절반 정도로 줄고 알코올 성분이 거의 없어졌을 때 마지막으로 계핏가루를 넣어 먹는다. 전주의 명주인 이강주와 함께 해장술로 유명하다.

전주 특산품인 '모주'

모주를 한 잔하고 한 병 산 나는 이어 다음 골목에서 쌀가루로 반죽을 하고 고구마 앙금을 넣어 한옥 모양의 틀에 구운 '한옥 빵'을 발견하고 하나 샀다. 기존의 붕어빵이 밀가루와 팥 앙금으로 만들어졌다면, 한옥 빵은 전주의 특성을 살려 쌀가루 반죽과 고구마 앙금을 사용하여 한옥 모양으로 구운 것이 특징이다. 형틀은 특허를 받았다고 했다.

점심을 먹고 서울로 돌아가기 위해 서둘러 한옥 마을 전주 여행을 마쳤다. 짧은 시간이라 많이 보지는 못했지만 다음 기회에 시간이 되면 좀 더 시간을 두고 2~3일 정도 천천히 걸으면서 전주를 두루 다녀보고 싶어진다. 비빔밥도 먹고, 모주도 한잔 하면서 한옥 사이사이의 작은 골목길을 더 즐기고 싶어질 정도로 정이 가는 곳이다.

한우 먹거리 특구, 영남 알프스 울주의 전통 옹기를 체험하다

울주의 숯불 불고기와 전통 옹기를 체험하다

2014년 9월 중순, 친구들과 울주 군으로 여행을 다녀왔다. 같이 동행한 친구들은 이미 두동면 봉계리의 한우 타운을 너무 잘 알고 있는 눈치였다. 숯불 한우 불고기 맛에 대한 감탄사가 대단하다. 울주군의 언양읍과 함께 두 동면 봉계리는 전국 유일의 한우 먹거 리 특구이다. 특히 봉계는 3~4년 된

울주의 숯불 불고기

암소만을 이용한 신선한 생고기에 1년 이상 묵혀 간수를 어느 정도 제거한 왕소금을 뿌려 참숯불에 구워먹는 형식의 불고기(소금+숯불구이)로 과연 그 맛이 일품이었다.

이웃한 언양읍과 함께 지난 1999년부터 두 곳을 서로 오가며 한우 불고 기 축제를 연다. 올해는 봉계리를 중심으로 한우 먹거리 광장과 인근 논밭

에 조성된 8만 평의 가을꽃 단지를 둘러볼 수 있는 새로운 개념의 '가을꽃과 함께하는 봉계 한우 불고기 축제'가 9월 하순에서 10월 초순까지 열린다고 한다.

일제 때부터 우(牛)시장이 유명했던 봉계리에 '암소 숯불 소금구이 불고기' 요리가 본격적인 규모로 상업화된 것은 80년대 중반부터이다. 현재 시장과 터미널을 중심으로 44개의 업체가 영업을 하고 있을 정도로 대 성황이다.

울주군 서부에는 1,000m 높이의 산봉우리가 즐비한 '영남 알프스'가 있어 이곳을 기반으로 4만여 두의 암소가 사육되고 있다고 한다. 이 암소들이 언양과 봉계에서 전국의 소비자들을 상대로 팔려 나가고 있는 것이다. 새벽같이 서울에서 출발한 우리 일행들은 봉계리에 도착하기 무섭게 한우 불고기로 식사부터 했다.

원래는 한우타운 전체와 시장을 크게 한번 둘러보고, 8만 평 규모의 꽃 단지를 살펴본 후에 식사를 할 예정이었다. 하지만 '금강산도 식후경'이라고 맛있는 불고기로 배부터 채우고 천천히 둘러보기로 했다.

숯불에 서서히 익혀 먹는 한우 불고기가 일품이었다. 고기를 먹고 있는 도중에 맛배기로 나온 육회도 울주의 특산품인 배와 함께 버무려져 그 맛이 절묘했다.

식사 후 커피를 한잔하고는 바로 봉계 시장과 꽃 단지를 살펴보았다. 정말 입이 쫙 벌어질 정도로 불고깃집과 정육점이 많았다. 다가오는 축제를 준비하기 위해 수많은 주민과 공무원들이 꽃 단지를 조성하고 있는 모습이 더더욱 놀라웠다.

꽃 밭 가운데 원두막과 허수아비, 황소 조형물, 아치형의 꽃 장식 입구, 넝쿨 식물들을 이용한 반원형의 터널 등이 인상적이었다. 본격적으로 축제가 시작되면 먹고 마시고 보고 즐길 수 있는 입체적이고 환상적인 공간이 될 것 같아 보였다. 아직은 경황이 없는 봉계를 뒤로 하고, 일행은 울주에 있는 두 개의 국보 중 하나인 '천전리 각석'이 있는 곳으로 이동했다.

바닷가의 낮은 평야지대를 차지하고 있는 해안 농촌으로만 알고 있었던 울주에 1,000m가 넘는 고봉들이 즐비하다는 것을 이번에 알았다. 533m 높이의 연화산 임도는 아찔할 정도로 길이 험하고 굽이가 많았다. 천전리 각석은 울주군을 상징하는 '반구대 암각화'와 함께 1970년 초반 국보로 지정(147호)된 문화재로, 태화강 물줄기인 내곡천 중류의 기슭 암벽에 여러 종류의 동물과 사람, 다양한 기하학적 무늬가 새겨져 있다.

상부는 쪼아서 새기는 단순한 기법으로 기하학적 무늬와 동물, 추상화된 인물 등이 조각되어 있다. 사실성이 떨어지는 간결한 형태인데 중앙부의 태양을 상징하는 것으로 보이는 원을 중심으로, 양 옆에 네 마리의 사슴이 뛰어가는 모습과 맨 왼쪽의 반인반수(半人半獸: 머리는 사람, 몸은 동물인 형상)상이 눈에 띈다.

표현이 소박하면서도 상징성을 갖고 있는 이 그림들과 마름모꼴무늬, 굽은무늬, 우렁무늬, 둥근무늬, 사슴, 물고기, 새, 뱀, 사람 얼굴 등은 신석기 시대에서부터 청동기 시대에 걸쳐 새겨진 것으로 추정되며, 학자들은 풍요와 다산의 의미를 상징하는 것으로 해석하고 있다.

또한 하부는 선을 그어 새긴 그림과 글씨가 뒤섞여 있는데, 기마행렬도, 동물, 용, 배를 그린 그림 등 다양한 내용으로 구성되어 있다. 이 중 기마행렬도는 세 군데에서 나타나고 있으며, 간략한 점과 선만으로도 그 모습이 잘 표현되어 있다. 배 그림은 신라인의 해상 활동을 보여 주는 중요한 자료라고 한다.

수백 자의 한자는 왕과 왕비가 이곳에 다녀간 것을 기념하는 내용으로, 신라 법흥왕 시대 두 차례에 걸쳐 새겨진 것으로 추정된다. 내용 중에는 관직

천전리 각석

반구대 암각화

명이나 6부 체제에 관한 언급이 있어 6세기경의 신라인들이 이곳을 자신들의 성지(聖地)로 여겼음을 짐작하게 하는 유적이라고 한다.

처음 와 보는 곳이었지만, 고대인들의 삶의 모습과 신라인들의 생활상을 눈앞에 흐르는 개울물을 보면서 떠올릴 수 있었다. 1,500년 전 법흥왕 일행의 행렬이 사극의 한 장면처럼 내 눈앞을 스쳐 지나간다. 바로 개울 건너에는 약 1억 년 전 백악기 시대에 살았던 중대형 공룡들의 발자국이 약 1,750㎡ 넓이의 바위에 새겨져 있는 '천전리 공룡 발자국 화석'이 있다. 일대에 200여 개의 발자국 화석이 남아 있어 아이를 동반한 부모라면 자연 학습용으로 한번 가 볼만 할 것 같다.

이 일대에 다양한 공룡들이 많았다고 하니, 재미난 상상이 많이 들었다. 어린이들이 주로 보는 공룡 만화의 주인공처럼, 나도 공룡같이 크고 거만한 자세로 바위 위를 이리저리 배회하고 돌아 나왔다. 이어 울주의 상징인 고래 모양이 새겨진 반구대 암각화를 보기 위해 언양읍 대곡리로 이동을 할 예정이었지만, 요즘은 물이 많은 시기라 바위가 대부분 물에 잠겨 있어 암각화와 각석을 실물 크기로 재현해 놓은 인근의 '울산 암각화 박물관'으로 향했다.

암각화 박물관은 고래를 형상화한 2층 건물로 국내 유일의 암각화 전시관이다. 국보 285호 반구대 암각화와 국보 147호 천전리 각석을 실물 크기로 재현한 모형이 있어, 대곡호에 연 8개월 정도 잠겨 있어 쉽게 접근할 수 없는 암각화의 모습을 복제본으로 볼 수 있는 곳이다.

난 이곳에서 살아 숨 쉬는 것 같은 고래의 형상을 사진으로 몇 장 담아왔다. 선사 시대부터 울산을 중심으로 포경을 하던 어부의 얼굴과 연안에서 헤엄치던 고래, 물개, 거북의 모습과 어부, 농부, 사냥꾼들과 함께 산과 들을 마음껏 뛰어놀던 사슴, 호랑이, 멧돼지, 개 등이 눈앞을 스치고 지나가는 듯했다.

울주군의 싱싱한 회와 '명선교' 야경에 쓰러지다

'울산 암각화 박물관'을 둘러본 다음, 일행은 이웃한 대곡천변의 반고 서원(槃皐書院)과 서원의 유허비(遺墟碑) 등을 살펴보았다. 반고 서원은 1712년(숙종 38) 고려 말의 충신 포은 정몽주 선생을 기리기 위해 세워진 곳이지만, 후에 이언적, 정구 선생의 학문과 덕행을 기리며 위패를 더 모신 서원이다.

유허비는 정몽주 선생을 기리는 3기의 비석으로, 포은이 원나라와 친하게 지내고 명나라를 배척하는 친원배명(親元排明) 정책에 반대하다가 울주군 언양 지역으로 유배되었을 때, 자주 반구대에 올라 시를 짓는 등 다양한 활동을 했다고 한다. 이에 지역 유림들은 반구대를 선생의 호를 따서 포은대라고 부르기도 했으며, 유허비를 상재하여 그를 기렸다.

대곡천은 정말 아름다운 하천이었다. 양쪽에 깎아지른 절벽이 있고, 가운데를 흐르는 깊은 물과 섶의 수생 식물들이 적당히 조화되어 있는 역사와 문화가 함께 흐르는 작지만 거대한 물줄기였다. 천혜의 물줄기를 옆에 두고 200년 가깝게 지역 유림들의 면학의 장이었던 반고 서원이 흥선 대원군의 뜻으로 철폐된 후 오랫동안 폐허 수준으로 남아 있는 모습이 안타까웠다.

시원한 강바람을 온몸으로 품고 초라해진 서원의 모습을 등 뒤로 한 채, 일행은 다시 버스를 타고 동해안에서 가장 먼저 해가 떠오르는 서생면 대송리 '간절곶'으로 갔다. 이곳은 영일만의 호미곶보다 1분, 정동진보다는 5분 일찍 해가 뜨는 곳이다. 간절곶은 먼 바다에서 이곳을 바라보면 대나무로 만든 긴 장대인 '간짓대'처럼 보인다고 하여 붙여진 이름으로 실재의 지형도 육지가 바다 쪽으로 뾰족하게 돌출되어 있다.

이곳이 유명해진 이유는 지난 2000년 시작된 새천년 해돋이 축제 때부터로 한국에서 가장 먼저 해가 뜨는 곳으로 알려지면서부터이다. 매년 전야제 행사를 시작으로 불꽃놀이, 해맞이 모듬북 공연, 한지에 새해 소망을 적어 새끼줄에 엮기, 투호놀이, 제기차기, 널뛰기, 그네뛰기 등의 전통놀이가 펼쳐진다.

바닷가 해변 언덕에 하얀색의 등대와 전망대, 바다를 바라보며 서 있는 용과 거북이 조각, 모자상, 노래비, 고래상, 어부상 등의 석상이 있고, 세계 최대 규모의 소망 우체통도 있다. 또한 관광 기념품 전시 판매관, 관광 회 센터가 있고, 인근에 MBC 드라마 '욕망의 불꽃' 현지 촬영지인 유럽풍의 건축 양식으로 지어진 세트장 등 다양한 볼거리가 있다.

울주 모자상　　　　　　　　　　울주 바닷가의 '울산큰애기 노래비'

　당일은 바람이 너무 심하게 불어 춥다는 생각이 들 정도로 시원했지만, 역시 바닷바람은 습기를 많이 머금고 있어서인지 끈끈함이 느껴졌다. 그것이 싫어 얼른 다른 곳으로 이동하기로 하고 저녁을 먹기 위해 온산읍 강양리의 강양 회단지로 갔다.

　강양 회단지는 동해의 푸른 바다 풍경을 직접 보면서 식사를 할 수 있는 아름다운 경관을 가진 어촌 마을로 20여 곳의 횟집이 있으며, 정성스런 손맛과 싱싱한 횟감으로 소문난 울주군의 명소이다. 우리는 이곳에서 다양한 회와 매운탕으로 식사를 하고, 맥주 한잔을 곁들여 피곤함을 녹였다.

　한 시간 가량 식사를 한 다음, 이번에는 버스를 타지 않고 숙소가 있는 서생면 진하리의 진하 해수욕장까지 가기 위해 '명선교'를 걸어서 넘었다. 명선교는 울주 지역 최장의 인도교로 서생면 진하리와 온산읍 강양리를 잇고 있으며, 2008년 12월 착공에 들어가 2010년 3월 길이 145m, 폭 4.5m, 높이 17.5m 규모로 완공된 울주군의 랜드마크이다.

　주탑의 높이는 27m인 강사장교로 주탑과 케이블은 비상하는 한 쌍의 학

아름다운 울주 '명선교'의 야경

을 상징하고 있다. 특히 노약자와 장애인들의 편의를 위해 양쪽에 엘리베이터가 설치되어 있고, 교량 인근에는 소공원이 조성되어 있어 주민들의 여가 공간으로 이용되고 있다. 또한 진하리와 강양리 주민들이 종전에 도보로 왕래할 경우 30분 정도 소요되던 것이 5분 이내로 단축되었고, 자연환경에 맞는 경관 조명이 전체 622곳에 설치되어 계절별, 축제별, 휴일별로 구분하여 조명을 밝히고 있다. 탑과 와이어의 조명 색상은 흰색으로 하고, 다리 상판부는 계절별로 특색에 맞는 컬러 조명을 밝히고 있는 독특한 다리이다.

아울러 주말이나 각종 축제 등 관광객들이 많이 찾는 시기에는 주탑과 와이어의 색상도 다양하게 연출되고 있으며, 다리 상판 부분의 조명은 간절곶 해맞이 축제 등 축제와 행사 이미지에 맞게 변화되고 있다. 전체적인 외형이 너무 아름답고 빛의 흐름과 이동이 특이하여 동양의 신비를 가득 간직한 자수정 반지와 목걸이로 치장을 하고, 단아한 한복을 걸치고 사뿐사뿐 걸어가는 중년 여인의 뒷모습을 보는 듯했다. 명선교를 건너 대략 10분 정도 더 걸으니 숙소가 있는 진하 해수욕장 앞이다.

서생면의 진하 해수욕장은 길이 1km에 폭 300m 크기로 수심이 얕고, 파도가 잔잔하여 가족 단위로 해수욕을 하기에 무척 좋은 조건을 갖추고 있으며, 백사장의 삼면이 소나무 숲으로 둘러싸여 솔향이 은은하고 정취가 좋다. 나는 백사장을 좀 걷다가 모래를 만지기도 하고, 소나무 아래에 앉아 잠시 바다를 보기도 하면서 지나가는 차와 사람들 구경을 하다가 저녁 9시가 다 되어 숙소로 들어갔다.

별게 다 있는 '남창 시장'에서 '외고산 옹기 마을'까지

파도소리 들어가며 울주군의 진하 해수욕장에서 하룻밤을 보냈다. 세수를 하고는 바로 바닷가로 나가 싱그러운 바닷내음을 맡으며 해변을 걸었다. 배가 출출하여 버스를 타고 아침 식사를 위해 온양읍의 남창 시장으로 이동했다. 남창 시장 앞에는 온양읍의 곡창 가운데 하나였던 남창 지역의 쌀을 반출하기 위해 1935년 일제가 설치한 '남창역(南倉驛)'이 있다.

남창이라는 말의 어감이 약간 이상하지만, 실은 이곳은 조선 시대부터 쌀을 보관하던 대형 창고가 있던 곳이라, '남창리(南倉里)'라는 지명을 가지고 있다. 남창 역사(驛舍)는 일제 강점기에 소규모 목조 역사로 건축되었으며, 당시 역의 건축 형식, 구조, 공간 구성, 일본식 관사의 모습 등을 잘 보여 주고 있어 근대 문화유산으로 지정되어 있다. 물론 현재 쓰고 있는 역사는 1970년대 후반 확장 공사를 하였다가 2000년 다시 원형을 보존해 가면서 개보수를 한 건물이다. 작지만 아름다운 역이다.

남창역 주변에는 창고를 바라보고 살면 재복(財福)이 있다고 하여 멀리 산언덕에 집들이 많고, 역내외부에는 옹기가 유명한 지역이라 그런지 옹기로 된 장식품들이 많았다. 역전에는 주차장만 없다면 작은 옹기 공원이나 옹기 시장을 조성해도 손색이 없을 것처럼 보였다.

쌀 수확과 소가 많았던 남창 지역은 역사를 중심으로 시장과 유곽(遊廓) 등이 있었고, 우시장을 끼고 있던 관계로 남창 시장에서는 130년 전부터 소뼈를 푹 고아서 만든 사골육수에 선지와 내장, 우거지를 넣고 끓인 시원한 맛이 일품인 선짓국밥을 팔기 시작했다. 남창 시장의 선짓국밥이 유명해지기 시작한 것은 1970년 초반 온산 공단이 형성되면서 경향 각지에서 모여든 노동자들이 철야를 하고 막걸리 한잔에 선짓국밥으로 쓰린 속을 달래기 시작하면서부터다. 이 시기에 선지를 싫어하는 사람들을 위해 개발된 소머리국밥도 세상에 알려지기 시작했다. 특히 남창의 선짓국밥은 소뼈를 우려낸 육수에 파, 내장, 기름, 콩나물, 시래기 등을 넣고 맛을 내기 때문에 국물이 맑고 깨끗하며 시원하다. 여기에 싱싱하고 부드러운 선지의 맛이 감칠맛을 더해 깔깔한 속을 풀어 준다. 요즘에도 하루 4~5,000명의 인파가 이곳에서 아침식사를 한다고 하니 놀랍다.

식사를 마친 일행은 커피를 한잔 하고는 '남창 옹기종기시장'을 둘러보았다. 이곳은 중소 기업청으로부터 전통문화와 관광 자원을 연계한 특성화 시장 육성 사업비 15억 원을 지원받아 역사 전시관을 비롯해 다문화 판매관, 전통 주막, 누리터 등을 설치했다고 한다.

시장을 살펴보면서 대중가수 조영남 씨의 노래인 '화개장터'가 떠올랐다.

"구경 한 번 와 보세요. 보기엔 그냥 시골 장터지만, 있어야 할 건 다 있구요. 없을 건 없답니다. 화개장터"

정말 있어야 할 건 다 있고 없을 건 없었지만, 바다와 산이 전부 있는 울주군이라 그런지 싱싱하고 질 좋은 산나물과 해산물이 골고루 있었다. 서울에서는 좀처럼 보기 힘든 펄펄 뛰는 해산물과 지역 특산품인 배, 감 등이 많았다.

남창 시장의 이모저모

오랜 만에 방문한 시골 재래시장이라 사고 싶은 것이 많았다. 내가 좋아하는 콩잎김치와 싱싱한 홍합과 알이 꽉 찬 명란젓이, 이웃한 온양읍 고산리에 자리 잡고 있는 국내 최대의 전통 민속 옹기 마을인 '외고산 옹기(外古山 甕器) 마을'로 이동하는 버스 안에서도 자꾸 떠올라 눈앞에 아른거린다.

주로 양반가에서 쓰던 도자기와는 조금 다른 옹기는 서민들의 생활필수품으로, 된장, 고추장을 담는 항아리에서부터 밥과 국, 술, 요리 등을 담는 식기까지 다양한 형태로 오늘날에도 쓰이고 있는 생활용품이다. 외고산 옹기마을은 지난 1957년 이웃한 영덕군 오천리에서 허덕만 씨가 이주하여 옹기를 굽기 시작하면서부터 형성되었고, 공업화로 부산 경남 지역의 인구가 증가하며 옹기 수요가 폭발적으로 늘게 되자 옹기 기술을 배우려는 이들이 하나둘 모여들면서 급속도로 성장한 마을이다.

특히 외고산은 교통이 편리하고 옹기 가마를 설치하기 적당한 구릉지에 토질까지 좋아 옹기 제조의 최상급지로 알려져 있다. 1960~70년대에는 약 400명의 장인과 도공들이 거주했고, 마을에서 생산한 옹기는 서울뿐아니라 미국, 일본에까지 수출되었다.

현재는 120여 가구 중 40여 가구

그늘에서 건조 중인 다양한 옹기

가 옹기업에 종사하면서 전국 옹기 생산량의 50% 이상을 제작하고 있으며, 울산광역시가 지정한 전통 옹기 체험 마을이기도 하다. 마을에는 옹기 아카데미, 옹기 문화관, 상설 판매장, 체험 실습장, 마을 안내 센터 등이 있어 관광객과 구매자들이 몰리고 있다.

하지만 최근 2~3년 사이에 대규모 엑스포를 준비하면서 정부 지원금으로 너무 많이 고치고 개량하여 옹기 마을이 과거의 풍미가 사라지고, 지나치다는 생각이 들 정도로 상업화의 길을 걸어왔다. 그리고 극히 일부이지만 행사 기간 중 외지의 옹기를 가져와 파는 등의 불미스러운 문제점이 발생하기도 했다. 그렇지만 나름대로 소중한 것을 지키고자 하는 장인들의 굳건한 모습이 있어 보기에 좋았다.

세계 최대 크기로 기네스에 오른 옹기

찰흙을 구워서 쓰는 옹기는 수많은 흙 알갱이가 그릇 벽에 미세한 구멍을 만들어 내외부의 공기를 통하게 하여 안에 담긴 음식물을 잘 익게 하고 오랫동안 보존하는 매력이 있다. 또한 옹기 내부는 쌀이나 보리, 씨앗 등을 넣어 두면 다음 해까지 썩지 않고 그대로 유지하는 성질이 있다. 이는 옹기를 가마 안에 넣고 구울 때 나무가 타면서 생기는 검댕이가 옹기의 안팎을 휘감으면서 방부성 물질이 입혀지기 때문이다. 여기에 잿물 유약에 들어가는 재도 음식물을 상하지 않게 방부성을 높여 주는 기능이 있다. 이런 좋은 옹기를 만드는 외고산에서는 매년 가을 '울산 옹기 축제'가 열린다. 그래서인지 주민 모두가 분주하게 움직이고 있었다.

우리 일행은 옹기 아카데미에서 옹기 만들기 체험을 잠시 한 다음, 옹기 문화관을 돌아 옹기 문화 엑스포와 옹기 축제를 기념하기 위해 6번의 도전 끝에 제작이 완료되어 세계 최대 옹기로 기네스에 인증된 높이 246cm, 최대 둘레 520cm, 무게 172kg의 대형 옹기를 보았다. 정말 크기가 대단했다. 나는 중간에 방문한 '가야신라요'에 감동 받고 그릇을 두 개 샀다.

'가야신라요'는 무형 문화재 4호인 옹기장 '장성우 선생'이 운영하고 있는 곳이다. 유약을 전혀 쓰지 않고 흙으로 옹기를 만들어 나무만 사용하여 전통 가마에서 통상의 온도보다 훨씬 높은 1,250도의 고온에서 구워 낸 '무유옹기'를 제조하는 유일한 곳이다. 또한 무유옹기와 제조 방법은 같지만, 온도가 낮은 저온에서 구운 연질 토기와 가야와 신라 시대에 사용했던 잿물을 바르지 않고 고온에서 구운 경질 토기, 가마에 불을 소성할 때 소금을 이용하여 특이한 색깔을 내는 푸레독 등을 재현한 곳이라 의미가 깊은 곳이다.

울주군의 비구니 사찰, 가지산 석남사(石南寺)로 산책 가자!

울주군 온양읍의 '외고산 옹기 마을'을 둘러본 일행은 다시 버스를 타고 영남 알프스의 최고봉인 가지산(迦智山) 아래에 자리 잡고 있는 비구니 사찰 석남사로 향했다. 버스로 40분 정도 달려 우선 점심을 먹기 위해 차를 세운 곳은 상북면 궁근정리에 위치하고 있는 한정식집 '다래'다. 정말 단아하고 정갈한 한식집으로 울주군에서 먹은 4끼 식사 중에 가장 맛있게 식사를 했다.

식사를 마친 일행은 다시 버스를 타고 5분 정도 거리에 있는 석남사로 갔다. 석남사 주차장에 내려 대략 500m 정도 걸어서 절까지 들어가는 숲길은, 경북 문경시 산북면 운달산(雲達山)에 위치한 비구니들의 수도처인 김룡사(金龍寺)의 입구를 연상하게 했다. 참 느낌이 비슷한 곳이다.

소나무와 참나무 등이 극상의 숲을 이루고 있고, 우측에는 맑고 깨끗한 계곡에 물 흐르는 소리까지 좋았다. 수려한 풍광이 빛나는 일급 피서지다. 절

을 안고 있는 가지산 일원의 영남 알프스와 인근의 문화유적 답사, 계곡 트레
킹코스로도 좋을 것 같다. 가족과 함께 내년 여름휴가에는 이곳에서 텐트를
치고 며칠 쉬었다 가고 싶다.

경남 밀양시 산내면과 울주군 상북면 및 경북 청도군 운문면 경계에 자
리 잡고 있는 가지산은 석안산(碩眼山), 석남산(石南山) 등으로도 불리는 태백
산맥 끝자락에 딸린 해발 고도 1,241m의 상당히 높은 산이다. 주위의 운문산
(1,188m), 천황산(1,189m), 고헌산(1,034m), 신불산(1,159m), 간월산(1,069m), 영
축산(취서산: 1,081m)과 함께 영남 알프스로 불리며, 이들 가운데 가장 높은 봉
우리다.

우리 일행이 찾은 곳은 산의 동남쪽 사면인 울주군 상북면 덕현리에 자리
잡고 있는 대한 불교 조계종 제15교구 본사인 양산 통도사(通度寺)의 말사이
자 비구니 종립 특별선원인 석남사다. 이 절은 신라 헌덕왕 16년(824년) '불립
문자(不立文字) 직지인심(直指人心)'을 내세운 중국의 남종선(南宗禪)을 우리나
라에 최초로 전한 신라의 고승 도의국사(道義國師)가 창건한 사찰로, 도의국

비구니 사찰인 가지산 '석남사' 전경

사의 사리탑인 석남사 부도(보물 369)와 신라 말~고려 초에 세워진 것으로 추정되는 석남사 삼층 석탑(울산광역시 유형 문화재 22) 등의 문화재가 있는 상당히 규모가 큰 절이다.

석남사 삼층 석가사리탑

석남사에서 가장 볼 만한 문화재는 대웅전 앞에 있다가 1973년 극락전 옆으로 옮겨진 삼층 석탑이다. 통일 신라 시대의 일반적이고 소박한 탑의 형식을 그대로 간직한 높이 5m, 폭 2.3m의 작은 규모로 아담하고 단아한 모습을 하고 있다. 눈이 내리는 겨울날 탑돌이를 하는 여인의 뒷모습을 보는 것처럼 끌림이 좋은 탑이다.

대웅전 앞에 있는 삼층 석가사리탑은 824년에 도의국사가 호국의 염원 아래 15층으로 세운 것이라 하나, 임진왜란 때 파괴되어 방치되어 오다가 1973년 스리랑카의 승려가 사리 1과를 봉안하면서 3층으로 개축한 것이다. 대웅전 앞에 떡하니 자리를 차지하고 있어 대웅전을 가리고 있다는 단점이 있기는 하지만, 절에 오는 사람들이 가장 많이 찾는 곳이다.

이 밖에도 조선 초기에 제작된 엄나무 구유와 돌구유, 절 입구에 4기의 부도 등의 문화재가 있다. 사실 난 그 어느 절에서도 쉽게 찾아볼 수 없는 엄나무 구유에 놀랐다. 대웅전 뒤에 있는 이 구유는 엄나무 원통을 깎아 속을 파내어

최고의 밥그릇, 엄나무 구유

만든 것으로 길이 630cm, 폭 72cm, 높이 62cm의 대단한 크기다.

약 500년 전에 인근의 간월사에서 옮겨왔다고 하며 당시 수천 명의 신도들을 공양할 때 쌀을 씻어서 담아 두거나 밥을 퍼서 담아두던 그릇이라고 한다. 조선 시대에도 어마어마한 규모의 절이었다는 것을 방증하는 유물로 보였다.

석남사는 도의국사가 창건한 이래 800년 정도 유지되던 정진도량으로 아쉽게도 임진왜란 때 소실되었다가 1674년(현종 13) 언양 현감의 시주로, 탁령, 자운 등의 선사들이 중건하였고, 1803년(순조 3) 침허, 수일 선사가 다시 중수하였다. 이후 한국 전쟁으로 폐허가 되었다가 1957년 비구니 인홍(仁弘)이 주지로 부임하면서 크게 증축하였다. 이때부터 비구니 수도처로서 각광을 받은 이 절에는 항상 60명이 넘는 비구니들이 엄격한 계율을 준수하면서 수도하고 있다.

현존하는 당우로는 대웅전을 중심으로 하여 1791년(정조 15)에 세운 가장 오래된 건물인 극락전, 설선당(說禪堂), 조사전, 심검당(尋劍堂), 침계루(枕溪樓), 정애루(正愛樓), 종루, 무진료(無盡寮), 대방(大房) 등 30여 동이 있다. 계곡과 산세가 정말 좋은 가지산 아래에 있는 석남사는 등산을 겸하여 한번 쯤 방문하면 좋을 것 같고, 여름휴가나 가을의 단풍 구경을 하기에도 상당히 좋을 것 같은 풍광이 빼어난 곳이다.

대웅전 뒤편의 대나무는 고고함을 풍기고, 부도 인근의 소나무 숲에서는 솔향이 넘쳐났다. 꽃과 고목, 오래된 기와의 흔적이 남아 있는 정취가 넘치는 도량의 자태 등이 가족 여행으로 다시 찾고 싶은 생각이 들게 했다. 절을 둘러본 다음, 일행은 다시 버스를 타고 억새밭이 장관이라고 하는 신불산으로 향했다.

신불산과 남쪽의 영축산 사이에는 약 3km 구간에 넓고 평탄한 능선이 이

신불산 억새 평원의 여름(왼쪽)과 가을(오른쪽)

어지면서 억새밭이 펼쳐진다. 신불산과 간월산을 가르는 간월재에서는 가을의 전령사인 억새가 온 산을 뒤덮는 시점인, 매년 10월 초에 영남 알프스를 종주하는 등산대회와 함께 피아노, 색소폰, 민요 등의 퓨전 음악회를 중심으로 '억새 축제'가 펼쳐진다.

행사가 열리는 간월재는 영남 알프스를 종주하는 출발점이 되는 베이스 캠프 같은 곳으로, 맑은 날이면 울산 앞바다를 오가는 배들까지 보이고, 가을이면 바람에 흔들리는 억새의 물결이 장관인 곳이다. 우리 일행은 시간이 별로 없어 신불산 정상까지는 못가더라도 간월재에 올라 신불산을 바라보는 것으로 만족을 하고 돌아올 생각이었지만, 당일 약간의 비와 눈을 가리는 안개가 신불산 정상까지 심하게 몰려와 안개 낀 신불산 일대를 바라보는 것만으로 만족을 하고 서울로 향했다.

이번에 처음 방문한 울주군은 참 볼 것이 많은 멋스러운 고을이었다. 앞에서 열거한 여러 곳을 비롯하여 가지산 쌀바위, 신불산의 홍류 폭포와 파래소 폭포, 천주교 성지인 죽림굴, 살티공소, 고헌산 고헌사, 가지산 탄

산유황 온천, 문수산 문수사, 대운산 철쭉, 간
월산 등억 온천 등이 유명한 관광지이다.

　또한 웅촌면의 학성 이씨 근재공 고택, 석계
서원을 비롯하여 언양읍의 언양 읍성, 언양 성
당, 언양 향교, 두동면의 박제상 유적지인 치산
서원, 은을암 등이 있고, 바닷가로 나가면 서생
포 왜성 등 다양한 볼거리가 있다. 여기에 언양
한우불고기, 봉계 한우불고기, 울주배, 단감, 쌀
등의 먹을거리도 유명하다.

울산 안내 지도

　공업 도시라는 이미지가 많은 울산광역시와 울주군은 울산 지역의 공단
을 제외하고 해발 1,000m가 넘는 고봉이 7개가 있는 영남 알프스의 대자연
이 공존하고 있고, 해산물과 농축산물이 풍부한 지방이다. 생업의 현장에서
자동차로 30분 내외면 편하게 찾을 수 있는 휴식과 안식이 있는 생태 농촌인
울주군은 당장이라도 귀촌하고 싶다는 생각이 들 정도로 멋진 곳이었다.

겨울 스포츠와 관광 도시,
부활을 꿈꾸는 옛 탄광 도시 태백

부활을 꿈꾸는 탄광 도시 태백

2012년 11월 하순, 친구들과 강원도 태백에 다녀왔다. 태백은 1989년 석탄 산업 채산성 악화에 따른 폐광으로 인한 사회적 문제 발생을 방지하기 위해 정부가 취한 '석탄 산업 합리화 정책'으로, 경제성이 낮은 탄광의 정리와

태백산의 설경

경제성이 높은 탄광의 집중 육성을 골자로 하는 정책 시행에 따라 급속히 몰락한 도시다.

일반인들에게 강원도 최남단에 위치한 폐광촌 태백은 태백산, 찬바람 부는 탄광촌, 한강과 낙동강의 발원지라는 사실 정도만 알려져 있다. 그리고 최근 오투(O2) 리조트가 생기면서 골프와 스키를 포함한 겨울 스포츠와 관광 도시로 거듭나려고 노력하는 곳이라는 단편적 정보만 들을 수 있는 곳이다.

세계적으로도 광산 도시가 부활에 성공한 사례가 거의 없다는 사실을 인정하고 싶지 않은 태백은 인구 5만 명 내외의 작은 소도시에서 벗어나 등산, 관광과 레저스포츠 도시로 거듭나기 위해 불철주야 노력 중이다. 지난 2012년 개장한 세계 최초의 즐기며 배우는 안전 체험 테마파크 '한국 청소년 안전 체험관 365 세이프타운'은 이런 변신의 몸부림으로 준비된 공익 테마파크이다. 이번에 친구들과 태백에 간 이유도 '365 세이프타운'을 둘러보기 위함이다.

아울러 시간이 되는대로 지역을 돌면서 광산촌의 미래를 머릿속에 그리고 싶다. 포괄적으로 보면 광산촌의 현재와 미래의 모습은 급속히 고령화되고 있는 우리 농촌과 지방 소도시의 현실과 미래의 모습과도 흡사하기 때문이다. 농촌의 내일을 위한 도약의 발판을 태백의 모범에서 발견하고자 한다. 〈삼국사기〉에는 신라인들이 "태백산을 삼산오악(태백산, 토함산, 지리산, 계룡산, 팔공산) 가운데 하나로 여겨, 신라의 북악(北嶽)에 해당하며 제사를 받들었다."라고 전한다. 이것으로 보아 신라인들은 태백산을 가장 신령스러운 산으로 섬겼음을 알 수 있다.

개천절에 태백제를 열고 천제를 지내는 태백산 정상부에 위치한 '천제단(天祭壇)'은 천왕단을 중심으로 북쪽에 장군단, 남쪽에 하단(下壇)의 3기로 구성되어 있으며, 돌을 쌓아 신역(神域)을 이루고 있다. 이 3기로 이루어진 천제단은 고대 민속 신앙 연구에 귀중한 자료로 평가되고 있다. 아울러 신라 시대 소도가 있던 소도동에는 단군성전이 있어 단군의 화상을 봉안하고 해마다 단군제를 지내고 있다. 또한 망경대에는 단종비가 있어 태백산 산신령인 단종을 섬기고 있다. 여기에 태백산 곳곳에는 예부터 토속 신앙의 중심지였음을 알 수 있는 수많은 사찰, 신당, 사당이 남아 있다.

민족의 영산이 백두산이라면 백두대간의 중심에는 한국인의 가슴 속 모산(母山)인 태백산이 있다. 하늘에서 환웅이 내려와 곰과의 사이에서 단군을 낳아 백두산 천지에서 하늘에 제사를 지냈다. 이로서 백두산 천지는 하늘의 땅이 되었다. 백두산이 신의 영역인 하늘(天)의 터전이라면 태백산은 사람의 영역인 땅(地)이다. 태백산은 천제단을 중심으로 우리 민족이 하늘을 봉양하는 의식을 거행하는 곳이다. 인간이 신에게 모든 것을 구하고 바치던 곳, 그곳이 바로 태백산의 천제단이다. 따라서 태백산은 인간의 영역 가운데 땅이 된다.

이런 땅의 기운이 넘치는 곳, 태백에는 땅속에서 많은 자원이 나오는데 대표적인 것이 석탄과 물이다. 수십 년 우리네 서민들의 연료로 사랑을 받았던 석탄, 그 석탄을 캐던 많은 탄광들이 이제 3~4개 정도만 남고 거의 사라졌다. 그러나 물은 아직도 한강과 낙동강의 근원이 되어 서해와 남해로 도도히 흘러가고 있다. 그래서 태백을 아는 많은 사람들은 이곳을 '우리 민족의 중심이 되는 땅과 물의 고장'이라고 부른다.

하지만 아쉽게도 우리 민족에게 머리와 같은 영산인 태백산은 지난 1989년 도립공원으로 지정된 이후 지금까지도 국립 공원이 되지 못하는 아픔이 있다. 첫 번째 이유는 백두대간 주능선인 태백산 서남쪽 천평리에 자리하고 있는 미군과 우리 공군의 필승 사격장이 있기 때문이다. 민족정기의 중심인 태백산에 있는 필승 사격장은 사람으로 보자면 이마를 매일 폭격하는 형상이니 분명 좋지 않다. 인근에 거주민이 많은 평택 매향리 쿠니 사격장은 폐쇄했음에도 불구하고 주변에 민가가 거의 없는 필승 사격장은 지금도 사용되고 있어 국립 공원 지정을 방해하고 있다. 눈에 보이지 않는 민족정기보다는 국방이 우선인 대한민국의 현실이 안타까울 뿐이다.

　여기에 최근 논의에서는 태백산을 공동으로 품고 있는 영월, 정선, 태백, 봉화 주민들의 경제적인 이해관계가 맞물려 있어 국립 공원 지정이 표류되고 있는 측면도 있다. 서울에서 새벽같이 출발한 우리들은 태백에 도착하자마자, 문곡소도동에 위치한 '무쇠보리' 식당에서 무쇠솥 곤드레나물밥으로 점심을 했다. 맛있는 나물밥으로 속을 채운 친구들은 몰락한 광산 도시 태백시를 둘러보기 위해, 그들의 발버둥을 살펴보기 위해 평화길 15번지 일대에 조성된 '365 세이프타운'을 찾았다.

365 세이프타운 마크　　　　　365 세이프타운 내의 강원 소방 학교 체험장

　일반인들이 찾는 반대 코스를 택한 우리들은 먼저 철암 지구에 있는 '강원도 소방 학교'를 방문했다. 이곳에서 현직 소방관들과 함께 체험으로 배우는 소방 안전 교육을 받았다. 종합 훈련관에 들어가 심폐소생술, 응급 처치 교육을 받고 미로 탈출 훈련도 받았다. 이어 소화 피난실로 이동하여 대형 모니터를 통하여 실감나는 화재 장면을 보면서 소화기를 화면에 분사하는 훈련도 했다. 이어 종합 훈련탑에서는 로프 하강, 도하 체험 훈련을 눈으로 보았다.

이외에도 소방 학교 안에는 화재 시 발생하는 연기 속에서 이동하는 훈련을 하는 농연 훈련장, 침수와 계곡 도하 시 필요한 수난 구조 훈련장, 주택 화재 훈련장, 14m 높이의 암벽 등반 훈련장, 항공기 화재 훈련장 등이 있다. 이곳 소방 학교는 소방 공무원 교육은 물론 청소년들의 소방 안전 교육에도 도움이 되는 곳이다. 소방 학교 탐방은 시설 자체가 소방 공무원들의 교육장인 관계로 체험을 원하는 경우에는 사전 예약이 필수이며, 일부 훈련과 체험은 안전상의 문제로 관람만 가능하다. 나름 재미있게 체험을 하고 내·외부를 살펴보았다. 이어서 곤돌라를 타고 중앙 지구 '챌린지월드'로 이동했다.

이곳에는 높이 11m 트리트랙을 비롯하여 흥미진진한 22종의 챌린지 타워가 있다. 마치 군대 시절 유격 훈련을 받는 느낌으로 담력도 키우고, 두려운 순간 상대에게 의지하는 것도 배우면서 사랑하는 사람에게 용기를 보여줄 수 있는 시간이 되는 곳이다. 스릴 만점의 짚라인과 4계절 썰매 코스인 알파인 코스터, 조각 공원, 숲속 공연장, 별자리 전망대 등이 너무 좋은 곳이다. 나와 친구들은 정말 신나게 트리트랙을 타고 돌면서 놀았다. 청소년 체험장으로는 정말 최고의 놀이 공원이다.

한바탕 신나게 논 우리들은 다시 곤돌라를 타고 장성 지구에 있는 한국 청소년 안전 체험관으로 이동했다. 해발 1,000m가 넘는 지역에 설치된 곤돌라라 전망도 좋고, 스릴과 쾌감도 대단하다. 이곳이 '365 세이프타운'의 주 무대가 된다. 가장 먼저 산불 체험관으로 가서 어디서도 경험할 수 없는 산불 진화 체험을 했다. 헬기 시뮬레이터에 탑승하여 3D 동영상을 보면서 태백산에서 발생한 산불을 진

챌린지월드의 '트리트랙' 체험 코스

화하는 훈련을 경험하는 느낌이 짜릿했다.

이어 풍수해 체험관에서는 보트 시뮬레이터를 타고 물에 잠긴 도시를 3D 영상으로 보면서 이동하는 경험을 했고, 지진 체험관에서는 강도 8 이상의 상황을 재현한 영상을 시뮬레이터에 탑승하여 체험할 수 있고 이동 간에도 지진을 몸으로 느낄 수 있었다. 또한 대테러 체험관과 설해 체험관, 곤충 전시관, 소방 문화 전시관, 키즈랜드, 실내외 카페, 식당, 기념품점, 매점, 수유실 등이 있어 체험과 엔터테인먼트, 휴양, 레저는 물론 공부에도 도움을 주는 매력적인 곳이다.

비용도 청소년은 트리트랙 포함 25,000원, 성인은 트리트랙 포함 27,000원으로 저렴한 편이다. 소방 학교에서 한 시간, 중앙 지구 챌린지월드에서 두 시간, 청소년 체험장에서 두 시간을 보냈지만 시간이 너무 부족했다. 다음에 올 때는 새벽부터 와서 시간을 넉넉히 두고 하루 종일 둘러보면서 놀며 즐기고 싶다.

강물이 산을 넘었다고?

오후 내내 '한국 청소년 안전 체험관 365 세이프타운'을 즐겁고 신나게 둘러본 우리들은 저녁을 먹기 위해 황지동에 있는 '황소실비'라고 하는 한우 전문점으로 이동하여 쇠고기 구이를 먹었다. 나는 술을 거의하지 않는 편이지만 지방에 가면 지역 특산 막걸리와 와인을 가끔 마신다. 맛을 보고 상품성이 있는지 알고 싶기 때문이다. 당일 식당에는 아쉽게도 서울에서 생산된 막걸리뿐이었고, 와인은 인근 삼척시 도계읍 신리 너와 마을에서 나오는 머루와인인 '끌로너와 와인'과 '너와 머루와인'이 있어 우선 와인을 한잔씩 마시게 되었다.

나는 쓴맛을 좋아하는 편이라 '끌로너와 와인'을 마셨고, 단맛을 좋아하

는 친구들은 '너와 머루와인'을 조금했다. 강원 지역 최고의
와인으로 인정받고 있는 제품이라 그런지 모두가 만족하는
분위기였다. 역시 쇠고기 안주에는 약간의 와인이 고기 맛을
높이는 데 도움이 된다. 술자리는 오랫동안 이어져 저녁 10시
를 넘어서야 우리들은 숙소가 있는 함백산 중턱의 '오투 리조
트'로 갔다.

강원도 클로너와 와인

여름에 너무 시원한 '오투(O2) 리조트'

해발 1,000m가 넘는 고지에 위치하고 있는 리
조트라 추웠지만, 공기는 무척 시원하고 좋았다.
아침에 일어나니 몸이 너무 개운하다. 역시 맑은
공기를 마시고 편안하게 잠을 자고 나니 기분이 좋
아진 것이다. 일출을 보기 위해 창밖으로 나가 잠
시 해 뜨는 모습을 본 다음, 1층에 있는 구내식당
'가야수'로 가서 북어 해장국으로 아침을 했다. 속

이 확 풀린다. 어제 밤 와인이 너무 맛있어서 무리를 했나보다. 해장국이 무
척 시원하고 맛있었다.

식사를 마친 다음 리조트 전체를 둘러보았다. 스키장이 12월 하순 개장을
준비 중이라고 하니 바쁘게 움직이는 모습이다. 오투리조트는 경영난으로
어려움을 겪다가 강원랜드의 지원을 받아 제설 작업을 벌이는 등 개장을 서
두르고 있었다. 뒤쪽의 골프장도 크고 보기에 무척 좋았다.

이어 차를 타고 이동한 곳은 동점동에 있는 '태백 고생대 자연사 박물관'
이다. 이곳은 우리나라 유일의 고생대 지층 위에 건립된 박물관이다. 다시 말
을 하자면 박물관 앞의 도랑이 5억 년 전 고생대 퇴적물과 화석 등의 집합소
이고, 이것을 보기 쉽고 설명하기 편하도록 안으로 일부 들어서 놓은 것이 현
재의 박물관이다.

태백 고생대 자연사 박물관

실재는 밖에 있는 도랑이 살아 있는 박물관이고, 안은 박제(剝製)된 박물관이었다. 이곳은 2010년 10월에 개관했고, 안팎을 통해 현장 체험이 가능한 곳이다. '인간과 자연사의 공생, 고생대 보고 태백'이라는 주제 하에 전시물은 선캄브리아기 20%, 고생대 60%, 중신생대 20%로 구성되어 있다.

동물류 173점과 삼엽충 65점, 식물류 43점, 암석류 41점 등 322점이 있고, 서울대로부터 기증받은 1,500점 가운데 학술적 가치와 전시 가치가 있는 삼엽충 87점을 포함해 409점을 전시하고 있다. 1, 2층 전시실과 지하의 체험 전시실, 기획 전시실, 야외 체험 학습장, 포켓 전시실, 가상 체험실 등으로 구성되어 있다. 천천히 관람해도 한 시간 내외면 둘러볼 수 있다. 나는 급히 박물관 내부를 살펴보았다. 그리고는 야외의 살아 있는 박물관을 보기 위해 앞의 시냇물을 따라 내려가 지층을 살펴본 후, 좀 더 아래에 있는 '구문소(뚜루내, 求門沼)'로 갔다.

구문소는 황지천과 철암천이 만나는 곳에 위치한 소(沼)이며, 태백팔경 중 하나이다. 태백 사람들은 구문소 안쪽에 있는 마을을 '구무안(혈내촌, 穴內村)'이라 하여 신성하게 여긴다. 구문소의 석회

강이 산을 넘은 구문소 전경(오른쪽). 왼쪽은 일본인이 뚫은 굴

굴에는 여러 전설이 전한다. 그중 하나는 "옛날 구문소로 흐르던 물이 사군다리 쪽으로 돌아서 흘렀다. 어느 때 홍수가 나서 물이 크게 불었다. 이때 큰 나무가 떠내려 오다가 석벽에서 사군다리 쪽으로 방향을 틀지 못하고 석벽을 그대로 강타하여 큰 구멍이 뚫리게 되었다."는 것이다. 물의 힘으로 떠내려 오던 나무가 바위산을 강타하여 구멍이 생겼다는 이야기다.

다른 하나는 "청룡과 백룡이 힘을 겨루다 백룡이 산에 구멍을 내어 승리했다."는 전설이고, 또 하나는 "태백 지역의 큰물을 막으려고 달려온 왕이 왕검으로 산에 구멍을 내어 물길을 돌려 홍수를 막았다."는 말도 전한다. 어찌 되었건 '도강산맥(渡江山脈: 강물이 산을 넘는다.)'이 현실화된 국내 유일의 장소이다. 지질 조사에 따르면 1억 5,000년 전에 만들어졌다고 전해지고 있다. 일반적 상식으로는 상상하기 힘든 억겁의 시간을 통하여 물의 힘이 석회암 벽을 깎아 내린 자연 현상이다.

'산자분수령(山自分水嶺: 산은 물을 건너지 못하고, 물은 산을 넘지 못한다.)'이라는 보통의 지식을 깨고 산에 구멍을 뚫고 물길을 낸, 위대한 자연의 힘을 보여 준 구문소 앞에서 한참을 멍하니 서 있다가 다시 박물관 앞으로 돌아왔다. 구문소 하나로 태백의 자연사를 전부 보고 느낀 것 같다. 경이롭다. 이어 우리가 이동한 곳은 박물관 앞길을 따라 조금 올라가는 곳에 있는 '태백 레이싱파크'라고 하는 모터스포츠 경기장이다. 자동차 경주와 오토바이 경주가 열리는 곳이다. 전남 영암에 국제 자동차 연맹이 인정하는 월드챔피언십이 열리는 F1경기장이 있다면 이곳은 조금 작은 규모인 F3경기장이라고 할 수 있다.

용연 동굴에는 희귀 생물이 너무 많다고!

'태백 레이싱파크'는 상당히 넓은 부지에 해발 고도 700m가 넘는 곳에 조성된 고지대 스포츠 훈련장 특구에 있다. 지난 2003년 준공과 동시에 국제 자동차 연맹의 공인을 받은 서킷(circuit, 자동차 오토바이 경주용 순환도로)이 있어 틈틈이 국제 경기를 치르고 있다. 우리는 자동차로 서킷 2.5km를 천천히 돌아본 다음, 차에서 내려 내부 시설을 살펴보았다. 3,700석 규모의 관람석과 36개의 피트(Pit, 경주차를 대기시키고 정비하는 곳), 지상 4층의 컨트롤타워, 교육실, 프레스센터, 세미나실, 식당, 숙박 시설, 레저용 카트장 등을 갖추고 있었다.

우리들은 시속 200km가 넘는 속도로 서킷을 돌면서 연습하는 자동차들을 구경한 다음, 레저용 카트(kart, 레이스에 쓰이는 소형 자동차)장으로 이동하여 1인승 및 2인승 카트를 분산하여 타고는 잠시 레이스를 즐겼다. 날씨가 추워 옷

레저용 카트

깃을 타고 들어오는 바람이 차가워 신경이 쓰였지만, 기분은 너무 좋아 신나게 달렸다.

예전에 한번 타 본 적이 있지만 생각보다 쉽지 않아 어렵게 곡선을 돌며 고생을 하면서도 재미가 있어 세 바퀴를 돌았다. 조작도 간단하고 속도도 크게 빠르지 않아 초등학생도 약간의 교육과 훈련만 받으면 여유롭게 탈 수 있을 것 같았다. 그리고 ATV(all-terrain vehicle, 험한 지형에도 달릴 수 있는 소형 오픈카 혹은 산악용 4륜 오토바이)를 타고 주변 계곡을 돌아서 잠시 바람을 맞고는 돌아왔다. 새롭고 신기한 경험이었지만, 모험심을 기르고 스트레스를 해소하는 데 상당한 도움이 되며 중독성이 있었다.

연습을 충분하게 하고 안전 훈련만 받으면 중학생 정도면 손쉽게 탈 수 있을 것 같았다. 사실 너무 재미있어서 시간이 있었다면 한두 바퀴 더 타고

태백 사람들이 즐겨 먹는 '물닭갈비'

싶었다. 그러나 일정이 빠듯하여 맛만 보고는 점심을 먹기 위해 황지동에 있는 '인삼닭갈비' 집으로 이동했다. 이곳에서 태백에서만 먹을 수 있다는 인삼 육수를 넣은 '물닭갈비'로 허기를 채웠다.

춘천 닭갈비가 철판 위에 닭과 채소를 올려 조리고 볶아서 먹는 형태라면, 같은 강원도 지역이지만 태백의 닭갈비는 닭고기에 고구마, 떡, 냉이, 쫄면사리, 라면사리 등을 넣고 육수를 부어 끓여 먹는 방식으로 기름기가 적고 담백했다. 현재 태백에서는 물닭갈비를 전국화하기 위한 구상을 하고 있다고 했다.

특히 우리가 먹은 인삼 물닭갈비는 보통의 육수에 인삼을 넣어 잡냄새를 없애고, 닭고기 특유의 구수한 향도 잡아 주어 맛이 좋았다. 육수가 조금 적기는 하지만 샤브샤브와도 비슷하고 향과 맛도 좋아 전부 먹고는 추가로 밥을 조금 볶아서 육수와 버무려 먹으니 이것도 별미였다.

일반적으로 좁고 작은 나라라고들 하지만 우리 대한민국은 내가 보기에는 아직도 너무 볼 것이 많고 큰 것 같다. 태백은 고향 영주와도 별로 멀지 않은 곳인데, 이런 별난 음식이 있다는 것을 이번에 처음 알았다. 조만간 다시 한 번 맛볼 기회를 만들어야겠다. 식사를 마친 우리들은 커피를 한잔 하고는 인근 시장으로 이동하여 마른 취나물과 곤드레 나물을 조금씩 산 다음 화정동에 있는 '용연 동굴(龍淵洞窟)'로 갔다.

용연 동굴은 태백팔경 중 하나이다. 강원도 기념물 제39호로 해발 920m에 위치하여 국내 동굴 중 가장 고지대에 터를 잡고 있다. 규모는 상당히 크고 구조가 복잡하며 입체적인 노년기 동굴이다. 사람에 따라서는 용소굴, 용수굴이라고도 한다. 일반적인 동굴과 다른 용연 동굴만의 특징은 크게 두세 가지가 있다. 우선 건식 동굴이라 물이 많지 않다. 물이 많지 않은 관계로 통상의 동굴은 물길이 시작하는 곳이 천장이 되고 물이 나오는 곳에 큰 퇴로구가 있어 이곳을 시작으로 굴을 발굴하고 개발하는데 비해 용연 동굴은 정반대다.

물이 들어가는 곳은 발견했지만, 건식 동굴이라 물이 나오는 곳을 찾지 못하여 위에서부터 동굴을 개발한 형태라 내부를 순환하여 돌아 나오는 구조다. 따라서 다른 동굴과 달리 위에서부터 아래로 내려가서 한참을 둘러보고는 다시 올라와야 한다.

동굴 내부에 물이 많지는 않지만 크고 작은 5~6개의 림스톤과 림풀(지하수가 완만한 경사의 동굴 바닥을 흘러내릴 때 마치 계단식 논과 같은 지형을 만드는데 논두렁

태백팔경 중 하나인 아름다운 '용연 동굴'

에 해당하는 부분이 림스톤(rimstone)이
고, 림스톤에 싸여 물이 고인 부분이 림풀
(rimpool))이 있는 것도 특징이다.

통상 석회암 동굴은 물길만 따
라 가도 물이 나오는 구멍이 있다.
물길을 따라서 동굴 바닥에 호수
가 형성되기도 하여 다양한 석순

용연 동굴 내부 분수 시설

과 종유석, 종유관, 유석, 동굴산호 등이 존재한다. 그러나 여기는 물길이 특
별하게 보이지 않음에도 불구하고 곳곳에 종유석, 석회화폭(石灰華瀑) 등이
발달되어 있어 경이롭다.

다른 특징은 여기에서만 발견되는 희귀한 생물이 많다. 습도와 유기질이
풍부하여 긴다리장님좀먼지벌레 등 9종은 이곳을 모식산지(模式産地)로 하
는 귀한 생물이다. 현재까지 발견된 동굴 내 생물은 관박쥐, 김띠노래기, 장
님굴새우 등 모두 38종이다.

1966년 한일 합동 동굴 조사 때는 동양에서 처음으로 장님톡톡이, 초동
굴성갑충, 긴다리장님좀딱정벌레, 살아 있는 화석이라 불리는 옛새우 등 6종
의 생물이 발견되어 학계를 놀라게 하기도 했다. 동굴 주변의 지질은 고생대
오도비스기 조선누층군으로, 3억 년~1억 5천 만 년 전에 생성된 것으로 추정
이 되고 있다. 굴의 길이는 약 800m 정도다. 전체를 순환식으로 관람할 수 있
도록 만들어 철 계단을 따라서 돌면 대략 1,000m 정도 되며, 어린이 걸음으
로도 40분이면 돌아볼 수 있다.

동굴 내부에는 임진왜란 때 관민들이 피난했다는 내력의 붓글씨가 있었
다고도 하고, 의병 본부로도 사용했다고 한다. 아울러 국가 변란 때마다 피난
처로 자주 쓰인 곳이다. 몇 군데 낙서가 남아 있기는 했지만, 잘 보존되어 있

는 동굴 내부를 보기 위해 철 계단을 오르락내리락하면서 땀을 흘린 우리들은 기념 촬영을 하고 더 늦기 전에 서울로 돌아가기 위해 버스에 올랐다.

아름다운 곳도 볼거리도 먹을거리도 많은 태백. 한겨울 기회가 되면 다시 한 번 방문하여 태백산 등산도 하고, 천제단과 단군성전, 단종비각에도 인사를 드리고 싶어진다. 또한 한강의 발원지인 검룡소, 낙동강의 발원지인 황지 연못, 우리나라에서 가장 높은 곳에 자리한 눈꽃 열차가 서는 추전역, 석탄 박물관 등도 한번 둘러보고 싶다. 여기에 강원도에서도 가장 유명한 통리 5일장을 살펴보면서 별미인 감자수제비를 한 그릇 먹고 싶다.

황량한 탄광촌에 생산 기반이 없어 인구도 줄고 있지만, 산소 도시, 고원 레포츠 관광 도시인 태백은 희망이 있어 보여 기쁜 마음으로 둘러보고 서울로 돌아왔다. 태백에서 사 온 산나물로 밥과 반찬을 하여 요즘 며칠 동안 나는 태백산의 향을 온몸으로 느끼며 살고 있다. 행복하다.

7~8월 휴가 · 방학 태백으로 피서 가자!

2013년 6월 하순, 친구들과 함께 다시 '물과 불의 고장' 강원도 태백시에 다녀왔다. 인구 5만 명 정도의 쇠락한 탄광촌인 태백은 정말 다양한 몸부림으로 새로운 생존의 길을 모색하고 있다. 민족의 영산 중에 하나인 태백산(太白山)을 비롯하여 삼방산 · 백병산 · 대덕산 · 함백산 · 매봉산 등을 이용한 산악 관광지를 집중적으로 개발 육성하고 있다.

여기에 한강의 상류인 골지천과 낙동강의 상류인 황지천 · 철암천을 활용한 관광 상품도 고민 중이다. 또한 고생대 조선계 석회암과 평안계가 분포하는 지형 · 지물을 홍보하기 위해 만든 '태백 고생대 자연사 박물관'을 중심으로 하여 수십만 년 전의 동식물 화석 및 물과 불의 역사를 위주로 하는 상품도 만들었다. 아울러 세계 최초의 안전 테마파크인 '365 세이프타운', 최근

MOU를 맺고 준비 중에 있는 '산타파크'도 주목을 받고 있다.

산타파크는 황지동 일대의 44만 1082㎡ 면적에 966억 원의 사업비가 투자되는 사업으로 산타 우체국, 동물 농장 등이 갖춰진 산타 공원, 휴양 펜션 및 호텔, 오락 시설, 야생화 단지 등이 준비되어 2020년까지 완공될 예정인 세계 두 번째의 산타 마을이다.

태백산 눈꽃   태백산 눈축제

강원도의 산간 오지로만 생각되는 태백은 생각보다 볼거리와 축제가 많고 학습하고 놀면서 즐길 수 있는 시설도 다양한 편이다. 태백산을 중심으로 태백산제 · 천제단 · 단종비각 · 단종사당 등 태백산 산신령인 단종대왕과 관련된 행사와 태백산 주목 단지, 철쭉제, 눈 축제 등이 볼거리다.

또한 봄 · 여름에 열리는 낙동강과 한강 발원지 대제, 국내 최고 높이에 위치한 용연 동굴, 태백 석탄 박물관, 태백제, 여름 쿨시네마페스티벌, 해바라기 축제, 철암 예술제, 해맞이 축제 등이 관광객들을 지속적으로 부르고 있다. 여기에 대한체육회 태백 선수촌, 1,100m의 고지에 자리하고 있어 모기, 파리, 열대야, 에어컨이 없는 여름 휴양지인 오투 리조트의 콘도와 부속 스키장, 골프장 등이 눈길을 사로잡고 있다.

이외에도 물이 산을 넘은 '구문소', 육지 위에 바다를 이루고 있는 매봉산 고랭지 배추 바다의 경관이 장관이다. 최근에는 'O-Train', 'V-Train'으로 이름 지어진 철도를 이용한 산악 관광 상품, 국내에서 가장 높은 곳에 위치한 추전역을 중심으로 한 '눈꽃 열차' 등이 대단한 인기를 얻고 있기도 하다. 여기에 내가 좋아하는 탄광촌의 생활과 풍경을 공공예술로 표현한 벽화 마을도 있다.

난 그래서 태백이 마음에 든다. 지난 연말 겨울 레포츠를 즐기기 위해 친구들과 365 세이프타운에 다녀온 적이 있고, 연초에는 'O-Train'을 타고 와서 태백산 눈축제장을 구경하고 온 적이 있는 나는 지난 주말에도 여름휴가 예비 답사로 태백에 갔다 왔다.

태백 '바람의 언덕'에 보이는 풍력 발전기

놀거리가 많은 365 세이프타운에 가장 먼저 가는 것으로 하고, 아침 일찍 서울에서 출발했다. 버스는 정오를 지나 태백에 도착했다. 큰 식당이 많지 않은 곳이라 단체로 식사를 하기에는 적당한 곳이 없다는 소문을 들었던 터라 미리 예약해 둔 곳으로 갔다. 우리들은 구문소동에 위치한 '가마솥 순두부'에서 버섯 두부전골로 맛있는 식사를 했다. 두부에 푸성귀와 버섯 및 약간의 해산물이 가미된 전골은 맛이 남달랐다.

산속에서 산이 주는 반찬과 바다의 해산물이 만나 재미난 요리가 되었다. 약간은 이상한 조합이라고 생각을 하며 웃으면서 먹었다. 식사를 마치고는 바로 최근 '한국 관광 공사'로부터 '이달의 가 볼 만한 곳'으로 선정된 365 세이프타운으로 갔다. 이곳은 전 국민이 반드시 체험해 봐야 할 안전 체험 관광지로 최근 주목을 받고 있는 놀이·학습·체험·교육을 겸한 테마파크다.

점심을 든든히 먹고 갔음에도 불구하고 너무 무리를 했는지 두 시간의 체험관 순례와 두 시간의 유격 훈련으로 녹초가 된 심신의 휴식을 위해 조금 일찍 저녁 식사를 하러 갔다. 황지동에 있는 유명한 연탄구이 전문점인 '태백실비식당'으로 가서 쇠갈비를 구워 먹으며, 맥주 한잔으로 피곤을 풀었다. 역시 고기는 연탄불구이가 제 맛인 것 같다. 태백의 연탄과 태백 한우가 만나니 짜장 꿀맛이다.

너무 재미있고 신나는 테마파크를 돌고 와서 맥주와 고기로 식사를 하고 나니 커피 한 잔이 생각났다. 태백이 고향인 친구 봉욱의 권유로 태백역 인근에 위치한 '족욕 카페 다님길'로 이동하여 차를 한잔하면서 족욕까지 했다. 간단한 식사와 차, 족욕을 함께 할 수 있는 세련된 공간이 이런 소도시에 있다는 사실이 놀랍기도 했다.

여기에 대학에서 민속학을 전공했다는 안주인의 센스가 대단해서인지 내부 분위기는 물론 차 맛도, 인테리어도, 다양한 소품들도 무척 마음에 들었다. 가을쯤 태백산 등산을 하고 이곳에 와서 식사도 하고 차도 한잔하면서 족욕을 하며 쉬어 가는 공간으로 활용을 하면 좋을 것 같다. 끌림이 있는 곳이다.

꿈이 있는 탄광 도시 태백에서 발견한 까치발 건물 11동

우리 일행은 차를 타고 함백산 중턱에 있는 '오투 리조트'로 갔다. 언제와도 마음에 쏙 드는 곳이다. 시원하고 앞뒤로 전망도 좋고, 조용하니 여름 피서지로는 최고인 것 같다. 오랜 만에 여행지에서 모인 친구들이라 리조트 2층에서 통닭과 맥주로 잠시 담소를 나누고는 이내 잠자리에 들었다. 아침에 일어나 일출을 보고 산책을 잠깐 한 다음, 2층에 있는 식당에서 황태해장국으로 식사를 했다.

지난밤 술 한잔으로 피로를 풀기는 했지만, 아침에 쓰린 속은 역시 해장국으로 풀어야 하는가 보다. 황태는 무엇보다 숙취해소에 최고인 것 같다. 식사를 마친 우리들은 어제 방문했지만, 전체를 둘러보지 못했던 '365 세이프 타운'의 일부인 철암 지구의 '강원도 소방 학교'로 갔다.

소방 학교를 둘러본 나는 산언덕에 있는 건물 두 채를 발견하고는 그리로 가 보았다. '태백 선린교회의 광산 연구소'라고 입간판이 서 있는 건물은 생각보다 규모도 크고 멋지고 아름다웠다. 지은 지 40~50년은 되어 보이는 건물이 보기에 좋아 사진을 몇 장 찍었다. 좌측 건물은 비어 있었지만 운치가 있어 보였고, 우측 건물은 안에 사람이 있는지 입구에 개 2마리가 있고 인기척이 들렸다.

교회의 연구소라고 하기에는 조금 생뚱맞다는 생각도 들었지만, 아무튼 연구소나 집으로 사용되고 있는 것은 분명했다. 2층 건물이 너무 잘 지어진 것이 분명 건축가가 설계를 한 것 같아 보였다. 내부를 둘러보는 것이 불가능할 것 같아서 다음에 기회를 잡아 사전에 연락을 하고 방문하는 것으로 하고 외부를 살폈다.

일행들이 있는 곳으로 돌아와 신 해설사에게 물어보니, "아! 저기 두 개의 건물은 예전 삼표 연탄을 만들던 강원 산업의 독신자용 숙소와 간부 관사인데, 모 건축가가 지은 작품으로 현재는 어느 교회가 인수하여 쓰고 있죠. 지은 지 40~50년 정도는 되었는데, 사실 잘 지어져서 지금도 수리를 조금만 하면 국내에 남아 있는 몇 안 되는 광업소 숙소로 가치가 있는 곳이죠. 현재 태백시가 인수를 검토 중이라는 말을 들은 것 같다."라고 했다. 전국적으로도 몇 개 남아 있지 않는 광부들의 숙소인데, 이곳은 간부들의 관사에 독신자용 숙소까지 거의 원형에 가깝게 남아 있어 보존하여 새롭게 활용하는 방안을 모색하는 것도 좋을 것 같아 보였다.

소방 학교를 전부 둘러본 우리들은 다시 차를 타고는 철암역으로 갔다. 철암역에는 일제 강점기인 1935년에 만들어진 국내 최초의 무연탄 선탄 시설로 지금까지 사용되고 있는 근대 산업 유산 21호인 '철암역 두선탄장'이 있다. 그리고 역전을 지나는 철암천에 기대어 지어진 11동의 '까치발 건물'이 또 다른 볼거리이기도 하다. 태백시는 신도로 확장 공사 구간을 제외하고 태백역과 철암역 두선탄장, 까치발 건물, 광부들의 사택이 있던 삼방동 벽화 마을까지 연계하는 '태백 탄광 역사촌'을 조성 운영하고 있다.

특히 까치발 건물은 외형은 그대로 보존하고 내부는 수리하여 박물관 및 유명 작가들의 설치 미술을 전시하는 아트 하우스로 개조했다. 나는 까치발 건물의 안팎 사진을 찍고 이웃한 철암 시장, 산언덕에 40여 채가 남은 삼방동 광부 사택까지 살펴보았다. 이곳 전체가 과히 문화 재급으로 유지 보존이 절실해 보였다. 개인적으로는 삼방동에 방을 하나 구해 한 달 정도 살고 싶다는 생각도 들었다. 이어 철암역이다. 하루 이용객이 2~3명이

특이한 건축물인 태백 '까치발 건물'

지나지 않던 이곳은 최근 운행되고 있는 중부 내륙 순환 열차인 'O-Train'과 백두대간 협곡 열차인 'V-Train'의 이용객이 늘어남에 따라 하루 800명 이상의 승객이 드나드는 곳으로 탈바꿈했다.

특히 태백은 지역을 순회하는 시내버스는 물론 시티투어버스와도 체계적인 연계를 통하여 열차 승객은 하루 종일 버스까지 무료 환승이 가능하도

록 만들어 관광객들에게 인기를 얻고 있다. 여기에 지역 특산물을 활용한 도 시락도 판매하고 있어 주목을 받고 있다. 순환 열차와 협곡 열차는 특이한 모 양에 가족 단위로 관광이 가능하다. 산과 계곡을 편안하게 열차를 타고 가며 눈으로 즐길 수 있는 기쁨이 있어 인기 폭발이라고 한다.

발상의 전환이 한적한 시골 역을 크게 바꾸어 놓은 것을 보면서 많은 생 각이 들었다. 앞으로는 누구든 태백에 올 때는 열차를 타고서 탄광문화체험 형식으로 오는 것도 좋을 것 같다는 생각이 들었다. 이어 우리들은 '구문소(求 門沼)'로 이동했다. 이곳은 세상 어디에도 쉽게 볼 수 없는 '물이 산을 넘는다 (渡江山脈).'는 기이한 현실을 보여 주는 곳이다. 다시 말해 여기는 '산은 스스 로 물을 가른다(山自分水嶺).'라는 대자연의 진리를 거스른 곳이다.

그런데 이런 대단한 구문소 곁에 는 너무 웃기고 유치하여 도리어 재 미있는 것이 하나 있다. 구문소 바 로 옆에 현재도 자동차가 지나다니 는 석굴 위 벽에 있는 글씨다. 지난 1937년 일제 강점기에 일인들이 착 암기로 구멍을 뚫고는 길을 낸 곳이

구문소와 비교되는 일본인이 뚫은 굴(왼쪽)

다. 이 길은 지금도 찻길로 이용되고 있다. 문제는 이 인공 석굴 위쪽 벽에 크 게 새겨진 '우혈모기(禹穴牟奇)'라는 글이다. 우혈모기(禹穴牟奇)를 해식하면, '우왕의 굴과 기묘하리만큼 닮았다.'라는 뜻이다.

태백의 주민들이 우왕의 도움으로 대홍수의 위기를 면했듯, 일인들은 자 기들이 이곳에 도로를 내기 위해 구멍을 뚫은 행위를 우왕처럼 주민들을 위 해 큰일을 했다고 우기는 의미의 글이다. 정말 교만하고 어처구니없는 글귀 다. 사실 구문소의 인공 석굴은 풍수적인 시각으로 보면 구문소의 석벽이 태

백의 기를 끌어안아 보호하는 장막 역할을 하는 곳인데, 장막 가운데 구멍을 뚫어 기를 빼가는 형국이다. 다시 말해 산등성이에 쇠말뚝을 박은 것과 같은 행동으로 지기(地氣)를 파괴한 만행이다.

시작은 작지만 끝은 창대하여라! 한강의 시원(始原) 검룡소

구문소를 살펴본 우리들은 인근 동점동에 위치한 '태백 고생대 자연사 박물관'으로 이동했다. 우리가 방문한 당일에는 '생물의 독(毒) 특별전'이 열리고 있었는데, 동물·식물·미생물의 몸속에서 생성되는 독과 산·들·바다에서 자라는 독을 품은 생물에 대해서 배우고, 이 독을 이용한 의약품의 개발 등 독의 효능과 기능을 공부할 수 있는 멋진 특별전이었다. 박물관을 전부 둘러본 우리들은 다시 차를 타고 황지동에 위치한 '송이닭갈비' 집으로 이동하여 태백의 명물 중 하나인 '물닭갈비'를 먹으러 갔다.

태백시에서는 물닭갈비를 지역 특산품으로 상표 등록을 하고 싶기는 한데, 현재 태백에 닭을 잡는 도계장이 없는 관계로 상표 등록은 쉽지 않다고 한다. 상표 등록을 위해서는 현지에서 생산된 닭을 현지에서 잡고, 현지에서 생산된 푸성귀 등을 이용하여 만든 음식이라는 조건을 충족해야 되는가 보다.

우리는 태백에서도 3대째 물닭갈비 장사를 하고 있다는 '송이닭갈비' 집에서 깨끗하고 깔끔한 맛의 물닭갈비를 맛있게 먹었다. 개인적으로는 태백에서는 감자 수제비·곤드래 밥(산채 비빔밥)·물닭갈비가 최고의 음식인 것 같다. 식사를 마친 우리들은 '삼수령(三水嶺)'을 넘어서 한강의 발원지인 '검룡소(儉龍沼)'로 행했다. 삼수령을 넘기 전까지는 사실 나는 왜, 태백에 한강과 낙동강의 발원지가 모두 있는지 잘 이해가 되지 않았다.

그런데 삼수령을 넘으면서 지도를 살펴보니 태백시의 대부분은 사실 백두대간의 남동쪽에 위치하고 있고, 북쪽의 일부인 삼수동 지역만 백두대간을 넘어서 한강 수계에 위치하고 있다는 사실을 알게 되었다. 해설사의 설명에 따르면 "엄밀한 의미에서 태백은 백두대간을 중심에 두고 구분하는 현재의 영서, 영동의 구별법으로 보자면 영동이 아니라 영남 지방이다. 지도를 보니 태백은 강원도에서 유일한 영남 지방으로 낙동강 수계에 위치하고 있으며, 북쪽의 삼수동 지역만 백두대간을 넘어서 한강 수계에 위치하고 있어 영서 지방이라고 할 수 있는 지역이다. 따라서 태백에서 한강과 낙동강이 시작되는 것이다. 백두대간 선상에 있는 삼수령은 봉우리를 중심으로 북쪽에 내리는 비는 한강으로 흘러가고, 남쪽에 내리는 비는 낙동강으로, 동쪽에 내리는 비는 오십천으로 흘러간다."고 했다. 삼수령은 천의봉과 덕항산을 잇는 고개로 삼척 지방 사람들이 난리를 피해 이상향(理想鄕)으로 알려진 황지로 가기 위해 이곳을 넘었기 때문에 '피해 오는 고개'라는 뜻으로 '피재'라고도 한다.

정상에는 전망대 구실을 하는 삼수정이라는 정자각과 조형물이 있고, 주변은 공원으로 꾸며져 있다. 해발 고도 920m 정도 되는 곳이라 '푄 현상'으로 눈비가 많은 곳이라고 한다. 실재로 삼수령에 올라 물길을 확인할 수 있는 것은 한강과 낙동강으로 흘러가는 물길뿐이다. 오십천으로 가는 물길은 수맥으로 흘러 삼척에 가서야 물길을 드러내게 된다.

삼수령을 넘으면 매봉산의 고랭지 배추 단지와 풍력 발전 단지, 귀네미골의 배추 단지와 풍력 발전 단지 등을 볼 수 있다. 특히 귀네미골에서는 동해 바다를 눈으로 볼 수 있는 풍경이 연출되기도 한다. 다시 차를 타고 금대봉 아래에 있는 국가 지정 문화재 명승 제73호인 검룡소로 향한다.

사실 불과 20여 년 전까지만 해도 한강의 발원지는 '오대산 우통수'로 알려져 있었다. 그러나 일제 강점기 때부터 몇 차례의 실측 결과 오대산보다 30km 이상 멀리 자리 잡고 있는 검룡소가 지난 1987년 국립지리원에 의해 최장 발원지로 공식 인정되었다. 금대봉의 왼쪽 산기슭에 위치하고 있는 검룡소는 서해에 살던 이무기가 용이 되려고 강줄기를 거슬러 올라와 이곳에 머무르고 있다는 전설을 간직하고 있다. 금대봉 기슭에 있는 작은 샘들인 제당굼샘과 고목나무샘, 물골의 물구녕 석간수와 예터굼에서 솟아나는 물이 지하로 스며들어 이곳에서 다시 솟아난다.

한강의 발원지 검룡소 표지석

둘레 약 20m이고, 깊이는 알 수 없으며, 사계절 9℃의 지하수가 흘러나오는 냉천(冷泉)으로 하루 2,000~3,000t씩 석회암반을 뚫고 솟아올라 폭포를 이루며 쏟아진다. 오랜 세월 동안 흐른 물줄기 때문에 깊이 11.5m, 너비 12m, 길이 20m 이상의 암반이 구불구불하게 폭포를 이루며 패여 있어 마치 용틀임을 하는 것처럼 보여 신비감이 더하다. 소의 이름은 물이 솟아 나오는 굴속에 검룡이 살고 있다 해서 붙여졌다.

물은 정선의 골지천과 조양강, 영월의 동강을 거쳐 단양·충주·여주로 흘러 경기도 양수리에서 한강에 흘러든 뒤 서울을 거쳐서 김포에서 임진강과 마지막으로 만난 뒤 서해로 들어간다. 금대봉 일대는 환경부가 정한 자연 생태계 보호 구역이자 국내 최고의 야생화 단지로, 카메라를 든 탐방객들이 아름다움과 경이로움을 동시에 간직한 들꽃들을 관찰하거나 희귀 동식물을 보기 위해 많이 오는 곳이다.

아울러 이곳은 물놀이나 취사·야영 등이 금지되어 있다. 매년 8월 첫째 주 일요일에 태백문화원 주최로 한강 대제가 열린다. 주차장에 차를 세운 우리들은 왕복 5km 정도 되는 물길을 따라 올랐다. 신 해설사는 산책로를 오르면서 계속해서 나무와 풀, 꽃들에 대한 설명과 함께 검룡소와 한강의 물줄기에 대한 개략적인 해설도 해 주었다. 물푸레나무·돌배나무·박달나무·산뽕

장대한 꿈의 시작 검룡소에서

나무·자작나무·굴참나무 등 이름만 알지 실제로는 전혀 구분이 되지 않던 나무의 구별법은 무척 재미가 있었다.

약초와 풀 등도 설명을 해 주었는데, 잘 기억나지는 않지만 나름대로 공부가 많이 된 것 같다. 검룡소를 오르면서 "자연 학습과 산책로로 이 길을 더 멋지게 개발하면 좋을 것 같다."고 했더니 신 해설사는 "이곳에서부터 황지까지 연결하는 한강과 낙동강 발원지 답사 코스는 거의 길 개척이 완료되었다."고 했다. 언제 한번 날을 잡아 이곳을 걸어봐야겠다.

30분 정도 길을 오르니 검룡소가 보인다. 더운 여름날에는 시원한 바람이 막 불어올 것처럼 깨끗하고 청량감이 넘치는 맑은 물이다. 주변의 녹색과 어우러진 풍광에 절로 감탄이 나온다. 이곳이 말로만 듣던 한강의 시작점이구나! 잠시 기도를 한 다음 사진을 몇 장 찍었다. 이제까지 본 것과는 전혀 새로운 느낌의 시작과 출발을 알리는 작지만 장대함으로 끝나는 한강의 발원지에서 숙연함을 느낄 수 있었다.

너무 기쁘고 감격적이었다. 부모님이 주신 건강한 두 다리에 멋진 경치를 볼 수 있는 두 눈이 있어 무척 행복했다. 잠시 쉬었다가 다시 길을 돌아 주차장으로 왔다. 비가 조심씩 오는 것이 다시 본격적으로 장마가 시작되려나 보다. 서둘러 서울로 돌아가야겠다. 길은 멀지만 행복한 이틀 동안의 태백 여행이었다.

분단의 또 다른 얼굴,
새들의 천국 연천을 가다

분단 현실이 새들의 천국을 만든 연천을 가다

2013년 12월 말, 당일치기로 '연천 DMZ 일원 임야'를 둘러보고, 덤으로 두루미 서식지도 관찰하기 위해 다녀왔다. 경기도 북부에 위치하고 있는 연천군은 임진강과 한탄강이 흐르며 군 전체가 남북으로 분단되어 있는 곳이다. 또한 한국전 종전과 동시에 DMZ(demilitarized zone. 비무장 지대)가 설치되어 일부 지역은 민간인이 접근하기 어려운 곳이 되었다.

이런 결과로 군인도 민간인도 자유롭지 못하다는 단점이 있기는 하지만, 동식물들에게는 인간의 방해를 받지 않는 천국이 되어 각종 보호 수종이 다양하게 분포하고 있다. 이에 우리들은 DMZ 내에 있는 관리 임야를 살펴보고, 세계적으로 3,000마리 이내가 생존하고 있다는 천연기념물 제202호이며, 멸종 위기 야생 동식물 1급으로 지정된 두루미를 관찰하기 위해 이곳으로 갔다.

우리는 연천군청에서 지리에 밝고 환경 문제와 두루미 보호를 위해 적극적으로 일하고 있는 안창희 선생을 만나 그의 안내를 받으며 DMZ 안으로

들어갔다. 가장 먼저 간 곳은 중면 중사리에 위치한 '태풍전망대(颱風展望臺)'
다. 북측의 전망대는 물론 휴전선과도 가장 가까운 국군 전망대로서 비끼산
최고봉인 수리봉에 자리 잡고 있다.

태풍전망대의 성모상

지난 1991년 개관했다. 높이는 264m이며,
전망대에서 휴전선까지 800m, 북측 초소까지는
1,600m 떨어져 있다. 차에서 내린 우리들은 북
쪽은 사진 촬영이 금지되어 있어 등 뒤의 남쪽을
향해 사진을 몇 장 찍고, 전망대 내부 시설도 살
펴보았다. 긴장감이 감돌기는 했지만 눈이 많이
와서 그런지 천지간이 환했다. 그러나 나는 북을
향해 서 있는 커다란 마리아상을 보면서 눈물이
났다. 남북 분단의 아픈 현실은 언제까지 계속되
려나?

태풍전망대가 위치한 곳은 삼국 시대부터 군사적 요충지였으며, 한국전
당시 치열한 전투 후 국군이 수복한 땅이다. 이렇게 남북이 가까운 거리를 두
고 대치하게 된 것은 지난 1968년 북측이 휴전선 가까이 남쪽으로 철책을 옮
겨오자 남한에서도 1978년 철책을 부분적으로 북쪽으로 옮기면서 지근거리
가 되었다.

날씨가 좋으면 북측 주민들과 농장이 내려다보이며 멀리 개성까지 볼
수 있다. 전망대 내에는 교회, 성당, 성모상, 법당, 종각 등이 있고, 호주군
참전 기념비, UN 태국군 참전 기념비, 실향민들의 망향비와 전적비가 세
워져 있다.

내부 전시관에는 홍수 시 흘러온 북의 생활필수품, 일용품, 침투 장비 등
이 전시되어 있다. 여기에 우리 군의 전투 식량과 피복 등도 전시되어 있다.

눈이 오는 날이라 북쪽을 향해 크게 눈을 뜨고 봐도 많은 것을 볼 수는 없었지만, 너무나 지근거리에서 북을 볼 수 있다는 감회가 남달랐다. 아울러 연말이라 그런지 어린 장병들이 추운 날씨에 너무 고생이 많다는 생각도 들었다.

전망대에서 북쪽을 바라다보고 지형과 역사에 대한 설명을 들은 우리들은 기념 촬영을 하고는 다시 버스를 타고 아래로 향했다. 당초에는 '연천 DMZ 일원 임야'를 방문할 예정이었지만, 눈이 너무 많이 와서 통제되어 두루미 서식지로 향했다.

세계적으로 한반도와 몽골, 중국 북동부, 시베리아 우수리 지방, 일본 북해도 지역에서 대부분 살고 있는 두루미는 몸길이 136~140cm, 날개를 편 길이 약 240cm, 몸무게 약 10kg에 달하는 큰 새다. 흔히들 학(鶴)이라고 부른다. 두루미과에는 세계적으로 15종이 알려져 있으나 한반도에는 두루미, 재두루미, 흑두루미 3종만 겨울을 나고 있다.

예전에는 10월 하순부터 수천 마리의 두루미 떼가 찾아와 한반도에서 겨울을 났으나 요즘은 파주시 대성동 자유의 마을, 연천군, 철원군 주변의 비무장 지대, 강화도 해안 갯벌에 120~150마리씩 찾아와 겨울을 날 뿐이다.

우리가 찾은 연천군의 임진강 유역에 있는 하중도는 두루미가 살기에 최적의 조건을 모두 갖추고 있는 지역이다. 우선 DMZ 안에 위치하고 있어 인

천연기념물 두루미

간의 접근이 완벽하게 차단되어 있고, 섬을 둘러싸고 있는 강물의 유속이 빨라 다른 동물들의 접근 또한 쉽지 않다. 여기에다 이 지역에 두루미가 무척 좋아하는 율무 밭이 많고, 미꾸라지, 올챙이, 갯지렁이, 다슬기 등 먹을거리도 풍부하다. 강이 넓고 크지 않으며, 습지가 많고 갈대와 볏짚도 곳곳에 산재하여 둥지를 만들기도 쉽다. 그래서 거의 매년 안정적으로 200~400마리 정도의 두루미가 이곳을 찾는 것이다.

2007년 연천에 건설된 '군남댐' 정확히 말하자면 '군남 홍수 조절지(조절댐)'의 영향으로 생태계에도 변화가 일어나고 있다. 당초 임진강 유역의 홍수 조절을 위해 설계되었던 군남 홍수 조절지는 지역민들에게는 순수하게 홍수 피해 방지를 목적으로 만들어진다고 알려졌다. 하지만 북남을 경유하는 임진강의 특성상 북에서 황강댐을 만들고 불시에 방류하는 일이 간혹 발생하면서 군사적인 목적 등이 더해져 홍수 조절지를 다목적댐 규모로 승격시켜 만들게 된다.

문제는 북의 도발에 대비하기 위해서는 현재의 댐도 증고가 필요하다는 주장이 계속되고 있는 상황이다. 그러나 댐이 건설되고 나서 생태계 변화로 피해를 보는 두루미가 생겨나고 있는 것 또한 사실이다. 우선은 주로 물가에서 살던 두루미들이 하중도가 물에 잠기고 일부 남아 있는 섬들도 안전성이 떨어지고 있어 살기 힘들게 된 것이다. 이유는 빠르게 흐르던 강물이 댐이 생기면서 흐름이 정체되어 물이 얼기 시작했고 이에 따라 천적의 접근이 쉬워졌으며, 새들이 얼음 속에 있는 생물을 잡아먹는 활동이 어려워졌다.

이에 따라 두루미가 산으로 가서 밭에서 나는 율무를 집중적으로 먹게 되었고, 다른 조류들도 율무를 먹게 되었다. 하지만 지역 농민들은 노령화로 점점 쉬운 농사에 집중하게 되어 율무 생산지는 줄어들고 있다. 이렇게 되자 먹이가 줄어든 두루미를 구하기 위해 군남댐을 관할하는 수자원 공사가 주관이 되어 DMZ 안에 '평화 습지원'을 만들어 먹이를 주고 있는 상황이 발생했다.

　단순하게 생각하면 군남댐 완공으로 두루미 서식지가 물에 잠기자 새로 4만여 평에 달하는 터에 생태 연못 14곳, 두루미 관찰소 1곳, 관찰로 2km, 각종 꽃 단지가 조성된 평화 습지원을 만들어 두루미에게 직접 먹이를 주어 편하게 살 수 있게 해 주는 공간을 마련해 준 것이다. 그런데 문제는 이런 습지원이 도리어 두루미의 야생성을 떨어지게 하고, 봄이 되면 시베리아나 몽골 지역으로 돌아가는 두루미가 야생에서 살 수 없도록 만들어 버리는 결과를 초래하는 것이다.

사랑을 속삭이는 두루미

　군남댐이 애초에 필요했던 홍수 조절지 정도의 규모였다면 문제가 없었을 것이다. 그러나 북의 수공에 대비한다는 이유로 댐을 더 크게 만들었다. 이에 물을 더욱 많이 가두어 인근 지역에 상수원을 공급하는 수원지로 쓰고 있으니 결과적으로는 두루미의 터전을 전부 잃어버릴 수도 있는 행동을 한 것이다. 자연보호나 생태 문제에는 진정성이 없는 토건 자본의 비열함을 느낄 수 있었다.

고고학 역사를 바꾼 연천의 구석기 유물

　연천 DMZ 일원 임야를 둘러보지 못한 우리들은 시간이 남아 전곡리에 위치한 '전곡 선사 박물관'으로 이동했다. 이곳은 동아시아 최초의 '아슐리안 주먹 도끼' 발견으로 세계 고고학 역사를 다시 쓰게 만들었던 역사의 현장으로 구석기 시대 유적지에 세워진 국내 최대 규모의 선사 유적 박물관이다. 한반도의 역사를 약 30만 년 전인 구석기 전기 시대까지 확장한 데는 미 애리조나 주립대에서 고고학을 전공한 미군 병사 '그렉 보웬'의 공이 컸다.

보웬은 1978년 한국인 부인과 여행 차 연천군 전곡리 한탄강 유원지에 들렀다가 주먹 도끼, 사냥돌, 긁개, 주먹찌르개 등 석기의 양면을 가공하여 찍고 자르는 기능을 모두 갖춘 아슐리안 주먹 도끼 4점을 발견하여 서울대 김원룡 교수에게 알렸다.

당시 발견된 유물이 30만 년 전 '아슐리안 주먹 도끼'로 감정되면서 세계 고고학계가 발칵 뒤집혔다. 다음 해 전곡리 일대가 사적 제268호로 지정되고, 20여 차례 추가 발굴조사 끝에 아슐리안 주먹 도끼 50여 점을 비롯해 8천여 점의 구석기 유물이 무더기로 발견됐다.

전곡리의 주먹 도끼 발견은 세계적 고고학자이며 하버드대 교수인 할렘 모비우스가 "구석기 문화가 인도를 경계로 발달한 형태의 석기인 '아슐리안 주먹 도끼'를 사용한 유럽, 아프리카 지역과 단순한 형태인 '찍개'를 사용한 동아시아 지역으로 나누어진다."고 규정했던 '구석기 이원론'을 뒤집은 대사건이었다. 모비우스 교수는 "동아시아 지역에 주먹 도끼가 없는 것은 이 지역이 문화적으로 정체되어 있었다는 사실을 보여 주는 지표이며, 서양인의 인종적 우월성은 이미 구석기 시대부터 결정되었다."는 주장을 폈었다. 그의

주먹도끼 조형물(왼쪽)과 전곡리 출토 주먹 도끼(오른쪽)

인종차별적인 본성이 잘 드러난 이론이었다.

2011년에 개관한 박물관은 약80만m^2에 달하는 전곡리 선사 유적을 배경으로 하고, 이곳에서 출토된 석기 유물들을 중심으로 추가령 지구대의 자연사, 인류의 진화 과정을 보여 주는 화석 및 인류 모형, 환경에 대한 적응과 확산, 동굴 벽화 재현 등의 주제로 전시가 이루어지고 있다. 여기에 박물관 건물 외관도 매우 인상적이다.

용 한 마리가 땅에 딱 붙어 천천히 꿈틀거리는 모습이다. 건물이 지상으로 돌출되지 않고 자연환경 속으로 스며든 느낌이고, 아예 건물 위쪽 표면에는 산책로를 만들어 관람객이 직접 그 위를 걸어 다닐 수 있도록 했다. 그러면서 재질은 스테인레스 스틸로 제작하여 현대적인 느낌을 전한다. 특히 야간에는 조명으로 멋진 분위기를 연출한다.

상설 전시실은 최초의 인류로부터 현생 인류의 출현까지의 진화 과정을 보여 주며, 그 속에서 전곡리 구석기 유적의 의미를 찾을 수 있도록 했다. 바닥에 그려진 약700만 년 전부터의 시대 표를 따라 자연스럽게 역사를 거슬러 올라갈 수 있다. 전시 동선도 마치 실외에 있는 듯 구불구불한 길을 따라 이어진다. 여타의 박물관과 같이 전시용 진열장이나 판넬이 설치되어 있지 않아 마치 하나의 커다란 동굴 속을 걷는 듯한 느낌이 든다.

복원된 인류, 매머드, 대형 지구본, 전곡리의 석기 유물, 동굴 입구, 매머드 뼈로 이루어진 움집 등을 관람할 수 있다. 고인류 복원의 대가인 프랑스 엘리자베스 데인즈의 작품이 14점이고, 전시장 곳곳에 배치된 동물 박제 40여 점도 세계적으로 유명한 벨기에 마사이 갤러리의 작품이다. 주요 전시물로는 주먹 도끼, 주먹자르개, 주먹찌르개, 찍개, 긁개 등 전곡리에서 발굴된 다양한 구석기 유물이 있다. 이밖에 스페인 알타미라 동굴 벽화, 이탈리아 알프스의 만년설 속에서 발견된 5,300여 년 전 아이스맨 미라 등도 재현해 놓았다.

체험 프로그램으로는 움집 사냥 체험을 비롯하여, 석기 만들기, 불 피우기, 가죽옷 만들기, 동물 뼈와 조개를 이용한 장신구 만들기, 벽화 그리기, 발굴 체험등이 있다. 아울러 9월부터 3월까지 열리는 '빙하 시대 사람들'은 빙하 시대의 생활상과 동물, 예술품, 극지에 사는 사람

선사 시대인들과 같이 한 가온이

들의 생활과 집, 도구, 옷, 종교 활동 등을 한눈에 볼 수 있도록 만들어 놓은 기획 전시다.

짧은 연천 여행을 통하여 두루미를 포함한 철새들의 보호를 위해 인간이 어떤 행동을 하는 것이 올바른지를 고민하게 되었고, 선사 박물관을 보며 우리 선조들의 소중한 역사와 문화를 지키려는 노력이 얼마나 귀한 것인지도 다시 깨우칠 수 있는 기회가 되었다.

가야의 혼이 깃든, 합천과 산청의
문화 체험을 다녀오다

지리산과 불교의 고장 합천 & 산청

지리산 천왕봉 아래 시골 마을, 경남 산청군은 1999년 드라마 '허준'의 열풍으로 일약 약초와 한방, 동의보감의 고장으로 거듭났다. 진실과 허구가 적절하게 가미된 드라마이기는 하지만, '신의(神醫) 류의태' 선생과 그의 제자 '의성(醫聖) 허준'이 공부하고 활동했던 지방이라는 내용의 사극은 한적한 시골 마을 산청을 한방 약초 관광의 고을로 탈바꿈할 수 있는 기똥찬 기회를 제공했다.

원래 산청군은 가야의 마지막 왕의 무덤인 구형왕릉이 왕산 아래 돌무덤으로 있는 곳, 고려 시대 삼우당 문익점 선생이 목화를 심어 백성들에게 따뜻한 겨울을 나게 한 곳, 조선 시대 실천을 중요하게 여겼던 남명 조식 선생의 가르침이 있던 곳, 신라 시대 원효와 의상대사가 불법을 공부하던 율곡사와 정취암이 있는 곳이며, 현대 불교의 큰 스승인 성철 스님의 생가 터와 겁외사가 있는 곳으로만 알려진 작은 농촌이었다.

하지만 드라마 '허준'의 성공을 계기로 산청군은 전국 최고의 한방 약초

관광의 고장으로 재탄생하겠다는 강한 의지로 매년 '산청 한방 약초 축제'를
개최하고 있다.

호국 불교의 요람 해인사

해인사 석탑

2012년 12월 초순, 친구들과 함께 경남 합
천과 산청에 다녀왔다. 폭설이 내린 가운데
스키장에 가고 싶다는 생각을 접고, 합천에
간 이유는 '눈 오는 날 해인사 풍광이 너무 좋
다.'는 친구의 말에 절대적으로 감동을 받아
서였다. 전국적으로 많은 눈이 내리는 가운
데 서울에서 일찍 버스를 타고 출발했음에도
불구하고 합천에 닿으니 시간은 오전 11시를
넘기고 말았다. 점심을 먹기에 조금 이른 시
간이라 해인사 입구에 있는 '대장경 테마파
크'로 갔다.

팔만대장경이 보관되어 있는 해인사 '경판고'는 사진 촬영도 금지되어 있
고, 내부를 살펴보는 것은 꿈도 꾸기 어려운 일이다. 그래서 일반인들을 위해
합천군이 테마파크를 만들어 대장경의 역사 문화적인 의미를 알리고, 조판
이전부터 경전의 전래와 결집, 천년을 이어온 장경판전의 숨겨진 과학과 비
밀을 홍보하고자 만든 전시 공간이다.

이곳은 전체가 8개의 전시 공간으로 나뉘어져 있다. 1실은 대장경 전시실
로 1층에서 2층까지 올라가는 원형 전시대의 둥근 공간을 활용한 3D 랩핑 영
상과 홀로큐브와 연동되는 한글 대장경 검색 공간을 통하여 대장경의 웅장
함과 실체를 최신 영상 기법으로 전달하고 있다.

2실은 부처님의 탄생과 열반의 과정을 소개하는 전시실로 경전 탄생의 의미와 대장경 집대성의 역사적 가치를 조명하고 있다. 3실은 대장경 신비실로 각국의 경전을 모아 대장경을 만든 과정을 재현한 곳으로 판자 켜기, 목판 다듬기, 경판 새기기 등 16년간의 제작 과정을 파노라마로 펼쳐 두었다. 4실은 대장경 보존의 과학성을 알리는 전시실로 건축물의 구조와 통풍과 습도 조절 등 천년을 지켜온 경판고의 비밀을 알려 주고 있다. 5실은 대장경과 관련된 여러 이야기를 들려주는 스토리 박스와 함께 다양한 메시지를 들려주는 시민 참여형 전시 공간이다.

6실은 기획전시실, 7실은 대장경 수장실, 8실은 포토존 및 체험존으로 되어 있다. 나름 볼 것이 많았는데, 나는 개인적으로 좋은 산벚나무를 도끼로 찍는 행위보다는 이후 대패로 3.5cm 두께로 일정하게 다듬은 기술도 대단하다는 생각이 들었다.

물론 한 글자 한 글자 목판에 세긴 장인의 정신도 경의를 표할 정도로 놀라웠다. 해인사에서 직접 보기 힘든 대장경 전부를 이곳에서 미리 보고 가는 것이 답사 준비에 도움이 되는 것 같아 좋았다. 어린 학생이 있는 가족 여행이라면 공부를 위해 반드시 사전 방문이 필요한 곳이라 하겠다.

대장경 테마파크를 둘러본 우리들은 점심을 먹기 위해 해인사 사하촌(寺下村)에 있는 '삼일식당'으로 이동하여 송이버섯국과 산채정식으로 맛난 식사를 했다. 지리산에서 나오는 산나물과 주인장이 송이 수매 일을 하는 관계로 진짜 좋은 송이로 정성을 다해 끓인 송이버섯국을 맛있게 먹었다. 시골의 작은 식당이었지만, 안주인의 솜씨가 대단한지 반찬 하나하나에도 신경을 많이 쓴 것 같았다. 접시 바닥에 단풍잎을 깔고 반찬을 조금씩 나누어 올린 것이 모두를 감동시키고 남았다.

오랜 만에 정말 정갈한 음식으로 맛있게 점심을 했다. 식사를 마친 나는

대장경을 만드는 기술자]

대장경의 글을 쓰는 스님

팔만대장경 경판

미끄러운 눈길을 힘차게 박차면서 난생 처음
해인사로 향했다. 길이 무척 미끄러웠지만, 가
을 단풍이 멋지기로 유명한 눈 내리는 겨울 홍
류동천을 바라보면서 뒤뚱거리며 올랐다. 어
렵게 중심을 잡아가며 쓰러지지 않기 위해 애
쓰며 겨우 오르는데, 앞에 스님 한분이 양손에
지팡이를 짚고 놀라울 정도로 잘 걸어 올리가
는 모습을 발견했다.

눈과 산, 계곡, 산사와 절묘하게 어울리는

눈길을 아슬아슬 걸어가는 스님

197

스님의 뒷모습을 살짝 카메라에 담고는 급히 지나치는데, 아니 비구승에 지팡이 두 개에 신발엔 아이젠까지 차고 있는 모습이 대박이었다. 너무 익숙하게 잘 걷는 모습이 어쩐지! 아이젠의 힘? 살짝 웃음이 나왔다. 이어 바로 경내로 진입한다. 서기 802년(신라 애장왕 3년) 의상대사의 법손인 순응(順應)과 이정(利貞) 스님이 지은 화엄도량인 '해인사(海印寺)'는 2009년 사적 제504호로 지정된 법보(法寶) 사찰이다.

초당에서 출발한 이곳은 두 스님이 애장왕비의 등창을 낫게 해 주자, 이에 감동한 왕이 창건을 도와 생겨난 도량이다. 이후 고려 태조가 주지 희랑이 후백제의 견훤을 뿌리치고 삼국 통일을 지원한 것에 대한 보답으로 고려의 국찰로 삼아 해동 제일의 대도량이 되었다.

가을 단풍에 둘러싸인 해인사 전경

그리고 1398년(조선 태조 7)에 강화도 선원사에 있던 고려팔만대장경판(高麗八萬大藏經板)을 지천사로 옮겼다가 이듬해 이곳으로 옮겨와 호국 불교의 요람이 되었다. 그 후 세조 임금의 도움으로 장경각(藏經閣)을, 성종 때는 가람을 대대적으로 증축했다. 근세에 이르러서는 불교 항일 운동의 근거지가 되기도 했다.

아쉽게도 여러 번의 대화재를 만나 그때마다 중창되었는데, 현재의 건물들은 대부분 조선 말에 중건한 것들로 50여 동에 이른다. 창건 당시의 유물로는 대적광전(大寂光殿) 앞뜰의 3층 석탑과 석등 정도다. 해인사는 부처님의 힘으로 몽골군의 침략으로부터 벗어나기를 기원하며 만든 국보 제32호 대장경판과 제52호 대장경판고 및 석조 여래입상(보물 264)이 무척 유명한 곳이다.

불가사의한 것은 몇 차례의 화재를 당하면서도 팔만대장경판과 장경각만은 화를 입지 않고 옛 모습을 그대로 간직하고 있는 일이다. 여러 번의 화재에도 불구하고 부처님 머리 부분에 해당하는 경판고를 끝까지 지켜내려는 스님들의 의지가 강했기 때문으로 풀이된다.

법보 사찰인 해인사는 불보(佛寶) 사찰인 통도사, 승보(僧寶) 사찰인 송광사와 더불어 삼보(三寶) 사찰 가운데 하나이며, 말사는 150여 개에 달하고, 부속 암자는 백련암, 홍제암, 약수암, 원당암 등 16개에 이른다. 각각의 암자는 독립적으로 운영되고 있으며, 특히 조계종 종정을 지냈으며 백련암에서 구도했던 성철 스님이 대장경만큼이나 유명하다. 물론 해인사에 가장 유명한 것은 당연히 대장경판이다.

8만여 판에 8만 4000 번뇌에 해당하는 법문이 실려 있는 세계에서 가장 오래되고 완벽한 불교대장경이다. 대장경은 지난 2007년 '고려대장경판 및 제경판'으로 유네스코 지정 세계 기록 문화유산이 되었다.

나는 눈 오는 대적광전 앞
에 서서 경내를 한참 동안 바
라보았다. 너무 보기에 좋았
다. 사진을 찍으면서도 경관
을 구경하는 기쁨이 너무 커서
친구들에게 몇 장의 사진을 송
신했다. 다들 너무 부럽다는

해인사 불상

소리뿐이다. 친구인 환경연합 염형철 사무총장은 '전생에 나라를 구했구나.'
라며 감탄을 했다.

자판기에서 뜨거운 커피 한잔을 뽑아 마시면서 경내를 천천히 둘러본 다
음, 언덕 위에 있는 경판고에 올랐다. 두 동의 건물이 통풍, 온도와 습도 조절
을 위해 다양한 크기의 창과 문을 가지고 있는 모습이 특이했다. 내부를 둘러
보지 못하는 점과 사진 촬영이 불허된 것이 마음을 아프게 했지만, 외부를 살
펴보는 것만으로도 기쁨 대만족이었다. 경내의 다양한 문창살, 불상, 닫집,
돌조각, 돌탑, 석등, 풍경, 나무, 돌계단 등을 일일이 살펴보고는 아쉬운 마음
을 달래며 산문을 나섰다. 눈이 무척 많이 오는 기분 좋은 날이다.

합천과 산청에서 성철 스님을 만나 나를 둘러보다

해인사를 둘러보고 내려오는 길 좌측에는 사리탑이 많았다. 입구에 있는
사리탑을 살펴보다가 '성철(性徹) 스님'의 사리탑이 있다는 표지석을 발견하
고는 안으로 들어갔다. 성철 스님, 오로지 구도에만 몰입했던 승려로 파계사
에서 오래 앉아있을 망정 눕지 않고 앉아 있더라도 등을 벽에 기대거나 몸을
어디에 의지하지 않는 장좌불와(長坐不臥) 8년 수행으로 유명하신 분이다. 해
인사에서 하동산(河東山) 대종사(大宗師) 밑에서 득도했다.

전두환 정권 때 조계종 종정으로 추대된 이후에도 계속 백련암에서 구도했다. 지눌의 '문득 깨달음에 이르는 경지에 이르기까지에는 반드시 점진적 수행 단계가 따른다.'는 돈오점수(頓悟漸修)를 비판했다. '단박에 깨치고 단박에 닦는다.'라는 뜻으로, '단박에 깨치면 더 이상 수행할 것이 없는 경지에 도달한 것이다. 그러니 깨치고 난 뒤에도 더 수행할 것이 남아 있다면 진정으로 깨치지 못한 것이다.'라는 돈오돈수(頓悟頓修)를 주장하여 불교계에 뜨거운 논쟁을 불러일으켰던 인물이기도 하다.

평소 존경하던 성철 스님을 이렇게 사리탑 참배를 통하여 만날 수 있어 무척 좋았다. 스님께서 잠시 도시 생활에 지친 나를 돌아볼 수 있는 시간을 주신 것 같다. 이제 다시 길을 나서 용주면 가호리에 있는 '합천 영상 테마파크'로 갔다. 최근 인기를 얻고 있는 사극을 촬영하는 영화 및 드라마 세트장이다. 지난 2003년 장동건이 주연한 영화 '태극기 휘날리며'의 평양 시가지 전투 세트장을 제작하여 영화 흥행 후 많은 관광객들이 찾아오자 합천군이 2004년 적극적으로 영상 테마파크로 확대 조성한 곳이다.

내부에는 증기 기관차, 탱크, 장갑차 등이 서 있는 폐허가 된 평양 시가지를 비롯하여 전차가 오가는 거리, 조선 총독부, 헌병대 건물, 경성역, 반도 호텔, 세브란스 병원, 파고다 극장, 책방, 목욕탕, 세탁소, 이발소, 양장점, 살롱, 찻집 등 1930~1940년대 일제 강점기 경성 시가지 모습이 재현되어 있다. 이외에도 1960~1980년대 서울 소공동 거리도 만들어져 있다. 영화 '모던보이', '전우치', '적과의 동침'을 비롯하여 드라마 '서울 1945', '경성스캔들', '에덴의 동쪽', '주몽', '자이언트', '제중원' 등이 촬영되었다.

나는 뒤편에 있는 일본식 가옥을 유심히 보았고, 소공동 풍경 가운데 빵집과 약국, 극장, 칠성콜라 광고 등을 재미있게 살펴보았다. 축구선수 출신인 차범근 감독 가족이 두 자녀 낳기 운동에 동참하여 대한 가족 계획 협회 홍보용 포스터를 촬영한 것을 발견하고는 정말 박장대소했다. 딸 하나를 가운데 두고 "하나만 더 낳고 그만 두겠어요."라고 쓰여진 포스터는 예전 국책 사업의 실태와 자녀가 셋인 차 감독의 현재 모습이 떠올라서

대한 가족 계획 협회 홍보용 포스터

웃음이 나왔다. 거짓 약속을 한 것이기 때문이다.

겨울이라 해는 빨리 졌다. 나는 입구 근처에 있는 우동 집에 들러 일본인 주방장이 해 주는 사누키 우동을 간식으로 허겁지겁 먹고 있는 배고픈 친구들의 모습을 잠시 지켜보다가 밖으로 나왔다. 이제 저녁을 먹으러 갈 시간이다. 석식은 합천읍 이화예식장 앞에 위치한 '부자돼지 식당'에서 통삼겹살구이를 먹었다. 젊은 주인이 얼마나 서비스가 좋은지 웃어가면서 연신 고기를 뒤집고 올리고 자르고는 마늘과 상추 등을 듬뿍듬뿍 주어 배불리 먹었다.

반주로 소주와 막걸리를 한잔씩 하고는 인근에 있는 숙소로 향했다. 피곤했지만 기분 좋은 하루였다. 아침 6시쯤 일어났다. 간밤에 먹은 삼겹살과 마늘로 인해 아직도 입안에 고기 냄새와 마늘향이 감돈다.

아침은 무엇으로 할까 고민하다가 대병면 회양리 합천호 곁에 위치하고 있는 '황태촌'으로 가서 황태와 버섯, 대구 등을 왕창 넣은 해장국으로 식사를 했다. 속이 확 풀리도록 시원하다. 여러 가지 해산물과 나물, 채소를 넣은 국이라 맛도 유별나게 좋았다.

식사를 마친 우리들은 식당 앞에 있는 '합천호(陜川湖)'를 잠시 살펴보았다. 물안개라도 피어나길 바랬지만 날씨가 좋아 멀리까지 보이는 것이 상쾌하고 좋았다. 합천호는 지난 1988년 낙동강 지류인 황강(黃江)을 막아 댐을

인공 호수인 합천호 전경

만들면서 생겨난 인공 호수이다.

연간 232.4백만kw의 전력을 생산하는 합천댐에는 붕어와 잉어, 메기 등이 서식하고 있어 천혜의 낚시터로 꼽히고 있다. 호수와 산허리를 끼고 달리는 40km에 이르는 호반 도로는 자동차 여행의 명소로 각광받고 있다.

우리들은 차를 타고 호수 일부를 돌면서 살핀 다음, 이웃 산청군으로 이동했다. 산청은 작년 봄 '한방 약초 축제'가 열린다고 하여 잠시 방문한 적이 있는 곳이라 즐겁게 다시 찾았다. 우리가 가장 먼저 간 곳은 고려 말 문익점 선생이 중국에서 대량 생산이 가능한 개량된 목화씨 10알 정도를 가져와 심은 터인 사적 제108호 '목면시배 유지(木棉始培 遺址) 전시관'이다.

선생은 장인 정천익과 함께 이곳에서 목화 시험 재배를 하였는데, 처음에는 재배 기술을 몰라 한 그루만을 겨우 살릴 수 있었다. 그러다가 3년간의 노

문익점 선생이 가져온 목화

력 끝에 드디어 성공하여 전국에 새로운 목화 재배 기술을 퍼지게 했다.

이곳에서는 지금도 선생의 업적을 기리기 위하여 옛터에 밭을 일구어 해마다 목화를 재배하고 있다. 나는 이곳에서 재미난 책을 발견했다. 〈더씨드〉라는 책 제목에 부제로 '문익점의 목화씨는 어떻게 토요타 자동차가 되었는가?'라는 책이다. 유리 벽장 안에 전시된 책이라 내용을 볼 수는 없었지만, 해설사의 설명으로는 "현재 토요타 자동차는 세계 최고의 기업이지만, 1933년 토요타 방직기 제작소(豊田自動織機製作所) 내에 자동차 생산 라인이 생기기 전까지는 조선 목화를 수입하여 면제품을 만드는 방직 회사였다."는 것이다.

"목화 재배 기술이 뒤졌던 일본은 문익점이 토착화한 조선 목화를 가공하여 국부를 늘렸다. 현재 초일류 기업이 된 토요타 자동차 역시도 크게 보면 문익점이 고려 땅에 심은 목화를 기반으로 성장한 방직 공장이 시초다. 따라서 문익점의 목화씨가 단초가 되어 토요타 자동차가 되었다는 결론이 난다."는 것이다. 비록 논리적 비약이 있기는 했지만 일부 수긍은 갔다.

우리들은 전시장 안을 둘러본 다음, 밖으로 나와 목화밭과 부민각, 비각 등을 살펴보았다. 문익점 선생의 애민정신을 크게 배웠다. 이런 추운 날씨에 선생이 없었다면 수많은 조선 백성들은 아직도 차가운 겨울을 떨면서 보내고 있을지도 모르겠다는 생각이 들었다.

문익점 선생에 대해 짧은 감사의 묵념을 하고는 단성면 묵곡리 성철 스님 생가 터에 세워진 사찰인 '겁외사(劫外寺)'와 스님의 본가를 살펴보기 위해 이동했다. 겁외사는 지난 2001년 창건된 절이다. 전국에 있는 15곳의 성철 스님 문도사찰(門徒寺刹) 중 한 곳이다.

20여 년간 성철 스님을 시봉했던 원택 스님이 창건하였으며, 정기 법회는 달마다 음력 3일 오전에 열린다. 겁외사는 '시간 밖의 절', 즉 '시간과 공간을 초월한 절'이라는 의미로, 이름은 성철 스님에 의해 지어졌다. 스님은 만년의 몇 해 동안 겨울철이면 백련암을 떠나 부산의 거처에 주석하였고, 그곳을 겁외사라고 부르게 하였는데 그로부터 사명(寺名)을 딴 것이다.

산청 성철 스님 문도사찰인 겁외사 입구는 일주문 대신 기둥 18개가 받치고 있는 특이한 모양의 누각이 있다. 누각 정면에는 '지리산 겁외사'라 쓰인 현판이, 뒷면에는 '벽해루(碧海樓)'라 쓰인 현판이 걸려 있다. 벽해루라는 이름은 성철 스님이 평소 자주 말하시던 '아침의 붉은 해가 푸른 바다를 뚫고 솟아오른다.'라는 의미의 '홍하천벽해(紅霞穿碧海)'라는 문구를 차용한 것이라고 한다.

성철 스님 동상

누각 아래를 통과하면 큰 마당이 펼쳐지고, 마당 한 가운데 있는 스님의 입상을 비롯하여 거대한 염주, 목탁 조형물이 세워져 있다. 정면 3칸, 측면 3칸 규모의 대웅전은 동상 왼편에 자리 잡고 있는데 내부에 비로자나부처를 모시고 있다.

또한 수묵화의 대가 중 한 분인 김호석 화백이 배채법으로 그려 낸 스님의 진영이 걸려 있다. 외벽 벽화에는 스님의 출가, 수행, 설법, 다비식 등을 묘사하고 있어 특별한 볼거리다. 스님의 동상 뒤편으로 2000년 복원한 생가가 있다. 이곳은 스님이 대원사로 출가하기 전 스물다섯 해를 살았던 곳으로, 아쉽게도 모든 건물은 새로 지어진 것이다. 대문인 혜근문(惠根門)

을 통과하면 정면에 선친의 호를 따서 율은고거(栗隱古居)라고 이름 붙인 안채가 보인다.

오른쪽은 사랑채인 율은재(栗隱齊), 왼쪽에 기념관인 포영당(泡影堂)이 있다. 안채에는 해인사 백련암에서 거처하실 때의 방 모습이 재현되어 있으며, 사랑채와 기념관에는 누더기 가사, 장삼, 고무신, 지팡이, 친필 자료, 안경, 필기구 등 유품이 전시되어 있어 볼만하다. 나와 일행은 잠시 묵상을 하고는 밖으로 나왔다. 우측 위에 고속 도로가 지나고 있어 약간 신경이 쓰이기는 했지만, 평지에 지어진 절로는 상당히 볼품이 있어 좋았다.

경(敬)과 의(義)의 철학자 남명 조식을 만나다

이어 우리가 이동한 곳은 시천면 사리에 위치한 대철학자인 '남명 조식(南冥 曹植)' 선생이 말년에 제자들을 가르치던 '산천재(山天齋)'와 이웃한 '남명 기념관'이다.

먼저 본 산천재는 선생이 61세 되던 해에 이곳으로 들어와 강학(講學)에 힘쓰던 곳이다. 산천재라는 이름은 주역에 나오는 대축괘(大畜卦)에서 따온 말이다. '하늘이 산 속에 있는 형상으로 군자는 그 형상을 본받아 강건하고 독실하게 하여 스스로를 빛냄으로써 날로 그 덕을 새롭게 한다.'는 뜻이다.

선생은 평생 철저한 절제로 일관하여 불의와 타협하지 않았으며, 사회 현실과 정치적 모순에 대해서는 적극적인 비판을 견지했던 인물이다. 그의 사상은 노장적(老莊的)인 요소도 다분히 엿보이지만 기본적으로는 수기치인(修己治人)의 성리학적 토대 위에서 실천을 강조했다.

여기에 실천적 의미를 더욱 부여하기 위해 경(敬)과 아울러 의(義)를 강조했다. 선생이 말한 경은 내적 수양을 통하여 마음을 밝고 올바르게 하여 근본을 세우는 것이고, 의는 경을 근본으로 하여 제반사를 대처함에 있어 결단성

있게 실천하는 것을 강조한 말이다.

선생은 벼슬자리를 거부하고 언제나 처사로 지냈지만 결코 현실을 외면한 것은 아니었다. 그가 남겨 놓은 기록 곳곳에서 당시 탐관오리의 등살에 시달리던 백성에 대한 안타까움을 나타내고 있다. 또한 현실 정치의 폐단에 대해서도 비판과 함께 대응책을 제시하는 등 민생의 곤궁과 폐정 개혁에 대해서도 적극적인 참여 의지를 보여 주었다.

선생의 사상은 제자들에게도 그대로 이어져 경상우도의 특징적인 학풍을 이루었다. 이들은 지리산을 중심으로 진주, 합천 등지에 모여 살면서 유학을 진흥시켰다. 임진왜란 때에는 곽재우, 정인홍, 김면 등이 의병 활동에 적극 참여하는 등 국난 앞에 투철한 선비 정신을 보여 주었다. 학당이었던 산천재는 상당히 터가 좋아 서북쪽으로는 지리산의 영봉인 천왕봉이 우뚝 솟아 있다. 아울러 천왕봉에서 발원한 물줄기가 중산, 삼장으로 흐르다가 양당에서 합수가 되어 덕천을 이루면서 아담한 들판을 여는 산천재 앞을 지난다.

여기에 매화나무와 백일홍이 여러 그루 서 있다. 좋은 스승을 모시고 터가 좋은 곳에서 공부하면 뛰어난 인재가 많이 난다는 진리를 다시금 확인하는 계기가 되었다. 이어 길 건너에 자리 잡고 있는 '남명 기념관(南冥記念館)'으로 갔다. 지난 2004년 선생의 탄생 500주년을 기념하여 완공한 기념관이다. 내부는 3개의 전시관이 있으며, 영상실, 교육관, 세미나실, 유물 수장고가 있다.

남명 기념관 전경

1전시실에는 선생의

서적인 '경의검(敬義劍)', '성성자(惺惺子)' 등 수행과 실천에 관련된 유물들이 진열되어 있다. 2전시실은 선생의 제자들과 관련된 유물과 미니어처, 의병 활동과 관련한 조형물을 볼 수 있다. 3전시실은 선생의 정신을 기리고 이어 받기 위한 공간으로 사숙(私淑) 및 문인의 유물을 전시하고 있다.

또한 외부 공간에는 우암 송시열 선생이 쓴 신도비, 선생의 석상, 선생과 부인의 불천지위 제사를 지내는 가묘인 여재실 등이 있다. 나는 이곳에서 퇴계 선생과 함께 영남 사림의 중심인 남명 선생의 깊은 철학적 성찰과 행동하는 지식인의 모습을 다시 발견했고, 경(敬)과 의(義)의 정신을 다시 고민하게 되었다.

초라한 가야의 마지막 왕, 구형왕릉에 가다

산청의 감칠맛 나는 쇠고기 구이로 점심을 마친 우리들은 다시 차를 타고 삼장면 대포리에 있는 '내원사(內院寺)'라고 하는 작은 절로 갔다. 해인사의 말사인 내원사는 신라 말 무염 국사가 창건한 사찰이다. 창건 당시에는 덕산사(德山寺)라고 했다.

이후에 오랫동안 폐사지로 있다가 전후인 1959년 홍원경 주지가 중건한 뒤 오늘에 이른다. 경내에는 비로전과 산신각, 심검당, 요사채 등이 있다. 아주 작은 절이다. 그러나 유물로는 보물로 지정된 석조여래좌상과 삼층 석탑이 있다.

비로전 내에 있는 '석남암사지 석조 비로자나불 좌상'은 본래 이곳에서 30리 정도 떨어진 지리산 중턱에 있던 석남암 폐사지에서 발굴된 것이다. 석불 대좌 중대석에서 발견된 사리함에 적힌 명문(銘文)에 따르면, 776년(신라 혜공왕 2)에 제작되었음을 알 수 있다. 한 화랑이 요절하자 그의 부모가 불상을 제작하여 모신 것이라고 한다.

비로자나불상으로서는 우리나라에서 발굴된 최초의 유물로 추정되며, 1990년 보물 제1021호로 지정되었다. 풍부한 입체감과 우아한 자비의 얼굴 모습을 간직한 세련된 조각 솜씨를 지니고 있으며, 두 손을 가슴에 모으고 있는 8세기 불교 미술의 이상적 사실주의 양식을 보여 주는 걸작이다.

아울러 당시 발견된 사리함은 1986년 '영태이년명납석제호(永泰二年銘蠟石製壺)'라는 명칭으로 국보 제233호로 지정되어 현재 부산광역시립박물관에 소장되어 있다. 한편 대웅전 앞에 있는 보물 제1113호 내원사 삼층 석탑은 2단 기단 위에 3층의 탑신을 쌓아 올린 모습이다.

기단과 탑신의 몸돌에서 기둥 모양을 본떠 새긴 것이 뚜렷하게 보이지만 불탄 흔적이 있다. 지난 1950년대에 도굴꾼들에 의해 옥개석이 부서지고 상륜부가 사라진 것을 1961년에 홍진식이 복원한 작품이다. 그러나 완벽한 모습이 아니라 아쉬운 작품이다. 조각 기법으로 보아 통일신라 후기나 고려 초기 유물로 추정된다.

사실 우리가 내원사를 찾은 이유는 절을 보기보다는 내원사의 계곡을 보기 위함이었다. 내원사는 안에 들어서면 맑은 물소리로 선경에 들어간 듯한 기분을 느낄 수 있다. 여기에 장당골과 내원골의 합류 지점에 있는 인근의 대포숲까지 포함하면 여름 피서지로 그만인 곳이다. 겨울임에도 눈이 와서 그런지 풍경이 최고다. 아울러 절 입구 반야교를 지나면 마치 속세에서 천상으로 들어가는 듯한 느낌이 들어 기분이 황홀해진다. 절을 살펴본 우리들은 이어 다시 산청읍내로 차를 돌려 곶감을 만드는 '토골 농원'을 방문했다.

산청의 명물 중 하나인 곶감을 말리는 풍광이 장관이다. 이어 다시 읍내

산청의 명물인 곶감

의 '덕산 시장'으로 가서 '감말랭이'를 조금 샀다. 시장 구경까지 마친 우리들은 '동의보감촌'과 '산청 한방 테마 공원'을 차로 한 바퀴 돌고 나서 금서면 화계리에 있는 '산청 전 구형왕릉(山淸 傳 仇衡王陵)'으로 갔다.

구형왕릉은 가야 10대 임금인 구형왕의 돌무덤이다. 구형왕은 구해(仇亥) 또는 양왕(讓王)이라 하는데 김유신의 조부다. 521년 가야의 왕이 되어 532년 신라 법흥왕에게 영토를 넘겨 줄 때까지 11년간 재임했다. 구형왕릉은 우리나라에서는 유일하게 돌을 계단식으로 쌓아 올린 한국식 피라미드 형태의 왕릉으로 이끼나 풀이 자라지 않고 낙엽도 떨어지지 않는 신비함이 있다. 전면 7단을 이루는 방형(方形)으로 서쪽에서 동쪽으로 흘러내리는 경사면에 축조했다.

후면으로 올라갈수록 경사가 져서 층의 높이에 따라 체감되고 있다. 꼭대기는 타원형으로 되었고, 전면 중앙에서의 전체 높이는 7.15m이며, 제4단 동면에 너비 40cm 내외, 높이 40cm 내외, 깊이 68cm 내외의 감실이 개설되어 있다. 경사진 산비탈을 그대로 이용하여 삼태기 모양의 너른 묘역과 거대한 돌무더기를 형성하고 있는 것이 특징이다. 이 돌무덤을 중심으로 같은 잡석으로 높이 1m 내외의 담을 쌓고 전면 중앙에 '가락국호왕릉(駕洛國護王陵)'이라고 새긴 석비가 있다.

그 앞에 상돌과 장명등이 있으며, 좌우에는 문인석, 무인석, 돌짐승이 1쌍

특이한 돌무덤 형태인 '구형왕릉' 전경

씩 배치되어 있으나 이 석물들은 근래의 작품으로 돌무덤과는 시대적 차가 있는 것으로 알려져 있다. 이 무덤을 둘러싸고 종래에는 석탑이라는 설과 왕릉이라는 2가지 설이 있었다. 이것을 탑으로 보는 이유는 이와 비슷한 것이 안동과 의성 지방에 분포하고 있는데 근거를 두고 있다.

왕릉이라는 근거는 〈동국여지승람〉의 「산음현 산천조」에 "현의 40리 산중에 돌로 쌓은 구룡이 있는데 4면에 모두 층급이 있고 세속에는 왕릉이라 전한다."라는 기록이 있어서다. 이 무덤에 왕명을 붙인 기록은 조선 시대 문인인 홍의영의 〈왕산심릉기〉에 처음 보이는데 무덤의 서쪽에 왕산사라는 절이 있어 절에 전해오는 〈왕산사기〉에 구형왕릉이라 기록되었다고 전한다. 여기에 조선 조 정조 임금 17년(1793)에는 왕산사에서 대대로 전해오던 나무상자 안에서 구형왕과 왕비의 초상화, 옷, 활 등이 발견되어 이것들을 보존하기 위해 '덕양전'이라는 전각을 짓고, 오늘날까지 봄과 가을에 제사를 지내고 있다.

'가락국호왕릉'이 새겨진 석비

구형왕릉 앞에는 비록 작은 산이지만 왕(王)이라는 말을 쓰고 있는 왕산이 있고, 서쪽에도 왕을 모신다는 의미의 왕산사가 있다. 왕릉이라고 하기에는 사실 너무 초라한 무덤이라 볼품은 없지만, 멸망한 왕조의 마지막 모습과 허무함, 초라함을 느낄 수 있어 감회가 남달랐다. 여기에 구형왕이 삼국 통일의 주역인 김유신 장군의 조부가 되시는 어른이라 언젠가 한 번 쯤은 방문하고 싶어 둘러보게 되었다.

1박 2일의 짧은 일정이었지만 꿈에 그리던 눈 오는 날 해인사 방문, 성철 스님과 남명 조식 선생을 다시 만난 기쁨, 초라한 가야의 왕릉을 보면서 많은 생각이 들게 했던 합천과 산청 여행이었다. 조만간 다시 날을 잡아 또 방문하고 싶은 충동이 인다.

황금 칼의 나라 다라국

2012년 12월 말, 다시 친구들과 합천에 다녀왔다. 내가 좋아하는 해인사와 합천 박물관 등을 둘러보기 위해서였다. 서울에서 아침을 먹고 바로 출발했지만, 눈이 와서 길이 미끄러워 점심시간이 다 되어 합천에 도착했다. 금강산도 식후경이라고 우선 식사를 하기 위해 합천호 인근 대병면 회양리에 위치한 '황태촌'으로 갔다. 시원한 아귀황태전골과 매운 황태찜을 먹으며 막걸리를 반주로 점심을 했다. 이곳의 아귀황태전골은 온갖 채소에 아귀와 황태 및 조개, 새우 등을 넣어 얼큰한 해물탕 같아 모두가 잘 먹었다.

식사를 마친 우리들은 합천 출신으로 대통령을 지낸 전두환이 고향에 해준 공적(?) 가운데 하나인 합천호를 전체적으로 이해하고 공부해 볼 수 있는 '합천댐 물문화관'으로 갔다. 합천댐은 상습 침수지였던 합천에 오랫동안 계획으로만 있던 것을 전두환 정권 시절에 결단(?)을 내려 공사를 시작하여 지난 1988년에 완공된 것이다. 물이 맑고 깨끗해 붕어, 메기, 잉어를 비롯해 일급수에만 사는 민물고기 등이 서식하고 있어 천혜의 낚시터로 꼽히며 편의 시설을 갖춘 종합 관광 단지가 있어 가족 단위 여행객들이 많이 찾는다.

또한 댐에서 거창으로 이어지는 40여 km의 호반도로는 '합천호 백 리 벚꽃길'이라 하여 봄에는 벚꽃을 구경하는 인파가 몰리고, 가을에는 단풍을 보기 위해 방문하는 이가 많은 최상의 드라이브 코스다. 아울러 최근 개설된 '합천호 둘레길'은 사계절 볼거리가 많은 합천호를 도보로 일주하는 코스로 산자락도 발 담그고 쉬어가는 멋진 호수 산책로다. 특히 이른 아침 산안개와 물안개가 몸을 섞는 운치 있는 풍경이 절묘하여 새벽부터 찾는 이가 많다.

합천호의 중심인 댐 바로 옆에 있는 합천호 물문화관은 물과 사람을 주제로 물에 잠긴 수몰 지구의 역사와 주변 경관을 설명하는 전시관이다. 전시관을 살펴본 다음 옥상 전망대에 오르면 호수의 아름다움을 가깝게 볼 수 있어 무척 좋다. 최근 물문화관은 단순히 댐을 홍보하고 알리는 전시장에서 벗어나 지역 예술인들을 위한 갤러리가 되기도 하고, 때로는 음악, 댄스 공연 등이 열리는 공연장으로 지역민들에게 다가서는 노력을 하고 있기도 하다.

나는 1층에 있는 4대강과 합천댐을 홍보하는 전시실은 대충 살펴보고, 2층의 자료실을 본 다음, 옥상이 있는 3층 전망대에 올라 사방을 둘러보았다. 우측에는 댐이 보이고, 앞으로는 크고 넓은 호수의 전경이, 좌측에는 관광 단지가 있어 잠시 쉬어가기에는 적당한 곳 같다.

이어 우리가 이동을 한 곳은 합천 지역 2천년의 역사를 담은 쌍책면 성산리에 있는 '합천 박물관(陜川博物館)'이다. 지난 2004년에 완공된 박물관은 애초 인근 옥전 고분군에서 출토된 고대 가야국의 일원이었던 '다라국(多羅國)'

합천 박물관 인근 옥전 고분군의 무덤들

의 유물을 전시하기 위해 설립된 것이다. 현재는 다라국 유물을 전시한 고고
관 1, 2층과 함께 2012년 3월에 완공되어 합천의 2천년 역사를 담은 역사관
건물이 나란히 사용되고 있다.

다라국은 가야 연맹체의 소국 중의 하나로 기록에 등장한 것은 '양직공도
(梁職貢圖)'와 〈일본서기〉에서다. 다라국 도성이 있던 것으로 추정되는 쌍책
면 다라리(多羅里)와 성산리 일대 야산에는 1,000여 기의 옥전 고분군이 있다.
서기 400년 전후에 세워진 것으로 추정되는 다라국은 부장 유물로 보아 조형
미가 뛰어나고, 다른 가야 지역에서는 볼 수 없는 화려한 유물들이 많이 출토
되어 상당한 군사, 문화, 경제 수준을 갖춘 국가였던 것으로 짐작된다.

정치 체제는 하한기(下旱岐)와 이수위(二首位)라는 관직이 있었으며, 경제
는 마을 이름인 옥전(玉田)에서 보듯 옥이 많이 산출된 듯하다. 옥을 다듬는
숫돌이 발견되는 등 직접 옥구슬을 제작하였음도 알 수 있다. 옥전 고분군은
합천과 거창 지역을 유역권으로 하는 황강이 낙동강 본류와 합쳐지기 전 하
류의 관문 지역에 위치해 있다. 이곳에서는 신라식과 김해식의 목곽묘가 다
수 확인되었다.

특히 M2호분에서는 2,000여 개가 넘는 구슬이 발견되었고, 23호분에서
출토된 관모는 맨 윗부분에 금동봉이 있어 국내에는 예가 없는 희귀한 자료
로 평가된다. 특히 M3호에서는 최고 지배자의 상징인 용봉무늬와 봉황무늬,
용무늬가 새겨진 둥근 고리 큰칼이 4자루나 출토되었는데, 한 무덤에서 이렇
게 많이 발견된 것은 처음 있는 일이다.

투구는 총 13점이 출토되었는데 이중 A호분에서 나온 것은 전체를 금동
제로 만들어 화려하게 한 것으로 평안북도 총오리 산성의 고구려 투구와 연
관시켜 볼 수 있는 중요한 자료이다. 갑옷은 최고 지배자의 권위를 상징하는
것으로 5벌이 발견되었다. 이 가운데 68호분에서 발견된 철판 갑옷은 복천

동 고분군 외에는 아직 발견되지 않은 희귀한 갑옷으로, 같은 시기인 5세기 전반 일본의 갑옷과 함께 고대 갑옷 연구에 중요한 자료가 된다.

말 투구는 동아시아에서는 복천동 고분 1점과 일본에서 발견된 2점만이 확인되었으나, 옥전 고분군에서 5점이 출토되었다. 그 밖에 각 지역의 최고 수장급 고분에서만 출토되는 기꽂이가 M3호분에서 2점이 출토되어 고구려 문화의 전파와 영향이 있었음을 알 수 있다. M3호분에서는 관 아래에 130여 개의 도끼를 깔았으며, 28호분에서는 칼을 관 아래에 깔아 무덤 주인의 부와 권위를 나타내는 독특한 현상을 보여 주고 있다. 이외에도 다수의 옥 제품 및 금관, 금 귀걸이, 팔찌 등의 유물과 함께 토기와 금동제 관모, 각종 의기류, 고구려풍 투구 등이 출토되었다.

이곳의 철제 유물은 단순히 철제품이 발견된 이상의 의미가 있다. 망치와 집게 등 철을 다루는 유물도 다수가 함께 나와 철기를 이곳에서 직접 생산 가공했음을 증명하고 있다. 이 밖에도 서기 541년과 544년 일본과 두 차례의 교류가 있었다는 〈일본서기〉의 기록과 로마에서 온 유리컵, 불교식의 연꽃 무늬 목관 장식, 금세공 기술 등을 통하여 다라국이 가야는 물론 고구려, 백제, 신라, 중국의 남조, 인도, 서남아시아 등과도 교류가 있었다는 것을 짐작할 수도 있다.

또한 관람객의 이해를 돕기 위하여 실물 크기로 복원한 무덤과 도성의 미니어처, 다양한 영상 자료 등이 갖추어져 있어 다라국의 역사가 숨겨진 고분 속을 눈으로 확인하는 것이 가능하다. 나는 거대한 용봉문양 고리자루 큰칼을 보고서 다라국을 '황금 칼의 나라'라고 부르고 싶어졌다.

합천 역사관에는 신석기, 청동기 시대를 거쳐 오늘날까지 이어 오는 합천의 역사를 알리는 자료를 전시하고 있어 다양한 볼거리가 있다. 또한 합천의 인물인 남명 조식 선생, 내암 정인홍을 비롯하여 향교와 서원, 지역의 대표적인 고건축, 사찰, 절터, 옛 지도, 우리 조상들의 얼이 담긴 민속 유물 등이 전시되어 있다. 나란히 있는 대강당에서는 사회 교육장으로서의 역할과 함께 학술회의, 문화 공연, 연수회 등이 열리며, 홍보 영상물도 볼 수 있다.

또한 박물관 위쪽에는 발굴되거나 발굴 중인 옥전 고분군이 자리 잡고 있으며, 바로 옆에는 청동기, 삼한, 가야 시대의 유물이 출토된 삼가 고분(三嘉古墳)의 재현된 모습과 대병면 대지리 무학 대사의 출생지로 알려진 휴허지에서 출토된 삼층 석탑이 복원되어 있다. 박물관 전체를 차근차근 둘러보면 반나절은 걸릴 것 같다. 옥전 고분을 형상화한 건물과 구조는 특이한 점이 많았다. 입구에 있는 등자와 말투구 등 많은 종류의 마구를 갖춘 말 동상을 보고는 깜짝 놀랐다. 가야의 소국이 이토록 대단한 전투 장비를 완비하고 있었다니 대단하다.

정문 앞에 조성된 분수대 가운데에 자리 잡고 있는 용봉문양 고리자루 큰 칼의 형상도 입을 다물지 못하도록 무시무시하게 보였는데, 말 동상까지 보고는 다라국이 보통 나라가 아니었을 것 같다는 생각이 들었다. 금

'용봉문양 고리자루 큰칼' 조형물과 '투구'

관, 금 귀걸이, 칼, 마구, 갑옷, 유리잔 등 박물관 안에 있는 550여 점의 유물들을 살펴보면서 며칠이라도 시간을 내어 다라국에 대해 공부하고 싶다는 충동이 들만큼 관심이 가고 깊이 있게 연구하고 싶어졌다.

합천에 향교가 4곳이나 된다고?

사실 합천에 가는 대부분의 사람들은 해인사와 팔만대장경을 보기 위해 방문한다. 그런데 이번에 방문한 합천 박물관에서 나는 합천에 관한 두 가지 새로운 사실을 알게 되었다. 먼저 하나는 합천에 가야 연맹의 소국이었던 황금 칼의 나라 '다라국'이 있었다는 사실이고, 다른 하나는 합천군에 전국에서 유일하게 4개의 향교가 있다는 것이었다.

조선의 교육 기관은 한양에 국립 대학격인 '성균관'이 있고, 지방 부목군현에는 '향교(鄕校)'가 있었다. 향교는 요즘으로 보자면 지방의 국공립 대학과 국공립 중고등학교 정도로 보면 된다. 향교에는 성균관보다는 작은 규모지만 문묘, 명륜당과 중국 및 조선의 선철, 선현을 제사하는 사당이 함께 있었다.

반면 '서원(書院)'은 조선 중기 이후 명현(明賢)을 모시고 인재를 키우기 위해 전국 곳곳에 세워진 교육 기관으로 규모에 따라서 요즘으로 보자면 사립 대학과 사립 중고등학교 정도로 볼 수 있다. 향교와 크게 다른 점 두 가지는 사립이라는 것과 조선의 선현, 향현에게만 제사지낸다는 점이다. 합천의 향교는 통상적으로 부목군현에 한 곳의 향교를 두는 관례에 따라 조선 초기에 3곳의 향교가 설치되었다. 다시 말해 조선 초기 합천군에는 3개의 군현이 있었다는 것이다. 그만큼 합천이 규모가 크고 인재가 많았다는 것을 방증한다.

조선 초기 합천읍 지역에 생긴 '합천 향교'를 시작으로 현재의 초계면 지역에 생긴 '초계 향교(草溪鄉校)', 현재의 삼가면 지역에 생긴 '삼가 향교(三嘉鄉校)'까지 3개의 향교가 있었다. 그런데 지난 1881년(고종 18) 합천 지역에 수해가 나자 군수 송기로가 군청을 지금의 야로면으로 이건하면서 합천 향교도 함께 옮기게 된다. 이렇게 3개의 향교가 존재하던 합천군에, 광복 이후 군청 소재지에 향교가 없음을 아쉬워하던 읍을 중심으로 하는 군내의 인근 4개 지역(합천, 율곡, 대양, 용주) 유림들이 뜻을 모아 합천읍에 1965년 '강양 향교(江陽鄉校)'를 새로 건립하게 된다.

이에 따라 강양 향교가 전국 232개 향교 가운데 가장 마지막에 세워진 향교가 되며, 합천군은 4번째 향교 설립으로 전국 시군구에 4개의 향교가 존재하는 유일무이한 지역이 된다. 향교가 4개나 된다는 말에 남명 조식 선생을 낳은 경상우도 최고의 선비 고을답게 합천이 대단해 보였다.

강양 향교는 비록 50년 전에 세워진 근대 향교라고 하지만 경내에 대성전, 내삼문, 명륜당 등 3동의 건물이 있고, 대성전은 정면 5칸, 측면 2칸의 팔작지붕으로 지어졌다. 현재 교육적인 기능은 거의 사라지고, 봄과 가을에 석전을 봉행하며 초하루와 보름에 분향하고 있다고 한다.

긴 시간 합천 박물관을 둘러본 우리들은 저녁을 먹기 위해 읍내 합천리에 있는 '부자돼지'라고 하는 삼겹살집에서 대패삼겹살로 식사를 했다. 식사를 마친 우리들은 인근의 숙소로 갔다.

다음 날 아침 일어나기 무섭게 창문을 열어 합천의 맑은 공기를 마셨다. 숙소 앞에 넓은 호수가 보여 식사를 하고는 한번 가 봐야겠다는 생각을 했다. 식사를 마친 우리들은 커피를 한잔 한 다음, 숙소 앞에 있는 호수가로 갔다. 멀리서 보기에 호수 같았던 곳은 가까이 가 보니 대양면 정양리에 있는 '정양늪 생태 공원'이었다. 약 1만 년 전에 형성된 것으로 알려진 면적 108.6ha의 정양늪은 황강 지류 아천천의 배후 습지로서 200여 종의 다양한 동·식물들이 공생하던 곳이다.

그중에는 가시연, 남개연, 물옥잠군락, 모래주사, 큰기러기, 큰고니, 금개구리, 갈대, 마름, 노랑어리연꽃, 검정말, 각시붕어, 참물개, 붉은배새매, 말똥가리 등 멸종 위기

'정양늪 생태 공원' 들머리의 나무길

의 생물도 다수 서식해 매우 건강한 생태계를 유지하고 있어서 보전 가치가 상당히 높았다. 그러나 합천댐이 만들어진 이후 수위가 낮아지고 오물이 쌓이면서 습지와 늪으로서의 모습을 잃어갔다. 재정비가 이뤄지기 직전에는 수량이 줄고 수질도 악화되어 습지의 기능이 상당 부분 상실되었었다.

이를 안타까워하던 관민이 힘을 모아 지난 2007년부터 대대적인 정비를 시작하여 2011년까지 총 사업비 65억 원을 들여 늪 준설, 확장, 수생 식물 식재 등으로 다양한 생물이 하나 둘 되살아났다. 이에 한동안 발길이 끊겼던 철새들도 찾아들면서 현재의 정양늪 생태 공원으로 재탄생한 것이다. 그러나 5년이라는 짧은 기간에 태곳적부터 형성된 생태계를 원래의 상태로 만들 수는 없었다.

하지만 훼손된 자연을 모두가 힘을 모아 정성 들여 복원했다는 점은 대단하다. 새로워진 정양늪에서 우리는 탐방객들이 늪의 생태를 편하게 볼 수 있도록 최대한의 정성을 다한 점과 나약한 인간이 경이롭고 위대한 자연을 대하는 태도를 느낄 수 있었다.

수면 위로 길게 만들어진 나무 데크와 운치 있는 약 3.2km의 황톳길을 따라 아늑한 습지를 걷다 보면 생태 관찰 학습도 되고 습지의 정화 작용에 마음

정양늪 생태 공원의 '물레방아'

속 티끌마저 씻겨 나가는 기분이 들어서 무척 좋다. 늪을 복원한 직후인 작년 초 국제적으로도 보호종인 천연기념물 제201호 큰고니 20여 마리가 날아와 군집을 이루고 있는 것이 발견되었다. 큰고니는 1980년대까지만 해도 정양 늪에서 무리를 지어 먹이 활동을 하던 대표적인 철새였으나 열악한 습지 환경으로 그간 이곳을 찾지 않아 조류 연구자들을 애타게 했었다.

우리가 방문한 당일에도 큰고니 수 십 마리가 무리를 지어 날고 있는 모습을 발견할 수 있어 좋았다. 큰고니가 돌아온 후 합천군은 수질 오염은 물론 생태계 파괴가 우려됨에 따라 공원 일대를 낚시 금지 구역으로 지정하기도 했다. 정양늪은 창녕군의 우포늪과 함께 경남의 또 다른 생태 관광지로 알려진 곳이다. 특히 길 주변으로 어리연, 남개연, 수련, 물옥잠 등 다양한 식물이 번식하며, 보기 드문 희귀 식물은 따로 칸막이를 설치해 구분이 쉽도록 하였다. 방학을 맞은 아이들과 함께 자연환경을 접하고 진귀한 수생 식물을 직접 볼 수 있는 학습장으로 적극 추천하고 싶다.

해인사에서 마음을 비우고 부처의 소리를 듣다

합천의 생태 학습장이며 공원인 정양늪을 둘러본 우리들은 다시 차를 타고는 용주면 가호리에 위치한 '합천 영상 테마파크'로 갔다. 일제 강점기 경성의 모습을 재현한 세트장을 시작으로 광복 이후 서울의 1970~80년까지를 재현한 드라마와 영화 촬영장이다. 테마파크를 둘러본 다음 우리들은 점심 식사를 위해 해인사 아래에 있는 송이버섯 전문집인 '삼일식당'으로 갔다.

지리산에서 나는 다양한 산나물과 생선 및 송이무국은 정말 깊은 맛이 좋았다. 식사를 마치고 합천 제일의 볼거리인 해인사로 향했다. 사실 이번 여행에서는 날씨가 춥지 않고 눈이 많이 쌓여 있지 않으면 해인사 입구의 '홍류동 계곡'을 따라 길이 6.3km에 도보로 2시간 30분 정도 걸리는 '해인사 소리길'을 한번 걸어볼 생각이었다.

홍류동 계곡에는 가야산 19경 중 16경이 있다. 계곡을 따라 울창한 송림과 기암괴석을 사이에 두고 봄에는 진달래, 여름에는 시원한 나무 그늘, 가을에는 붉은 단풍, 겨울에는 새하얀 눈으로 장관을 이루는 곳이다. 사실 나는 통일 신라 말기에 벼슬을 버리고 전국을 주유하다가 이곳에 은거하면서 수도 생활을 했던 최치원 선생의 정자인 '농산정'과 붓을 씻었다는 '체필암'을 우선 보고 싶었다. 또한 마구할범과 해인사 대적광전 주춧돌에 얽힌 전설이 있는 '멱도원', 천상의 일곱 선녀가 내려와 목욕을 즐겼다는 '칠성대'도 살피고 싶었다.

그러나 눈이 너무 많이 쌓인 계곡은 보는 것은 가능하지만 걷는 것은 도무지 허락하

홍류동 계곡

지 않아서 다시 도로 위로 올라와 몇 장의 사진을 찍고는 해인사 경내로 향했다. 먼저 일주문을 지나 우측에 있는 고사목을 발견했다. 신라 애장왕이 서기 802년 해인사를 창건할 당시에 심은 느티나무로 1200년을 살다가 1945년 일제의 압제에서 광복된 조선의 모습을 보고는 생을 마감한 고사목이다. 지금은 그 둥치만 남아 해인사의 장구한 역사를 말해 주고 있었다.

안성금 작가의 '부처의 소리' 조각상

둥치뿐이지만 늠름하고 당당한 모습에 잠시 감사의 인사를 하고는 왼쪽 넓은 터에 있는 모양이 별난 조각을 살펴보았다. 2011년에 설치된 안성금 작가의 '부처의 소리'라는 작품으로 부처상의 보이지 않는 반쪽은 우리에게 감추어진 불성을 내포하며 스스로를 되돌아 볼 수 있는 진솔한 내적 성찰의 무한대를 제시한다고 한다.

이어 사천왕문을 통과하여 바로 우측에 있는 국사단을 살펴보았다. 국사단은 국사대신을 모신 단으로, 국사대신은 해인사가 위치한 산국을 관장하는 사산신과 토지가람신을 가리키는 말이다. 가람을 수호하는 신을 모셨기 때문에 도량 입구에 국사단이 배치되어 있다고 한다. 다른 곳에서는 볼 수 없는 단이다.

그 다음 범종루를 지나 대적광전으로 들어가 부처님을 뵙고 길을 올라 대장경이 있는 경판각을 살펴보았다. 예전에는 잘 보이지 않았던 창문의 크기가 다른 건축 구조를 확인했고, 새롭게 부처님도 만났다. 내려오면서 대비로전에 들러 독신자들에게 짝을 찾아 준다는 국내에서 가장 오래된 목조부처님에게도 인사를 드리고 하산을 했다.

차를 한잔 마시며 잠시 쉬다가 '대장경 테마파크'로 이동하여 살아 있는 천년의 지혜를 보았다. 한동안 팔만대장경을 만드는 과정의 고단함과 노력이 오랫동안 눈에 선하더니, 이번에는 강화도에서 서울로 이송되었던 대장경을 다시 합천으로 옮겨 오는 과정을 재현한 사진을 보면서 깜짝 놀랐다.

대장경판 하나하나를 머리에 이고는 이곳까지 온 것으로 보이는 재현 사진을 보니 눈물이 날 지경이다. 지금도 당시를 재현하기 위해 경판을 머리에 이고는 탑돌이를 한다고 하니, 나중에 시간이 되면 탑돌이 구경을 한번 하고 싶다는 생각이 들었다.

대장경 테마파크까지 이틀 동안 참 좋은 구경을 많이 했다. 짧은 여정이었지만 이번 합천 여행에서는 평소에 알지 못했던 놀랍고도 새로운 사실을 몇 가지 알게 되어 너무 기뻤다. 우선 가야의 속국이었지만 군사력과 문화가 대단했던 다라국, 4개의 향교가 있는 선비의 고장 합천, 그리고 해인사와 함께 절을 빛내 주는 홍류동 계곡, 계곡을 따라 걷기 좋은 길로 조성된 해인사 소리길, 대장경판을 머리에 이고 온 스님과 필부들의 대단한 불심과 정성에 감복을 받은 멋진 여행이었다.

양구 박수근 미술관과
인제 수산리 자작나무 숲

눈과 자작나무의 고장 양구 & 인제

2012년 12월 중순 나와 친구들은 강원도 양구군의 박수근 미술관과 인제군 수산리의 자작나무 군락지를 당일치기로 다녀왔다. 예전 이곳까지는 무척 먼 길이었다. 그러나 요즘은 도로가 좋아져서 당일로 돌아볼 수 있는 기쁨을 주고 있다. 아침 일찍 버스를 타고 양구로 향했다.

잠시 휴게소를 다녀온 다음 토막잠을 자고 일어나니 10시 무렵에 양구읍에 있는 '박수근 미술관(朴壽根美術館)'에 당도한다. 이곳 미술관은 양구군 주도로, 가장 한국적이면서도 서민적인 화가로 한국의 밀레라는 평을 받았던 박수근 화백의 예술혼을 기리기 위해 2002년 생가 터에 세워진 것이다.

전시관에서는 화가의 미공개 스케치 50여 점과 수채화 1점, 판화 17점과 직접 쓰고 그린 동화책 〈호동 왕자와 낙랑 공주〉, 엽서 모음과 스크랩북, 생전에 사용하던 안경, 연적, 편지와 도서 등 200여 점을 볼 수 있다. 그러나 아쉽게도 그가 직접 그린 수채화 1점을 제외하고는 유화는 1점도 없다. 그의 작품값이 호당 1억 원을 웃돌아 구입하는 데 막대한 비용이 들어 가난한 지자체가 구매하기에는 부담이 크기 때문이라고 한다.

미술관의 전체적인 규모는 이곳을 찾는 관람객들이 휴양과 함께 산책 등을 즐길 수 있도록 4,500평 정도의 공원으로 조성되어 있다. 산언덕 위에는 화가의 묘소가 있어 참배도 가능하다. 난 버스에서 내려 우선 미술관 전체의 느낌이 남다름에 놀랐다. 크게 보면 공원이고, 구릉지를 중앙에 두고 양쪽에 큰 전시관 건물이 두 동으로 나뉘어져 있다. 특히 입구 쪽의 1관 건물은 돌로 외벽을 쌓아 모양도 특이하고 멋스럽다.

스튜디오 메타 대표인 건축가 이종호 선생 작품이라고 한다. 위에서 조망해 볼 수 없어 전체 모양을 짐작하기는 어려웠지만, 분명 누워 있는 거대한 동물의 형상 같다는 생각이 들었다. 어린 시절 밀레의 '만종'을 바라보며 화가의 꿈을 키웠다는 박수근은 보통학교밖에 다니지 못했다. 하지만 독학으로 미술을 공부했으며, 짧은 공무원 생활과 미술 교사를 거치며 평생 가난하게 살면서 시민들의 일상을 그림으로 그렸다.

어렵게 살았던 경험 때문인지 그는 서민의 삶을 소재로 인간의 선함과 진실함을 그리고자 일생을 바쳤다. 그는 단순한 형태와 선묘를 이용하여 대상의 본질을 부각시키고, 서양화 기법을 통해 우리의 민족적 정서를 거친 화강암과 같은 재질감으로 표현해 냄으로써 한국적 미의 전형을 이루어냈다. 힘들고 고단한 삶 속에서도 그는 삶의 힘겨움을 탓하지 않고 그렇게 살아가고 있는 서민들의 무던한 마음을 붓으로 그렸다. 절구질하는 여인, 광주리를 이고 가는 여인, 길가의 행상들, 아기를 업은 소녀, 할아버지와 손자, 그리고 김장철 마른 가지의 고목들.

그는 예술에 대하여 거의 언급한 일이 없고 또 그럴 처지도 아니었지만, 그의 부인 김복순 여사가 쓴 〈아내의 일기〉를 보면 '나는 가난한 사람들의 어진 마음을 그려야 한다는 극히 평범한 예술관을 지니고 있다.'고 말한 적이

호랑이   여행

노인과 소녀   아기 보는 소녀   나무와 여인

〈박수근 화백의 그림들〉

있다. 그의 미술 기법은 독특하게 단순화시킨 소박한 주제 전개와 굵고 명확
한 검은 선의 윤곽, 흰색, 회갈색, 황갈색 주조의 평면적 색채에 명암과 원근
감이 거의 배제된 특질적인 표현이 뛰어나다.

또한 가난과 서민 생활에 사랑의 눈길을 집중시키는 등 주제의 일관성 및
독특한 조형성으로 성숙뒤 예술적 경지를 반영했다. 여기에 화강암질의 기
법과 표현적 내면성도 절정에 달했다. 나는 그가 결혼 전 약혼자 김복순에게
보낸 편지를 보면서 많은 생각을 했다.

약혼 전 편지의 내용은 "실례인 줄 알면서도 이 편지를 보내오니 용서하시고 끝까지 읽어 주시면 고맙겠습니다. 나는 양구군 양구면 정림리 부농가 집 장남으로 태어났습니다. 어려서는 고운 옷에 갓신만 신고 자랐습니다. 그런데 내가 일곱 살 되던 해 아버지의 광산 사업이 실패하고 물에 전답이 떠내려가서 우리 집은 그만 가난하게 되었습니다.……"로 시작되며 이후 그림에 대한 철학과 보고 싶다는 말로 끝을 맺고 있다.

예술가의 인간적인 측면이 느껴지는 편지였다. 전시장을 둘러보면서 주로 판화 작품이 많은 것이 아쉽기도 했지만, 나름 좋은 그림이 많아서 행복하게 보았다. 전시장 구석에 있는 '호랑이'를 그린 판화가 무척 마음에 들어 한참을 살펴보았다. 제2전시관으로 이동했을 때 그를 좋아하는 많은 후배들이 중심이 되어 그의 '탄생 100주년 기념 선포식 및 기념 판화전작집 시판 기념식'을 겸하여 열리고 있는 '박수근과 한국 판화 졸(拙)과 박(朴)의 미로 부르는 칼 노래와 판 울림' 전시를 보면서 많은 생각이 들었다.

김봉준, 김억, 류연복, 이상국, 홍선웅, 강행복, 김상구, 서상환, 안정민, 이혜영 등 당대 최고 작가들의 자료 및 판화 40여 점은 그의 뜻을 잇기에 충분한 감흥을 주었다. 아울러 곁에 있는 창작 스튜디오에서는 젊은 작가들의 작품 활동을 지원하기 위해 숙식과 작업실을 제공하고 있다고 하니, '이곳이 박수근 미술의 새로운 학교가 될 수도 있구나!' 하는 생각도 들었다. 넓은 부지에 큰 건물과 보기 좋은 작품들, 주변의 소나무 숲, 화가의 동상, 묘소 등 다양한 볼거리가 창작을 불태우는 작가들에게도 힘이 될 것이며, 이곳을 찾는 관광객들에게도 큰 감동을 주는 곳이다.

명품 트레킹 코스 인제군 수산리 자작나무 숲

양구의 박수근 미술관을 둘러본 우리들은 비봉로에 위치한 돼지고기 김치찌개와 두부전골을 전문으로 하는 '전주 식당'으로 이동하여 두부전골로 점심을 했다. 전골이 생각보다 매워서 배탈이 나지 않을까 하는 걱정에 식사를 많이 하지는 않았지만, 지역에서 나는 산나물로 만든 정갈한 반찬을 곁들여 맛있게 식사를 마쳤다.

식사를 한 다음, 커피를 한잔하고는 인근 자작나무 숲이 유명한 인제군 남면 수산리로 갔다. 추운 곳에서 잘 자라는 자작나무는 한반도에서는 개마고원 일대에 많이 자생한다. 그곳에서는 자작나무로 집을 짓고, 기와 대신 나무껍질로 지붕을 인다. 또한 자작나무 장작으로 난방을 하고 밥도 해 먹는다.

어두운 밤 자작나무 기름을 이용하여 길을 밝히고, 야생 삼을 캐면 나무껍질에 싸서 소중하게 보관한다. 더운 여름날이면 밥이 상하지 않도록 나무껍질로 감싸 보관하기도 한다. 인생을 마감할 때도 자작나무로 관을 만들어 땅에 묻는다. 껍질로 시신을 감싸 미이라를 만드는 풍습도 있었다고 한다.

추위에 강한 자작나무의 특성으로 남한에서는 주로 강원도와 경북 북부 지역에 많이 자생한다. 특히 인제 수산리 응봉산 자작나무 숲, 인제 원대리 자작나무 길, 횡성 자작나무 미술관, 태백 삼수령 자작나무 숲이 유명하다. 아울러 박달나무, 서어나무, 은사시나무 등은 자작나무와 4촌쯤 되는 비슷한 수종들이다.

우리는 그 가운데서도 임도를 따라 3시간 정도 트레킹이 가능한 수산리의 자작나무 숲길을 걸었다. 자작나무는 깊은 산 양지바른 곳에서 잘 자란다. 크게 성장하면 높이는 20m에 달하고, 나무껍질은 흰색이며 옆으로 얇게 벗겨지고, 가지는 선홍색을 띤 갈색이다. 잎은 어긋나고 삼각형 달걀 모양이며 가장자리에 불규칙한 톱니가 있다. 뒷면에는 지점(脂點)과 더불어 맥액(脈腋)에 털이 약간 있다. 암수가 한그루로서 꽃은 4월에 피고 암꽃은 위를 향하며 수꽃은 이삭처럼 아래로 늘어진다.

자작나무가 심어진 골짜기 모습

봄에 자작나무 꽃이 피는 관계로 4월에 숲을 찾는 것도 무척 좋은 선택이다. 하지만 숲의 진정한 모습을 보기 위해서는 자작나무가 온몸을 드러낸 겨울이 가장 좋은 것 같다. 은사시나무보다도 흰색의 나무껍질이 아름다운 자작나무는 주로 정원수, 가로수, 조림수로 심어진다. 인제의 자작나무 숲은 대부분 인공 조림수로 펄프 회사가 1974년부터 1995년까지 조성한 것이다. 목재는 질이 좋고 썩지 않으며 병충해에 강해서 건축재, 조각재, 가구를 만드는 데 쓰인다.

한방에서는 나무껍질을 백화피(白樺皮)라고 하여 폐렴, 신염, 급성 편도선염, 옹종, 치주염, 이뇨, 진통 해열재로 쓴다. 수액은 화수액이라고 하여 괴혈병, 신장병, 통풍 등에 효과가 있다. 뿌리는 황달, 지방간, 간경화 등에 사용하여 간을 해독하고 눈을 밝게 한다.

천마총에서 출토된 그림의 재료가 자작나무 껍질이며, 팔만대장경도 일부는 이 나무로 만들어졌다. 하얀 나무껍질과 특이한 수형, 버릴 것 하나 없는 다양한 쓰임 덕분에 숲 속의 귀족 또는 여왕이라고 불리기도 한다. 도도하고 기품이 있는 귀족 같은 이미지를 가지고 있어 '자작'의 품계를 받은 나무라는 뜻에서 자작나무라고 불린다고 한다.

하얀 껍질을 얇게 벗겨내어 불을 붙이면 껍질의 기름 성분 때문에 자작자작 소리를 내며 잘 탄다고 자작나무라고 불린다는 이도 있다. 또한 자작나무 숲 속을 거닐면 바람을 타고 들려오는 소리가 자작자작거린다고 말하는 이들도 있다.

은빛이 아름다운 자작나무

아무튼 종이가 귀하던 시절에는 새하얀 껍질을 잘 벗겨서 아름다운 사랑의 편지를 써 보내면 사랑이 이루어진다는 사랑나무로 알려져 있다. 수액은 식용하거나 술로 만들어 먹는다. 곡우 때 줄기에 상처를 내어 수액을 마시면 무병장수한다고 하여 봄이면 수액을 모으고자 사람들이 몰린다.

최근 우리가 자작나무를 주목하게 된 가장 큰 이유는 자작나무 껍질에서 추출한 자일리톨을 이용한 껌이 만들어져 선풍적인 인기를 끌면서부터다. 자일리톨이 충치 예방에 탁월한 성분이기 때문이다. 자일리톨은 자작나무, 떡갈나무, 옥수수, 벚나무, 채소 등에서 추출한 천연 감미료인데, 이중 자작나무 껍질에서 추출한 것을 최고로 친다.

자작나무에 기생하는 상황버섯과 말굽버섯은 폐암에 효과가 큰 것으로도 널리 알려져 있다. 동유럽과 북아시아의 슬라브족은 자작나무가 사람을 보호하기 위해 신이 준 최상의 선물로 여겨 울타리용으로 자작나무를 심어 나쁜 기운을 막기도 했다.

자작나무 숲을 주요 관광 자원으로 활용하고 있는 인제군은 최근 원대리 원대봉 자락 25만㎡에 숲속 교실, 목교, 안내판, 탐방로, 화장실 등 시설을 갖춘 자작나무 명품 숲 조성을 완료하여 화제가 되고 있다.

우리가 간 남면 응봉산 수산리의 자작나무 숲길은 임도를 따라 걷는 길이다. 수산리의 자작나무는 180만 그루가 넘는다. 제지회사가 1986년부터 1995년까지 600ha에 달하는 응봉산 12골짜기에 180만 그루를 심었다. 아직 성목은 아니지만 제법 자리를 잡은 큰 놈은 밑동 지름 20cm, 키 15m쯤 되어 당당하다.

우리들은 인제 자연학교에서 출발하여 수산리 전망대를 돌아 참막골을 거쳐서 자연학교로 돌아오는 3시간 정도의 눈길을 걸었다. 자작나무 숲을 전체적으로 조망하기 위해 전망대가 있는 해발 580m 고지까지 올라갔다. 산이 깊고 숲의 규모가 큰 탓에 숲 안으로 들어가서 숲을 온몸으로 느끼는 것도 방법이지만, 높이 올라 숲 전체의 풍광을 내려다보는 것이 훨씬 보기에 좋다. 응봉산 둘레를 크게 돌면서 조성된 임도를 따라 한 시간이 넘게 걸리는 길이지만, 좌우의 자작나무들을 보며 오르다 보면 이내 전망대에 다다른다.

1996년에 조성된 응봉산의 임도는 산허리를 끼고 8부 능선까지 돌면서 올라간다. 눈이 많이 와서 미끄럽다는 것을 제외하면 예전 시골의 신작로를 걷는 것처럼 편안한 길이라 산악 트레킹코스로 그만이다. 임도 정상부에 위치한 전망대에서 내려다보는 자작나무 숲은 보는 것만으로 감탄을 자아내게 하는 신비하고 경이로운 모습이다.

추위와 찬바람에 나뭇잎은 전부 지고 하얀 속살을 드러낸 자작나무 줄기가 겨울의 눈빛과 만나 한 폭의 그림과도 같은 절묘한 풍광을 만들었다. 설악산 자락까지 첩첩이 이어진 산세가 보기에도 시원스레 펼쳐진다. 저 멀리 한반도의 지형을 닮은 자작나무 숲이 눈길을 사로잡기에 충분하다.

산을 내려오면서 눈길을 신나게 걷고 멋진 장관을 보아 기분이 좋았다. 수산리 입구에는 오토캠핑장이 있어 자동차를 가지고 가족 단위 캠핑도 가능하다. 펜션도 곳곳에 있어 겨울 눈 구경을 겸한 트레킹도 가능할 것 같다. 아울러 인근에 '산촌 민속박물관'과 '박인환 문학관' 등이 있어 볼거리도 많다고 한다. 당일치기로 짧게 양구와 인제를 방문했지만, 박수근 미술관과 자작나무 숲의 모습은 오랫동안 가슴 속에 남을 듯이 좋았다.

추로지향의 예향,
안동의 삼품 관광지를 가다

숨겨진 안동의 삼품 관광지를 가다

2010년 7월 중순 양일간 친구들이랑 경북 안동시에 다녀왔다. 안동하면 흔히 양반 문화와 한국인의 정신문화를 이끄는 곳이라는 느낌이 드는 곳으로 널리 알려져 있다. 퇴계 선생의 도산 서원과 서애 선생의 고향으로 유명한 하회 마을, 학봉 선생의 종택 등 느끼고 보고 배울 것이 많아 '공자와 맹자의 고향 같다.'고 하여 '추로지향(鄒魯之鄕)의 고장'이라고도 불리는 곳이다.

안동은 술을 좋아하는 사람들이 즐기는 안동 소주, 최고의 여름 옷 가운데 하나인 안동포, 해산물임에도 불구하고 안동 시내를 관통하며 흐르는 낙동강에 사는 것으로 착각을 하게 하는 안동 간고등어와 안동 문어, 농 특산물인 안동 사과, 안동 한우, 하회 별신굿 탈놀이, 차전놀이, 놋다리밟기 등 먹을거리, 입을거리, 볼거리가 넘쳐나는 곳이다. 나는 친구들과 한국 고유의 유교 문화와 전통을 배우며 느끼고자 안동으로 갔다.

장마가 아직 끝나지 않아 전날의 큰 비가 몇 사람들을 고민 속에 빠트린 듯하다. 두어 명이 비가 온다는 이유로 취소를 했지만, 일행은 오전 8시 종로의 세종 문화 회관 뒤에 집결하여 안동 가는 관광버스를 탔다. 다행히 이틀 간 비는 거의 내리지 않았다. 오전 11시를 조금 넘겨 서안동 나들목을 통과했다. 곧바로 간 곳은 안동시 성곡동에 위치하고 있는 안동 민속 박물관(安東民俗博物館)이다. 지난 1992년 개관한 박물관은 안동 문화권의 민속을 조사, 연구, 보존, 전시하는 곳으로 안동 지역의 역사와 관혼상제(冠婚喪祭), 전통놀이 등 생활 풍습에 관한 자료를 주로 전시하고 있다.

3개 전시실이 있는데 제1전시실은 아기 점지부터 성장까지 서민들의 생활문화, 제2전시실에는 관례부터 제례까지 양반들의 생활문화가 전시되어 있으며, 제3전시실에는 안동 문화권의 민속놀이가 모형으로 연출되어 있다. 또한 안동댐 수몰 지역의 고가, 문화재 등을 전시하는 야외 박물관에는 보물 305호인 안동 석빙고와 경상북도 유형 문화재 제29호인 선성현 객사(宣城縣 客舍), 경상북도 유형 문화재 제14호인 안동 사월동 초가토담집 등도 자리 잡고 있다.

안동 도산서원 전경

안동의 헛제삿밥

본관 입구 우측의 박물관 현판과 건물 앞면의 '한국 정신문화의 수도 안동'이라는 벽면 간판의 위치가 바뀐 것 같아 의아하기는 했지만, 문화 해설사의 도움으로 안동의 민속 문화에 대해 아주 구체적인 설명을 들을 수 있어 좋았다. 박물관을 둘러본 다음 일행은 박물관 인근의 안동 헛제삿밥을 파는 식당으로 이동했다. 헛제삿밥은 경상도의 전통 요리이며, 흔히 쓰이는 고추장 대신 간장과 함께 대접하는 비빔밥이다. 말 그대로 '헛제사를 위한 밥'을 뜻한다.

식량과 음식이 부족했던 조선 시대 안동에 살던 몇 명의 학자들이 헛제사를 위한 음식을 준비하여 헛제사를 열어 맛있는 제사 음식을 즐겼다는 기원설이 있기도 하고, 일반 사람들이 헛제사를 열어 풍부한 제사 음식을 즐겼다는 이야기도 전해진다. 종가가 아닌 식당에서 먹는 밥이라 그런지, 헛제삿밥에 간단한 음복(飮福)주 한잔이 빠진 게 흠이었다. 헛제삿밥에 안동 간고등어, 조기구이를 곁들여 정말 배불리 먹었다. 후식으로 나온 안동 식혜도 세 그릇이나 먹었다. 안동 식혜는 안동 지역의 전통 음료로 엿기름 물로 밥알을 당화시켜 단맛이 나고 밥알이 동동 뜨게 만든 음료이다.

식사를 마치고 인근의 월영교(月映橋)를 잠시 둘러보았

맛깔스런 안동 식혜

다. 월영교는 2003년 안동호에 놓인 목책교로, 한 부부의 아름답고 숭고한 사랑이 간직되어 있는 나무다리이다. 먼저 간 남편을 위해 머리카락을 뽑아 한 켤레의 미투리를 지은 지어미의 애절하고 숭고한 사랑을 기념하고자 미투리 모양을 담아 다리를 지었다. 길이 387m, 너비 3.6m로 국내에서는 가장 긴 목책 인도교로 다리 한가운데에는 월영정(月映亭)이 있어 보기에 좋았다. 아쉽게도 부실 공사로 인해 최근에 보수 공사를 했다고 한다. 영화나 드라마 촬영장으로, 젊은이들의 데이트 코스로도 인기가 높은 곳이다.

연인들이 자주 찾는 '월영교'

월영교 산책을 마친 일행은 길안면 묵계리에 위치한 안동 김씨들의 묵계 종택(默溪宗宅)과 묵계 서원(書院)으로 이동했다. 묵계 서원은 조선 전기의 학자인 응계 옥고(玉沽, 1382~1436) 선생과 보백당(寶白堂) 김계행(金係行, 1431~1521) 선생을 모신 서원인데 안동 지역 유림들의 노력으로 숙종 13년(1687)에 지어졌다. 하지만 고종 6년(1869) 서원 철폐령으로 사당은 없어지고 강당만 남아 있다가, 1998년 후손들의 노력으로 복원되었다.

응계 옥고 선생은 조선 초기 안동, 대구 군수를 역임한 청백리로 선정된 학자이며 성리학에 조예가 깊었다. 보백당 김계행 선생은 조선 전기 고령 현감, 부수찬 등을 역임하였으며, 고향인 안동 풍산읍 소산으로 낙향한 후 집 옆에 작은 정자를 지어 '보백당'이라 이름 짓고 학생들을 모아 가르쳐서 보백 선생이라 불린 청백리였다. 특히 보백당 선생은 "내 집엔 보물이 없다. 보물이 있다면 오직 청백뿐이다."라는 유훈을 남기기도 했으며, 말년에 길안면으

주변 경관이 아름다운 '만휴정'

로 이사와 집 근처 계곡에 만휴정(晩休亭)을 지어 공부하기도 했다.

서원에서 멀지 않은 곳에 있는 묵계 종택에서 만난, 대구와 경북에서 오랫동안 교육감 등을 지낸 종손 김주현(金胄顯) 선생은 "안동에 50군데 정도 있는 불천지위(不遷之位) 종가 가운데 하나인 이곳 묵계 종택은 청백리이며 안동 학문의 뿌리였던 보백당 김계행 선생의 뜻을 이어받기 위해 후손들이 서원을 재건하여 운영하고 있고, 1993년부터 장학회도 만들었지만, 아직은 부족한 점이 많아 많은 분들의 도움이 절실하다."고 했다.

종손의 말씀을 듣고 일행들은 서원을 둘러본 다음, 안동에서 가장 가 볼 만한 곳 가운데 하나인 보백당 선생이 지은 만휴정으로 이동했다. 만휴정은 정면 3칸, 측면 2칸으로 이루어져 있는 작은 정자이다. 정면은 누마루 형식으로 개방하여 자연 경관을 감상할 수 있도록 하였고, 양쪽에는 온돌방을 두어 학문의 공간으로 활용하였다. 계곡 옆 바위 위에 지어진 정자로 주변 경관이 아름답고 폭포 소리가 장관이다. 1986년 경상북도 문화재 자료 제173호로 지정되었다.

정자 앞 바위에 '보백당만휴정천석(寶白堂晩休亭泉石)'이라는 글씨가 음각되어 있고, 정자 뒷면은 절벽으로 바위산이 둘러치고 있으며, 앞은 조그만 개울이다. 개울 상하로 폭포가 있어 아름답고, 묵계 서원에서 오가는 길이 적막하고 고요한 것이 일품이다.

그래서인지 호사가들은 안동의 숨겨진 삼품으로 1번이 묵계 종택에서 묵계 서원을 거쳐 만휴정으로 가는 길, 2번이 서원 건축의 백미로 손꼽히는 서

묵계 종택

애 선생을 향사한 병산 서원(屛山書院) 가는 길과 서원 뒤편에 위치한 하회 마을의 진산(鎭山)인 화산을 둘러보는 것, 3번이 퇴계 선생의 도산 서원을 둘러본 후 낙동강 물길을 따라 올라 청량산(淸凉山)의 청량사를 둘러보는 길이라고 말한다.

조선 선비가 되어 서원에서 하룻밤을 보내다

묵계 종택과 묵계 서원, 만휴정을 둘러본 일행은 안동시 수상동에 위치한 민속주 '안동 소주 박물관'과 '전통 음식 박물관'으로 길을 잡았다. 점심에 헛제삿밥을 맛있게 먹었지만, 음복주가 빠져 허전하던 차에 술 만드는 과정도 구경하면서 한잔 시음할 수 있다는 말에 눈을 크게 뜨고 갔다.

민속주 중 알코올 도수가 가장 높은 45도 순곡주인 안동 소주는 원나라가 한반도에 진출한 13세기, 원의 일본 원정을 위한 병참 기지가 안동에 설치된 시기부터 기원한다. 이때부터 고려 시대 권문세가들 사이에 안동 소주가 유행하기 시작하였으며, 민간요법으로 배앓이나 독충에 물린데 소주를 발라 치료하는 등 약용으로 사용되기도 했다.

안동 사람들이 안동 소주를 즐겨 마신 기록은 안동 출신의 대학자인 농암 이현보 선생이 중앙 관직에 있을 때 동료들로부터 '겉모습은 질그릇 병처럼 투박하지만 내면은 소주처럼 맑고 엄격하다.'는 뜻의 소주도병(燒酒陶甁: 소주 담은 질그릇)이라는 별명을 얻었다는 기록이 있는 것으로 보아 오랜 역사를 자랑한다. 하지만 1962년 주세법이 개정되어 순곡주 생산이 금지되면서 오랜 동안 그 명맥을 유지하기 힘들다가 지난 1983년 아시안 게임과 올림픽을 앞둔 시점에서 정부의 전통주 복원 사업과 맞물려 안동 지역의 여성 운동가인 조옥화 여사의 노력으로 안동 소주가 재현되어 1987년 경상북도 무형 문화재로 인정받는다.

특히 조옥화 여사는 친정에서 배운 가양법과 시집에서 배운 제조법 가운데 장점만을 골라 전통적인 안동 소주 양조 비법으로 제조, 전승, 보존하고 있으며, 많은 애주가들의 호평을 받고 있다. 안동 소주 박물관은 지난 1995년 설립되어 전통 음식 박물관과 함께 운영되고 있다. 안동 소주는 지난 1999년 안동을 방문한 엘리자베스 2세 영국 여왕의 칠순 잔칫상에도 함께 올라 더욱 유명해진 술이기도 하다.

박물관 내부에는 안동 소주를 만드는 과정이 모형으로 전시되어 있었다. 생밀에 물을 넣어 혼합한 후 누룩 틀에 넣어 형성하는 누룩 만들기, 쌀을 잘 씻어 물에 불린 후 시루에 찌는 고두밥찌기, 누룩과 고두밥, 물을 혼합시킨 후 15일 정도 숙성시키는 전술 만들기, 발효된 전술을 솥에 넣고 증류하는 소주 내리기 등의 제조 과정을 한 눈에 볼 수 있어 좋았다.

술을 만드는 과정은 사진 촬영이 금지되어 아쉬웠지만, 모형과 함께 5분 내외로 제작된 홍보 비디오를 통하여 영상으로 쉽게 설명되어 있어 이해하기 편했다. 또한 전통 음식 박물관이 안동 소주 박물관과 함께 있어 안동 지역의 전통 음식 가운데 평생 의례를 중심으로 볼 수 있게 되어 있으며, 엘리자베스 2세의 생일상도 함께 감상할 수 있다. 무형 문화재 전통 식품 명인인 조옥화 여사가 직접 차린 생일상은 과히 일품이었다. 특히 떡으로 만든 나무 장식과 말린 오징어 장식은 절묘했다.

아울러 안동 소주를 만드는 과정을 체험할 수 있는 체험장과 소주 시음장은 안동 소주를 직접 만들면서 맛을 볼 수 있어 조선 양반 문화의 풍취를 느끼기에는 더할 나위가 없었다. 안동 소주를 시음하고 필요한 사람들은 1~2병씩 구매하고서 남후면 광음리에 있는 고산 서원(高山書院)으로 이동했다. 이곳에서 저녁을 먹고, '고가 예술제'를 감상한 후 숙박을 하고, 아침 식사를 한 다음 지역 서예가 청남 권영한 선생과 함께 가훈 쓰기 체험 행사를 가질 예정이다.

고산 서원은 1789년(정조 13)에 목은 이색 선생의 15대손인 대산(大山) 이상정(李象靖) 선생의 학문과 덕행을 추모하기 위하여 안동 지역의 사림들이 건립했다. 서원은 선생이 학문과 후진 양성을 위하여 1768년(영조 44)에 창건한 고산정사 터에 자리 잡고 있다. 이상정(1710년~1781년) 선생은 조선 중기의 문신으로, 퇴계 선생의 학맥을 이었다. 고향인 안동에서 후학 양성에 많은 노력을 기울였다. 문인록에 오른 제자가 273명에 이른다. 동생인 소산(小山) 이광정 선생도 학자로서 명망이 높았다.

1868년(고종 5) 흥선 대원군의 서원 철폐령으로 훼철되었고 그 이후에는 향사만 지내왔다. 1985년부터 유림의 공의로 아우인 이광정(李光靖) 선생도 배향하고 있다. 암산 유원지 뒤편에 있으며, 전체적으로 규모가 크고 격식을 갖추었다. 1985년 경상북도 기념물 제56호로 지정을 받았지만, 많은 이들의 무관심 속에 오랫동안 방치되어 오다가 최근 안동 지역의 문화단체인 '사단

법인 문화를 가꾸는 사람들'의 노력으로 각종 문화 행사와 한옥 숙박 체험장으로 탈바꿈을 준비하고 있는 곳이기도 하다.

일행은 고산 서원을 둘러보았다. 서원 앞의 소나무가 무척 좋았고, 앞의 시냇물도 너무 맑고 투명했다. 음지에 자리를 잡고 있는 시내라 늦가을부터 초봄까지 최상의 빙질을 유지하는 관계로 겨울이면 안동 지역 최고의 야외 스케이트장이 되는 곳이라고 한다.

30명이 넘는 인원이 숙박하기에 방과 마루의 크기는 충분했지만, 화장실과 샤워장이 남녀 각각 하나뿐이라는 사실이 아쉬웠다. 하지만 그런대로 풍광도 좋고 바람도 살랑살랑 불어 숙박을 하기에는 좋을 것 같았다. 마당에 풀도 적당하게 정리되어 있어 잔디밭 위에 3~4채의 한옥이 올라선 것 같은 분위기다.

거기에 안동 지역 최고의 요리 연구가가 출장을 와서 저녁과 아침 식사를 준비해 준 덕분에 최상의 식사를 즐길 수 있었다. 개다리소반에 1인식이 마

한옥 숙박 체험을 할 수 있는 '고산 서원'

련되는 안동 전통 한식을 맛보았다. 간고등어와 안동 문어, 된장국이 일품이었다. 식사를 하며 고산 서원에서 공부하던 옛 선비들의 품격을 느낄 수 있어 좋았다. 후식으로 나온 오미자차와 안동 식혜도 맛있게 먹었다.

저녁 식사를 마치고 서원 마당에서 '고가 예술제'가 열렸다. 한 시간 정도의 짧은 공연이었지만, 여름밤의 더위를 잊고 안동의 양반 문화를 느낄 수 있는 좋은 공연이었다. 대금, 해금, 고쟁, 시낭송, 전통 춤, 지역 언더그라운드 가수

한동 전통 한식 상차림

의 노래 공연으로 이어진 예술제는 색다른 느낌이었다.

고산 서원은 이제 고옥 숙박 체험을 시작하는 단계라 화장실, 세면장, 냉난방 시설, 방충 시설 등이 미흡한 것이 흠이라면 흠이었다. 나는 새벽에 내리는 빗소리에 잠을 깨어 맑은 아침 공기를 마시며 서원 주변을 산책했다.

양반의 도시 안동을 다시 보게 되다

숙박을 한 고산 서원(高山書院)의 아침은 너무 싱그럽고 상쾌했다. 오랜 만에 시골로 나와서 기분이 좋아 한참을 걷고 돌아왔다. 아침은 어제와 같은 장소인 서원 옆 별채에서 3~4인용 식탁에 모여 했다.

어제 저녁도 준비하신 안동의 유명 요리 연구가인 권영숙 선생이 직접 차린 밥상이라 그런지 맛도 좋고 영양도 넘쳐나는 것 같아 보인다. 나는 김치와 호박잎, 된장국에 반하여 신나게 허기를 달랬다.

일행은 오전에 지역 서예가이며 안동 전통문화 연구회 회장을 맡고 계시

는 청남 권영한 선생의 가훈 쓰기 행사가 있다고 하여 서원의 대청마루에 모여 앉았다. 사실 나는 여러 사람이 둘러 앉아 붓을 잡고 각각의 집에서 가지고 있는 가훈을 쓰고 배우는 강좌라고 생각을 했다.

하지만 청남 권영한 선생이 개개인의 본관과 성씨를 묻고 시조가 누구인지, 조상 중에 유명하신 분이 남기신 말씀 가운데 좋은 글귀를 택하여 가훈으로 남길 수 있도록 붓으로 글씨를 써 주는 행사라는 것을 알고는 처음엔 약간 실망을 했다.

아무튼 많은 이들이 청남 선생의 주위에 둘러앉았고, 선생은 한 사람씩 자신의 앞에 앉히고는 성씨와 본관을 물었다. 외국인들에게는 인생의 좌우명이 될 만한 좋은 글귀를 써 주었고, 보통 사람들에게는 조상이 남긴 명문을 써 주었다.

청남 선생의 글 솜씨는 대단했다. 정말 1분에 쓰는 짧은 글이었지만, 60년의 내공이 서려 있는 대작이었다. 경주 김씨인 나에게는 김알지 공이 시조이시고, 〈삼국유사〉를 지은 김부식 공의 글에 나오는 공자의 말씀인 '일이관지〔一以貫之: 하나의 이치로써 모든 것을 꿰뚫는다. 처음부터 끝까지 변함없이. 한 번에 끝까지라는 의미로 '초지일관(初志一貫)'이나 '일관(一貫)되다'와 같은 의미로 쓰인다.〕'를 써 주셨다.

청남 권영한 선생의 글 '일이관지'

성씨와 본관을 물으면 모든 것이 준비된 사람처럼 시조와 주요 인물을 말씀하시는 폼과 붓을 들고 한 치의 오차도 없이 술술 써 내려가는 솜씨가 범인의 경지는 아니었다. 마지막 사람을 위해서 특별히 족자에 그대로 글을 쓸 때는 모두가 감동하여 기립 박수를 보내기도 했다.

안동의 서예가 청남 권영한 선생은 팔십 노구에도 불구하고 아주 건강해 보였고, 연세대학을 나와 오랫동안 지역에서 수학 교사로 봉직을 했다고 한다. 자신의 전공인 수학책은 물론 농업책, 성씨에 관한 족보책, 철학, 예절, 불교에 관한 책을 50여권 저술한 유명 인사이기도 했다.

1시간 넘게 가훈 쓰기를 한 다음, 청남 선생은 안동에 대한 간략한 소개와 함께 생활 속 예의범절에 대한 말씀을 하신 후 강의를 끝냈다. 행사가 끝난 후 일행은 다시 안동 시내에 있는 '탈춤 전용 공연장'으로 이동하여 '하회 별신(河回別神)굿 탈놀이' 이수자인 류필기 선생으로부터 안동과 하회 마을에 대한 소개는 물론 하회 별신굿 탈놀이와 각각의 탈에 대한 설명, 탈춤 따라 배우기 행사를 가졌다.

류 선생은 국보 121호인 하회 탈에 대한 개개의 설명과 탈을 제작한 허 도령에 관한 전설을 설명해 주었다. 사람들이 흔히 아는 각시탈에서부터 양반탈, 선비탈에 관한 이야기를 시작으로 부네, 초랭이, 할미, 이매, 중, 백정, 주지탈에 대한 구체적인 설명이 아주 재미있었다.

하회 탈춤

자신은 주로 바보인 이매탈을 쓰고 공연하는 경우가 많다며 이매탈을 쓰고 직접 연기하는 모습을 보여 주기도 했다. 입담이 보통이 아니라는 생각에 여러 가지를 물어보았더니, 몇 년 전 '전국 사투리 경연 대회'에 3등으로 입상을 한 경력도 있고, 고등학생이던 16살부터 하회 별신굿 탈놀이를 배워 군대 시절을 제외하고도 십년 넘게 학습 중에 있다고 했다.

그는 "하회에는 예부터 내려오는 말에 허씨 터전에 안씨 문전에 류씨 배판이라는 말이 있다. 하회에는 처음에 허씨가 고려 중엽 이 마을에 들어와 터를 잡고 살았고, 이후 안씨가 그 다음, 고려 말에 풍산 류씨가 들어와 지금의 터를 잡고 살고 있다. 탈의 제작자가 허 도령이라는 전설로 보아 고려 중엽에 제작된 것으로 추측된다."라고 하회 마을과 탈의 유래에 대해 말했다.

또한 "허씨들이 마을에 들어와 터를 잡고 살 때에 원인을 알 수 없는 우환이 계속되자 마을 사람들은 걱정이 대단했다. 어느 날 마을에 사는 허 도령의 꿈에 산신령이 나타나서 '지금 마을에 퍼지고 있는 재앙은 이 마을을 지켜 주고 있는 신의 노여움을 샀기 때문이며, 탈을 만들어 춤을 추면 신의 노여움이 풀리고 마을이 다시 평안을 찾을 것이다. 그러나 탈을 만드는 것을 아무도 모르게 하여야 하며 만일 누군가 엿보거나 알게 되면 부정이 타서 너는 그 자리에서 피를 토하고 죽게 될 것이다.'고 일러 주었다."라고 탈과 허 도령에 관한 전설을 설명했다.

이에 "허 도령은 그날부터 동네 어귀 으슥한 곳에 움막을 짓고 탈을 제작하게 된다. 그러나 마을에는 허 도령을 사모하는 처녀가 있었는데 도무지 허 도령의 모습이 보이지 않자 연민의 정이 사무쳐 그만 허 도령이 탈을 제작하는 탈막으로 다가가 엿보고 말았다. 그러자 뇌성벽력이 천지를 진동하며 허 도령은 그만 그 자리에서 피를 토하고 죽고 말았다. 허 도령이 죽게 되자 처녀는 죄의식에 사로잡혀 그만 자결하게 되니, 마을 사람들이 처녀의 넋을 위로하기 위하여 화산 중턱에 서낭당을 짓고 처녀를 성황신으로 받들어 매년 정월 대보름에 동제사를 올리고 있다."는 것이다.

또한 "하회탈의 특징은 코와 눈, 주름살이 잘 조화되도록 제작되어 비록 한 면으로 고정된 가면이지만 이를 통하여 인간이 느낄 수 있는 모든 감정을 표현해 낼 수 있다. 얼굴을 뒤로 젖히면 밝고 유쾌한 표정이 되고, 얼굴을 숙이면 보는 방향에 따라 슬픈 표정으로 바뀌게 되는 것이다. 턱을 분리하여 제작함으로써 대사 전달이 분명하며 말을 할 때마다 턱이 움직여서 표정의 변화를 다양하게 연출할 수 있도록 하였다. 하회탈에는 이 땅의 역사를 이어 온 우리 민족의 숨결이 배어 있고, 탈놀이에는 풍요다산을 기원하며 액을 막고 복을 맞이하는 조상들의 지혜로움을 느낄 수 있다."라고 탈의 특징과 우수성을 설명했다.

아울러 "양반탈의 인자함과 호방한 미소 뒤에 숨어 있는 지배 계급의 허세를 느낄 수 있고, 선비탈의 대쪽 같은 표정 이면에는 권력을 갖지 못한 억눌린 한이 서려 있다. 중탈의 엉큼한 표정과 초랭이탈의 장난기 어린 모습이나 이매탈의 바보스러운 표정은 보는 이로 하여금 웃음을 자아낸다. 각시탈에서는 성황님의 위엄이 느껴지고, 부네탈에서는 애교를 느끼며, 할미탈에서는 한 평생 어렵게 살아온 서민들의 한(恨)이 서려 있다."고 개개 탈의 성격을 말했다.

그리고 "하회 별신굿은 매년 지내는 동제와 달리 5년~10년 또는 신탁이 있을 때마다 열렸다. 이는 마을을 지켜 주는 신의 힘도 일정한 시간이 흐르면 영험이 줄어들게 되고, 이렇게 되면 마을에 여러 가지 좋지 않은 일들이 일어나게 된다고 믿었다. 풍년이 들지 않고 흉년이 들어 거둘 곡식이 없고, 돌림병이 돌아 마을 사람들이 죽게 되는 우환이 닥치면 이는 곧 신의 영험이 줄어들었거나 신의 노여움을 샀기 때문이라 생각하여 신의 힘을 북돋워 주며 노여움을 풀기 위하여 특별한 큰굿을 하게 되는데 이것을 별신굿이라 한다. 특히 하회의 별신굿은 무당을 부르지 않고 마을 주민들이 중심이 되어 큰굿을 하는 대동행사였다."며 이야기를 마쳤다.

하회탈처럼 생긴 입담 좋은 서른 두 살의 노총각인 류 선생에게서 탈에 대한 설명과 유래 등을 들은 후, 모두가 크게 원을 그리며 둘러서서 탈춤을 따

라 배웠다. 처음 하는 몸짓이
라 대부분 서툴고 부끄러워 웃
음만 나왔지만, 탈을 한번 쓰
면 천당에 갈 수 있다는 말에
다들 열심히 배웠다.

국보 121호인 안동 '하회탈'

실제로 보통 사람은 평생
한번 탈을 써 보는 것조차 어
려운 일이었다고 한다. 하회 마을의 진산(鎭山)인 화산의 정기를 받은 자 만이
탈을 쓰고 굿판을 벌일 수 있었기 때문이다. 보통 사람들에게 탈을 쓴다는 것
은 대단한 영광이었다. 양반이 아닌 노비나 백성 스스로가 하회 마을을 지키
는 주인이 되고 신이 되는 것이었기 때문이다.

양반 문화를 조롱하는 하회 별신(河回別神)굿 탈놀이

'하회 별신굿 탈놀이' 이수자인 류필기 선생에게서 하회탈에 대한 설명을
듣고, 탈춤 따라 배우기를 신나게 한 다음 점심을 먹기 위해 안동 구시장으로
이동했다. 안동을 대표하는 요리 가운데 하나인 안동 찜닭 집으로 갔다. 골목
입구에서부터 온갖 닭요리 전문집이 즐비했다. 안동 찜닭은 대구 찜닭과 함
께 경상도를 대표하는 음식 가운데 하나이다.

안동을 대표하는 요리 중 하나인 '안동 찜닭'

안동 찜닭은 조선 시대 안동의
부촌인 안(內)동네에서 특별한 날
해 먹던 닭찜을 바깥동네 사람들
이 보고 안동네 찜닭이라 부르기
시작한 데서 유래했다는 설이 있
고, 1980년대 안동 구시장 닭 골

246

목에서 단골손님들의 요구대로 요리에 이런저런 재료들을 넣다 보니 찜닭이 되었다는 설도 있다. 또한 서양식 통닭의 확장에 위기를 느낀 안동 구시장 닭 골목의 상인들이 그에 대응하기 위해 새로운 맛을 찾던 중 안동 찜닭이 생겨났다는 설도 있다.

특히 안동 찜닭은 고온에서 조리해 기름기가 적고 담백하며, 갖가지 재료를 넣어 다양한 맛을 내기에 남녀노소 누구나 즐길 수 있는 영양식이다. 저렴한 가격에 비해 양이 푸짐해 학생과 직장인을 대상으로 성업 중이다. 닭의 단백질과 비타민, 다양한 채소에 들어 있는 각종 영양소가 어우러져 영양학적으로도 매우 좋은 음식이다.

청양(청송+영양) 고추의 매운 맛과 양파, 생강이 주는 강한 맛이 입안에서 놀았다. 표고버섯과 당근, 감자 등이 풍부했다. 내가 좋아하는 당면도 듬뿍 들어 있어 아주 맛있게 먹었다. 아쉬웠던 점은 시금치나 오이 같은 야채가 좀 더 추가되었으면 하는 생각이 들었다.

찜닭을 맛있게 먹은 일행은 잠시 구시장 구경을 하면서 걸었다. 시장을 둘러보고는 하회 마을을 감싸고 흐르는 낙동강 강가에 위치한 '부용대(芙蓉臺)'라는 바위 언덕으로 이동했다. 부용대는 하회 마을의 서북쪽 강 건너 광덕리 소나무 숲 옆에 있는 해발 64m의 절벽으로 정상에서 마을 전체를 조망할 수 있다.

부용대라는 이름은 중국 고사에서 따온 것으로 '부용'은 '연꽃'을 뜻한다. 처음에는 북애(北厓)라 했는데 이는 하회의 '북쪽에 있는 언덕'이라는 뜻이다. 아래로 낙동강이 굽이쳐 흐르는 곳에 옥연정사와 겸암정사, 화천 서원이 자리하고 있다.

하회 마을의 양반들은 매년 음력 7월 초·중순에 부용대에서 강 건너 만송정 솔숲을 잇는 줄을 걸고, 줄에 단 불꽃을 내리면서 노는 '선유줄불놀이'

를 하면서 시회(詩會)를 열기도 하고 배를 타고 즐기면서 놀았다. 반면 서민들은 하회 별신굿 탈놀이를 놀면서 양반들의 모습을 해학적으로 풍자하며, 마을의 안녕을 빌며 하루를 즐겼다.

부용대에 서니 하회 마을이 그림처럼 펼쳐진다. 구름 한 점 없는 맑은 여름날이라 그런지 무척 더웠지만, 시야가 매우 좋았다. 산 아래 맨 좌측에 마을의 진산인 화산이 보이고, 마을 중간으로 시선을 돌리면 삼신당 고목, 북촌댁, 양진당, 영모각, 남촌댁 등이 보인다. 더 멀리 마을 외곽에 교회도 보이는 것이 신기했다.

유교를 숭상하는 양반 마을에 교회가 50여 년 전에 들어왔다고 하니 하회도 옛 모습 그대로는 아닌가 보다. 사실 원래의 계획은 부용대를 둘러보고서 옥연정사 방향으로 내려와 나룻배를 타고 마을로 들어갈 예정이었지만, 장마철이라 물이 불어 배를 탈 수 없다고 하여 일행은 다시 버스를 타고 돌고 돌아 하회 마을로 향했다.

5월부터 10월까지 마을 입구에 위치한 '하회 별신굿 탈놀이 전수관'에서 매주 토, 일요일 오후 3시에 탈놀이 공연이 열린다고 하여 급히 이동한 것이

하늘에서 내려다 본 멋스러운 하회 마을 전경

다. 하회 마을은 일반 관광객의 경우에는 마을 입구의 관리소 주차장에 차를 세우고, 마을을 도는 셔틀버스를 타고 안내소 입구까지 이동하여 마을을 관광해야 한다. 통상 도보로 1시간 30분에서 2시간 정도 걸리는 코스를 돌아 나오거나, 나룻배를 타는 경우 반나절이면 마을 관광을 전부할 수 있다. 거기에 토, 일요일의 경우 탈놀이 공연을 보자면 1시간 정도가 더 추가된다.

일요일 3시 공연을 보기 위해 공연장에 자리를 잡았다. 크지 않은 공연장이었지만, 대략 500명 정도는 되어 보이는 관광객들이 입장을 했다. 공연비는 따로 받지는 않았지만, 주차비를 내고, 입장권을 사고, 셔틀버스 차비를 내고 나니 상당히 많은 돈이 들어갔다. 500명 정도 되어 보이는 관람객 가운데 외국인은 50명 정도 되는 것 같아 보였다. 미국, 영국, 러시아, 일본, 이태리, 독일, 프랑스 등 다양해 보인다. 내 옆에는 일행으로 동행했던 일본인 마츠모토 씨가 앉았다.

각시탈

한 시간 가량의 공연이 시작되었다. 1928년 마지막 공연을 끝으로 40여 년 동안 맥이 끊어졌던 하회 별신굿 탈놀이는 1970년 초반 안동 지역 문화인들의 노력으로 재현되어 오늘에 이르고 있다. 특별히 돈이 되는 일이 아니라 그런지 탈놀이를 배우려는 사람이 많지 않아 공연자의 대부분은 50~70대의 중장년들이고, 그나마 젊은이들도 30대가 어린 축에 속하는 편이라 전수가 쉽지 않은 듯 보였다.

먼저 사물놀이 패들이 나와 신나게 풍악을 연주한 다

허세를 부리는 양반탈

음, 등장인물이 전부 나와 무대를 크게 한 바퀴 신명나게 돌고 퇴장한다. 이후 백정이 나와 인사말을 하고 나니 소가 한 마리 등장하여 무대를 감싼다. 이내 백정은 소와 짧은 대화를 주고받고는 도끼로 무자비하게 소를 잡아 소의 염통과 불알을 망태기에 담아 사람들에 판다.

인자한 웃음이 있는 얼굴과 소를 무자비하게 잡는 잔인한 모습이 같이 있는 백정의 얼굴은 인간의 모습을 그대로 보여 주는 탈이다. 이중성이 있는 인간의 양면성을 백정으로부터 느끼는 이유는 무엇일까? 이내 바람난 기생인 부네가 등장하여 이리저리 둘러보고는 길가에 가랑이를 벌리고 오줌을 준다. 이를 지나가던 중이 한참을 보고 있다가 부네에게 추파를 던지고, 이내 중과 눈이 맞은 부네는 한바탕 춤과 정을 나눈다. 이를 발견한 하급 관원 초랭이는 '입은 비뚤어져도 말은 바로 하렸다.'라며 파계승과 부네의 연정을 비판한다.

초랭이의 말에 놀란 양반과 선비가 등장하여 서로의 가문과 학식, 재산 자랑을 늘어놓지만, 이내 등장한 백정의 '소불알 사라'는 말에 체면이고 뭐고 할 것 없이 자신의 양기를 보충하는 데만 혈안이 된 모습이 우습기만 하다. 늘 점잖은 척하면서도 결국에는 자신의 실속만 차리려고 하는 양반과 선비들의 모습을 비웃는 듯하다.

이에 초랭이는 바보 친구인 이매를 불러 세상을 조롱하면서 한바탕 춤을 추고, 온갖 말장난을 한다. 바보인 이매가 던지는 세상에 대한 조롱은 차라리 서글프기만 하다. 또한 16살에 결혼한 지 3일 만에 과부가 된 할미가 등장하여 세상의 고통과 한(恨)을 자신만의 넋두리로 풀면서 사람 사는 세상의 의미와 인생의 경험을 말하는 것이 이채롭다.

중간에 바보 이매가 관객들을 불러내 말을 시키기도 한다. 농담을 하면서 춤도 같이 춰 보자고 하니, 불려나간 외국인 3명이 곤란한 표정을 지으면서도 재미있어 하는 것이 더 재미있다. 하회 마을 사람들은 몇 년에 한 번씩 하회 별신굿 탈놀이를 하면서 양반 문화를 조롱하면서도 자신의 어려움을 달래는 마음을 가졌을 것 같다.

　내가 중간에 각시탈을 쓴 처녀에게 돈 1만원을 건네자 옆에 앉아 있던 일본인 마츠모토 씨가 "김상! 왜 돈을 건네는 거죠?"라고 물었다. 나는 "하회 마을의 진산인 화산의 신기를 받은 사람에게 돈을 건네는 것은 무당이나 부처

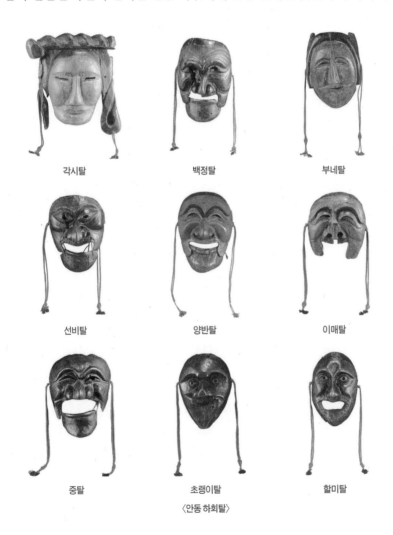

각시탈　　　백정탈　　　부네탈

선비탈　　　양반탈　　　이매탈

중탈　　　초랭이탈　　　할미탈

〈안동 하회탈〉

님에게 공양을 하는 것과 같은 의미가 있기 때문이고, 가난한 예술가들을 돕는다는 의미도 있죠."라며 웃으며 말했다.

공연이 끝나고 참석했던 많은 사람들은 "정말 이보다 재미있고 아름다운 공연은 이제까지 본적이 없다."고 평하기도 하고, "말로는 표현할 수 없는 카타르시스가 있는 공연이었다."고 말하는 미국인 관광객도 있었다. 나도 너무 재미있게 공연을 보았다. 극이 끝나고도 쉽게 자리를 뜰 수 없어서 한참을 서 있다가 공연자들이 퇴장을 하고 옷을 갈아입는 모습을 보고서야 밖으로 나왔다.

겸손의 600년 역사를 이룬 풍산 류씨들의 마을

'하회 별신굿 탈놀이' 공연을 관람한 다음 일행은 '하회 마을' 안으로 들어갔다. 하회 마을은 안동시 풍천면 하회리에 있는 민속 마을로 마을 전체가 지난 1984년 중요 민속자료 제122호로 지정되었으며, 현재는 경주 양동 마을과 함께 유네스코가 지정한 세계 유산으로 건축물 등을 잘 보존하고 있는 풍산 류씨((柳氏)들의 집성촌이다.

하회 마을의 지형을 태극형 또는 행주형, 연화부수형(蓮花浮水形)이라고도 하는데, 이는 낙동강 줄기가 이 마을을 싸고돌면서 로마자인 'S'자 모양을 이룬 형국을 말한다. 강 건너 남쪽에는 영양군 일월산(日月山)의 지맥인 남산(南山)이 있고, 마을 뒤편에는 태백산의 지맥인 해발 271m의 화산(花山)이 마을 중심부까지 완만하게 뻗어 충효당 뒤뜰에서 멈춘다. 강 북쪽으로는 부용대가 병풍과 같이 둘러앉은 명당이다.

이와 비슷한 형국의 물돌이 마을은 이웃 영주시의 무섬 마을과 예천군의 회룡포 등이 있다. 마을은 원래 허씨 터전에 안씨 문전에 류씨 배판이라는 말이 있듯 허씨들이 화산 아래에 터를 잡으면서 출발했다. 현재 허씨, 안씨들은

소나무가 많은 하회 마을 강변   하회 마을을 싸고도는 'S'자 모양의 물줄기

대부분 떠나고 풍산 류씨들이 세거하고 있다.

조선의 대유학자인 겸암 류운룡 선생과 그의 동생으로 임진왜란 때 영의정을 지낸 서애 류성룡 선생 등 많은 고관대작들을 배출한 양반 고을로, 불천지위(不遷之位: 큰 공훈이 있어 영원히 사당에 모시기를 나라에서 허락한 신위(神位)) 종가만 6곳에 달한다. 입구는 있지만 퇴로가 없는 마을 지형이라 임진왜란의 피해도 없어서 고래의 유습이 잘 보존되어 있다.

화천(花川)의 흐름에 따라 남북 방향의 큰 길이 나 있는데, 이를 경계로 하여 위쪽이 북촌, 아래쪽이 남촌이다. 집들은 마을의 혈이 있는 600년 된 삼신당 느티나무를 중심으로 강을 향해 배치되어 있기 때문에 좌향이 일정하지 않은 것이 특징이다. 일반 가옥들이 주로 정남향이나 동남향을 선호하고 있는 다른 마을과는 상당히 대조적인 모습이다.

또한 기와집을 중심으로 주변에 초가들이 원형을 이루며 배치되어 있는 것도 특징이라 할 수 있다. 북촌의 양진당(養眞堂)과 북촌댁(北村宅), 남촌의 충효당(忠孝堂)과 남촌댁(南村宅)은 역사와 규모에서 서로 쌍벽을 이루는 전형적 양반 가옥이다. 이 큰 길을 중심으로 마을의 중심부에는 류씨들이, 변두리에는 각성(各姓)들이 살고 있는데, 이들의 생활 방식에 따라 2개의 문화가 유기적으로 병존하고 있다.

지금까지 보물이나 중요 민속자료로 지정된 가옥은 양진당(보물 306), 충효당(보물 414), 북촌댁(중요 민속자료 84), 원지정사(遠志精舍, 중요 민속자료 85), 빈연정사(賓淵精舍, 중요 민속자료 86), 유시주 가옥(柳時柱家屋, 중요 민속자료 87), 옥연정사(玉淵精舍, 중요 민속자료 88), 겸암정사(謙菴精舍, 중요 민속자료 89), 남촌댁(중요 민속자료 90), 주일재(主一齋, 중요 민속자료 91), 하동 고택(河東古宅, 중요 민속자료 177) 등이다.

양진당, 충효당, 남촌댁, 북촌댁과 같은 큰 가옥들은 사랑채나 별채를 측면으로 연결하거나 뒤뜰에 따로 배치하는 등 발달된 주거 구조를 보이고, 장대한 몸채, 사랑채, 많은 곳간, 행랑채가 공통적으로 갖추어져 있다. 특히 사랑방, 서실, 대청, 별당과 같은 문화적 공간을 지니는 점은, 과거 신분제 사회에서 일반 서민들이 소유한 최소한의 주거 공간과는 확연하게 구별되는 특징이다.

하회 마을에는 서민들이 놀았던 '하회 별신굿 탈놀이'와 양반 선비들의 풍류놀이였던 '선유줄불놀이'가 현재까지도 전승되고 있고, 우리나라의 전통 생활문화와 고건축 양식을 보여 주는 문화유산들이 잘 보존되어 있는 곳이기도 하다.

외국에도 많이 알려진 하회 마을은 드라마나 영화 촬영장으로도 인기가

하회 선유줄불놀이

높은 편이며, 특히 영국 여왕과 미국의 아버지 부시 대통령이 방문하여 숙박
을 해서 더 유명해졌다. 한류의 영향으로 일본과 중국의 관광객들은 배우이
자 가수인 류시원의 고향집을 기웃거리는 사람들도 많다.

마을 입구에는 입향조 기적비가 서 있다. 풍산 류씨들의 입향조를 기리는
비석으로 조성된 지 오래되지는 않았다고 한다. 기적비를 지나면 바로 우측
논에 물을 대어 최근에 백련 연못으로 만든 곳이 눈에 들어온다. 백련이 무척
아름다웠다. 예전 유네스코 실사단이 방문하여 갑자기 조성한 백련 연못이
너무 인위적이라고 없애라고 했다는데, 마을 주민들은 농사를 짓는 것이라
고 주장하여 그냥 넘어 갔다는 웃지 못할 이야기를 들었다. 세계 유산 등재가
주민들의 간절한 숙원이었다는 사실이 몸으로 느껴졌다.

시간이 많지 않아서 주마간산 격으로 마을 속을 달린다. 보건 진료소와
시내버스 정류장을 지나 하동 고택을 본다. 남촌댁 방향으로 조금 더 전진하
면 하회 교회가 있다고 한다. 길을 약간 우회전하면서 북촌댁으로 들어갔다.
양진당과 함께 북촌을 대표하는 가옥으로 경상도 도사를 지낸 류도성이 철
종 조에 건립한 한옥이다. 안채, 사랑채, 문간채, 사당 등을 두루 갖춘 영남의
대표적인 양반 가옥이다.

다음은 마을의 가장 높은 곳에 위치하면서 혈자리인 삼신당 고목 앞에 섰
다. 수령이 600년 된 느티나무로 하회 마을의 정중앙에 위치하면서 아기를
점지해 주고 출산과 성장을 돕는 신목이다. 이곳을 방문하는 많은 사람들이
소원을 비는 종이에 글을 적어 새끼줄에 매달고 가는지 수많은 소원 종이가
매달려 있었다. 혈자리에 집을 지으면 집이 망하지만, 나무를 심으면 마을이
흥한다고 하니 조상들의 지혜가 엿보이는 모습이다.

다음은 풍산 류씨들의 하회 종택인 양진당으로 갔다. 조선 명종 조에 황
해도 관찰사를 지낸 입암 류중영 선생과 그의 아들들인 겸암 류운룡 선생과

양진당

충효당

서애 류성룡 선생이 자란 곳이다. 안동에는 물론 전국적으로 찾아보기 힘든 2명의 불천지위를 모시는 명문 종가이다.

　이어 서애 선생의 후손들이 분가하여 나온 집인 충효당으로 이동했다. 흔히 서애 종가로 불리는 충효당은 실은 청렴했던 서애 선생이 초가삼간에서 돌아가신 다음 건립된 집이다. 서애 선생은 생전에 본가인 양진당 인근에 위치한 원지정사에서 주로 공부하며 지냈으며, 기거는 충효당 자리에 위치한 초가에서 했다고 한다. 하회 마을의 고택들은 특이한 점이 여러 가지 있었다.

　기와집임에도 불구하고 화장실이나 1~2곳의 별채는 초가로 이루어져 있어 재물이 무한정 늘어나는 것을 경계했고, 뒷간의 경우에도 안과 밖에서 자유롭게 이용하는 것이 가능한 곳도 있어 열림과 개방의 미학을 보는 듯했다. 또한 아무리 터가 좋아도 쉽게 건축을 허락하지 않는 신령의 뜻이 있어서인지 자선과 기부로 은덕을 쌓은 자의 집만이 흥하고 후손들도 복을 받는다고 했다.

　마을을 대충 둘러본 다음 만송정 솔숲을 지나 나루터가 있는 낙동강을 보면서 부용대를 올려 보았다. 높지 않은 바위 언덕이지만, 왠지 큰 산을 보는 듯했다. 나루터를 지나 나오는 길옆에 있는 소나무가 아주 좋았다. 외롭게 서 있는 한 그루의 소나무가 언제까지나 마을을 지켜 줄 듯 당당하게 서 있었다. 마을에서 나와 셔틀버스를 타고 주차장으로 이동하여 버스를 타고 서울로 돌아왔다.

　1박 2일의 짧은 일정이었지만, 안동을 속속들이 볼 수 있는 기회가 된 것 같다. 안동에 서원이 25개, 불천지위 종가가 50군데, 종택이 80군데, 정자가 200여 개 있다는 사실 등을 알려 준 해설사인 안현주 선생의 도움도 아주 컸다. 감사하다. 다음에 안동 여행의 기회가 주어진다면, 서애 선생을 모신 병산 서원 가는 길과 도산 서원에서 출발하여 강을 따라 청량산과 청량사를 둘러보는 산책길을 거닐고 싶다.

선비의 고장, 경북 내륙
(문경, 예천, 영주, 봉화)을 거닐다

역사·문화의 고장 문경, 예천, 영주, 봉화

2010년 7월 29일부터 며칠 동안, 경상도 문경, 예천, 영주, 봉화에 다녀왔다. 가난한 도시 빈민인 우리 가족은 매년 해외여행을 꿈꾸지만 올해도 시골의 처가와 본가를 다녀오는 것으로 여름휴가를 마무리했다. 29일 아침에 잠시 일이 있어 외출을 했다가 집으로 돌아가니 9시를 넘겼다. 원래 7시에 출발을 할 생각이었지만 마음처럼 쉽지 않다. 오전 9시 반에 집에서 출발 내부 순환도로에 올라서니 이미 도로는 상당히 정체 중이다.

하지만 아직 이른 시간이고 휴가를 시작하는 시기라 차는 심하게 밀리지 않았다. 동서울 요금소를 지나니 차는 순조롭게 나간다. 평소 2시간 거리의 문경시를 3시간 만에 돌파하고 문경 새재에 닿았다. 한동안 광업 도시였던 문경시는 80년대 후반 석탄 합리화 정책 이후 광산이 문을 닫고, 적극적인 노력으로 문화 관광 도시로 탈바꿈에 성공한 곳이다.

원래 있던 문경 새재 도립공원을 비롯하여 KBS 드라마 촬영장, 문경 석탄 박물관과 인근의 SBS 드라마 촬영장, 예천 출신의 시인 안도현 선생의 동생 안태현 씨가 학예사로 근무해서 더 유명했던 옛길 박물관, 문경 모노레일, 폐 철로를 이용한 철로 자전거, 문경 관광 사격장, 문경 활공 랜드, 봉암사, 김룡사, 주흘산, 희양산, 조령산, 쌍룡계곡, 용추계곡, 문경 온천, 후백제 견훤왕의 고향인 가은읍 인근에 위치한 유적지와 말바위 등이 있고, 새재 스머프 마을, 문경 새재 유스호스텔, 고모산성의 오미자, 사과, 한국 전통 찻사발 축제 등이 무척 유명한 곳이다.

처가가 있는 문경은 1년에 5~6회 정도 방문하는 곳으로 볼거리와 먹을거리가 풍부하며, 아이들 교육에도 좋은 곳이며, 휴가 보내기에도 최상급지다. 문경 새재에 문경시에서 설립한 문경 관광 진흥공단이 2008년에 개장한 새재 스머프 마을에다 숙소를 정한 것은 문경에서 교편을 잡고 있는 처형 덕분이다. 원체 인기가 높은 펜션인 스머프 마을은 특히 주말과 휴가철에는 문전성시를 이루고 있다. 우리 가족과 처가의 4자매가 운 좋게도 가장 큰 35평형의 펜션을 잡아 하룻밤 유숙을 하게 되었다.

문경의 드라마 촬영장

영남 제1관문인 문경 새재 '주흘관'

짐을 풀고는 연우와 집사람은 카메라를 들고 인근에 위치한 야생화 단지
와 자연 생태 전시관을 둘러보기 위해 나가고, 나와 처형 3명, 동서 2명은 문
경 새재를 올라 3관문인 조령관(鳥嶺關)까지 산책을 나갔다. 집사람이 카메라
를 들고 가 아쉽게도 나는 사진기 없이 길을 떠났다. 문경 새재의 초입에 자
리한 주흘관(主屹關)이라고 불리는 영남 제1관(嶺南第1關)은 남쪽의 적을 막
기 위하여 숙종 34년(1708)에 설관하였으며, 정면 3칸과 측면 2칸, 협문 2개
가 있고 팔작(八作)지붕이다. 홍예문은 높이가 3.6m, 폭 3.4m, 길이 5.4m이며,
대문의 높이는 3.6m, 폭 3.56m, 두께 11cm이다.

좌우의 석성은 높이 4.5m, 폭 3.4m, 길이 188m이고, 부속 성벽은 높이가
1~3m, 폭 2~4m이다. 길이는 동측이 500m, 서측이 400m로 개울물을 흘러
보내는 수구문이 있으며, 3개의 관문 중 옛 모습을 가장 잘 지니고 있어 사극
에 자주 등장하는 멋스러운 문이다. 조곡관(鳥谷關)이라고 불리는 영남 제2관
은 선조 27년(1594)에 충주 사람 신충원이 축성한 곳으로 중성(中城)이라고도
한다. 숙종 조에 관방을 설치할 때 옛 성을 개축하였으나 관(關)은 영성(嶺城:

3관문)과 초곡성(草谷城: 1관문)에만 설치하고, 이곳에는 조동문(鳥東門) 또는 주서문(主西門)을 설치하였다.

그후 1907년에 훼손되어 1975년에 복원하였다. 이렇게 복원한 문루를 옛 이름 조동문이라 하지 않고 조곡관이라 개칭하였다. 누각은 정면이 3칸, 측면 2칸이며, 좌우에 협문이 2개 있고 팔작지붕이다. 홍예문은 높이가 3.6m, 길이 5.8m이다. 대문의 높이는 3.6m, 폭 3.56m, 두께 11cm이다. 좌우의 석성 높이는 4.5m, 폭 3.3m, 길이 73m이고, 좌우의 성벽의 높이는 2m, 폭 2~3m, 길이는 동측이 400m, 서측이 100m이다.

경북 문경시와 충북 괴산군의 경계를 이루며 조령관(鳥嶺關)이라고 불리는 영남 제3관은 새재 정상에 위치하고 있으며, 북쪽의 적을 막기 위하여 선조 초에 쌓고 숙종(숙종 34년, 1708) 때 중창하였다. 1907년에 훼손되어 육축(陸築)만 남고 불탄 것을 1976년도에 홍예문 및 석성 135m와 누각을 복원했다. 누각은 정면이 3칸, 측면 2칸이며, 좌우에 협문이 2개 있으며 팔작지붕이다. 홍예문은 높이 4.5m, 폭 3.2m, 길이 185m이고, 성벽의 높이는 2~3m, 폭 2~3m, 길이는 동측이 400m, 서측이 400m이며, 대문의 높이는 3.9m, 폭 3.56m, 두께 19cm이다.

요즘 문경 새재를 찾는 사람들은 1관문인 주흘관에서 3관문인 조령관까지 맨발로 걸을 수 있는 황톳길을 즐겨 찾는다. 차량 통행이 금지된 관계로 안전하고 조용하며 물길을 거슬러 오르면서 편안하게 황톳길을 걸을 수 있고, 하산을 하면 발을 씻을 수 있는 시설이 마련되어 있어 트레킹(trekking)로로는 최고라는 인정을 받고 있는 곳이다. 3관문 직전에 위치한 주막에서 오랜만에 막걸리를 마셨다. 역시 산에 와서는 막걸리를 마시는 것이 최고인 것 같다. 시장기도 달래 주고, 더위와 등산의 피로도 식혀 주는 시원한 막걸리를 두어 잔 마셨다. 막걸리에 문경 특산인 오미자를 비롯한 다양한 약재를 넣어 맛도 좋고, 숙취도 없었다.

문경 새재는 김천에 있
는 추풍령, 영주의 죽령과
함께 영남에서 한양으로
가던 선비는 물론 상인, 농
민들이 넘던 길로 '새도 쉬
어가며 넘었다고 하여 새

새도 쉬어서 넘는 문경 새재 과거길

재'라고 불릴 정도로 험한 고개였다고 한다. 조선 시대의 한반도를 관통하는
가장 큰길이었던 영남대로(嶺南大路)의 중심에 있었던 곳이며, 유적지로는 조
령원터, 교귀정, 봉수터, 성터, 대궐터 등이 잔존하고 있다. 옛길의 번성을 말
해 주듯 길옆에는 관찰사, 현감 등의 공적을 새겨 놓은 선정비, 불망비, 송덕
비가 있으며, 주위의 주흘산, 조령산을 비롯한 산과 그 사이의 골짜기마다 동
식물들이 자연 그대로 보존된 관광 명소이다.

문경에는 새재 이외에도 문경 각서리에서 괴산군 연풍으로 통하는 소로
였던 이화령이 1925년 신작로로 개척되어 지금의 국도 3호선이 되었으며,
가은읍에서 충북 괴산으로 연결된 불한령, 문경군 농암면에서 충북 삼송으
로 다니던 고모령 등이 있어 신라와 고구려, 백제의 국경을 이루었다고 전한
다. 농주를 한잔 하고서, 일행은 모두 스머프 마을로 돌아왔다. 저녁 식사 준
비에 가족 모두가 분주하다. 밥하는 재주가 별로 없는 나는 연우랑 야구 장비
를 들고 마당으로 나갔다.

다음날 점심을 먹은 후 우리 가족은 2007년 조성된 자연 생태 공원과 새
재 입구를 지키고 있는 옛길 박물관으로 갔다. 연우의 교육을 핑계 삼아 더위
를 피하고자 박물관으로 들어간 이유도 있다.

자연 생태 공원은 1만 2천여 평의 대지 위에 습생 초지원, 분수 광장, 생태

습지, 생태 연못, 건생 초지원, 야생화원 등을 갖추고 있으며, 교목, 관목, 초화류 등을 포함하여 175종 206,895본을 식재하고 있는 곳으로 꽃사슴과 타조, 공작 등 동물도 22종이 있다.

우리 가족은 자연 생태 공원 초입에 있는 안내소에 들러 홍보 비디오를 관람한 다음, 문경시의 숲 생태 해설사인 강상률 선생으로부터 공원 안내와 함께 설명을 들을 수 있었다. 강 선생은 시를 쓰는 시인이며, 6년 전까지는 인근 봉화군의 청옥산 자연 휴양림에서 숲 해설을 하다가 가족이 있는 문경으로 돌아왔다고 한다. 이름은 잘 모르고 그저 예쁘기만 한 꽃의 본명과 나무의 성질 등에 대하여 아주 자세하게 설명을 들을 수 있어 좋았다. 나도 나이가 들면 인생 2모작으로 숲 생태 해설사 일을 한번 해 보고 싶다는 생각이 들었다.

중간 중간에 위치한 습지와 분수 광장, 연못을 둘러본 후, 건생 초지원에 살고 있는 꽃사슴을 보고서 옛길 박물관으로 이동했다. 옛길 박물관은 조선 시대 한반도를 가르는 다양한 길과 문경의 풍물을 소개하는 박물관으로 아주 깨끗한 2층 건물로 되어 있다. 예전엔 입장료를 받았는데 국·도립공원 입장료 제도가 없어진 다음부터는 무료 개방을 하고 있다고 한다.

1층 우측 전시실에는 문경 지역을 촬영한 사진전이 열리고 있었고, 좌측부터 2층 전관은 우리나라의 여러 가지 길에 대한 설명과 모형도, 문경의 역사 유물, 풍물에 대한 자료가 아주 잘 전시되어 있었다. 너무 시원하여 우리 가족은 피서 온 기분으로 아주 천천히 둘러보았다.

새재 황톳길에 버금가는 산책로를 갖춘 문경의 김룡사

문경 신기동 처가에서 하룻밤을 보낸 우리 가족은 아침을 먹고는 길을 나섰다. 먼저 길을 잡은 곳은 문경시 산북면 운달산(雲達山)에 위치한 비구니들의 수도처인 김룡사(金龍寺)다. 조계종 제8교구의 본사인 김천 직지사의 말사인데, 일제 강점기에 31 본산의 하나였다. 588년(신라 진평왕10)에 운달(雲達)이 창건하여 운봉사(雲峯寺)라고 하였다. 그 후 1624년(인조 2)에 혜총(慧聰)이 중건하였는데, 1642년 화재로 모조리 불타버려 1649년에 의윤(義允), 무진(無盡), 태휴(太休) 3승려가 대웅전을 짓고 김룡사로 개칭하였다.

절 이름이 김룡사로 바뀐 연유는 여러 가지로 전해지고 있으나, 김씨 성을 가진 사람이 죄를 지어 이곳 운봉사 아래에 피신하여 숨어 살면서 신녀가(神女家)를 만나 매양 지극한 정성으로 불전에 참회하더니 한 아들을 낳아 이름을 용이라 하였다. 그 이후부터 가운이 크게 부유해져 사람들은 그를 김장자(金長者)라 하였고, 이로 인하여 동리 이름 또한 김룡리(金龍里)라 하였으며, 운봉사 역시 김룡사로 개칭하였다는 기록이 전해지고 있다.

그 후 1650년(효종 1) 유주(有珠)가 범종루를, 대엽(大稔)이 첨성각을, 서헌(瑞軒)이 선당(禪堂)을, 두청(杜淸)이 승당(僧堂)을, 민운(敏雲)이 정문을 세운 것을 비롯해 여러 번에 걸쳐 여러 승려에 의하여 전각, 문두가 세워졌고, 또 중수가 이루어진 곳이다. 문경 지역에서는 봉암사, 대승사, 혜국사 등과 함께 오래된 고찰로 알려져 있다. 비구니들의 수도처로 유명한 곳이며, 현재는 찻잔을 비우며 마음을 비우는 차명상(茶冥想) 템플 스테이(Temple stay)와 초·중등학생을 위한 한자 예절학당, 칠월 칠석 밤 시인들과 함께 하는 별구경 축제 등이 일반인들에게 인기를 모으고 있다.

김룡사는 입구에서부터 참나무, 전나무 숲이 아주 좋았다. 하루 종일 걸어도 좋을 것 같은 아름다운 산책로다. 고목들이 반가운 손님을 맞이하는 형상을 하고서 가지런히 서 있는 자태가 대단하다. 다만 입구의 주차장을 지나 절 안까지 차량 출입이 자유로워 조용한 산사다운 맛이 떨어지는 것 같았다. 차를 입구 주차장에 세우게 하고, 절까지는 걸어서 가도록 하는 것이 좋을 것

비구니들의 수도처인 '김룡사' 전경

같다. 또한 입구에 위치한 계곡에 텐트를 치고 숙박이 가능한 것 같아 보여서 수행을 방해하는 것 같아 마음이 아프기도 했다. 그러나 전반적으로 절은 고 즈넉하고 아늑했다.

입구 좌측에 새롭게 조성한 듯한 연못과 연꽃이 고왔다. 아주 크지도 작 지도 않은 김룡사는 오래된 건물과 새롭게 증축을 한 건물들이 나란히 있어 어색한 느낌도 들었지만, 오래된 건물의 기와는 이끼를 가득 머금은 채 입을 다물고 있는 할머니와 같이 편안하게 보였다. 대웅전과 범종루, 화장암, 금선 암, 대성암, 양진암 등을 둘러보았다. 내려오는 길에 연우랑 샘터에서 맛있는 물을 한잔씩 표주박에 담아 마시고 내려왔다. 더운 날씨라 물 한잔이 주는 기 쁨이 아주 컸다.

물돌이 마을, 예천군 용궁면의 회룡포에 가다

김룡사를 둘러본 다음 근동에 위치한 대승사에 가려고 하다가 예천군으 로 길을 잡았다. 예천군의 경우에는 감천면에 소재한 예천 천문과학 문화 센터나 세금 내는 소나무로 알려진 감천면 천향리의 석송령(石松靈), 국내에 유일하게 남아 있는 주막인 풍양면 삼강주막(三江酒幕), 예천 온천, 예천 곤충 연구소 등이 유명하지만, 이번에 길을 잡은 곳은 용궁면의 회룡포(回龍浦)이다. KBS 드라마 '가을동화'로 유명해진 회룡포는 태백산 능선의 산자락이 둘러싸고, 낙동강 지류인 내성천이 휘감아 도는 육지 속의 섬마을이다. 형상은 이웃한 안동의 하회 마을이나 영주의 무섬 마을과 비슷하다.

육지 속의 섬마을 '회룡포'

원래 구한말인 고종 임금 때 의성 출신의 경주 김씨들이 들어와 마을을 이루면서 '의성포'라는 이름을 가지고 있다가 이웃한 의성군과 혼동이 있어 예천군의 권유로 회룡포로 이름을 바꾸었다. 내성천 줄기가 마을 주위를 350도 휘감아 돌아나가서 마을 주위에 고운 모래밭이 펼쳐지며 산과 강이 태극 모양의 조화를 이룬다. 마을 건너편 비룡산의 전망대인 회룡대에 오르면 주변 경관이 한눈에 들어온다.

맑은 강에는 쏘가리, 은어 등이 서식하고, 강가의 모래밭을 따라 나무가 심어져 있다. 1997년부터 관광지로 개발하기 위한 공사가 진행되어 회룡포 주변 둑길에 왕벚나무, 소나무를 심었고, 주변에 공원과 산책로를 내고 잔디를 심었다. 1997년 11월 봉수대를 복원하였으며, 철쭉군락지를 조성하여 민속 마을이 되었다.

마을 건너편 비룡산에는 통일 신라 때 세운 장안사와 원산성 등이 있고, 주변에 용문사 등의 관광지가 있다. 회룡포 마을 입구에 있는 내성천 모래사장과 강물 속에서 연우와 집사람은 더위를 식히고, 나는 마을 안쪽으로 들어가 동네를 둘러보았다. 전형적인 서민 마을로 아홉 가구에 13명이 살고 있다고 한다. 회룡포 마을은 다른 물동이 마을과는 달리 물길이 영문 S자 모양으로 두 번을 돌아 크게 보면 두 개의 물돌이 마을이 강을 사이에 두고 마주하고 있는 형국이다. 한쪽은 평지에 마을이 있고, 한쪽은 비룡산을 넘어 장안사를 위에 두고 아래에는 회룡 마을이 있다.

물장난을 하던 연우와 집사람은 너무 더워 이내 노는 것을 포기를 하고는 비룡산에 올라 장안사도 보고 회룡대에 올라 마을을 내려 보자고 제안했다. 나도 너무 더워 걷는 것을 포기하고는 차를 몰고 2km쯤 돌아 고려 초기에 건립된

국토의 중심부에 위치한 '장안사'

고찰 장안사(長安寺)로 향했다. 장안사는 신라가 삼국을 통일한 이후 국태민안을 염원하여 동해안의 금강산, 남해안의 양산, 국토 중앙부에 위치한 비룡산에 같은 이름의 장안사를 세운 것에서 유래한다. 절을 세운 초창주는 신라 경덕왕(759년) 때 의상 대사의 제자인 운명(雲明) 조사이며, 고려의 문호 이규보 선생이 이 절에 한동안 머물며 글을 짓기도 했다고 전해진다.

작지만 아름다운 절 장안사를 둘러본 다음, 우리 가족은 언덕을 올라 회룡대에 오른다. 눈 앞에 회룡포가 펼쳐진다. 카메라 앵글에 전부 담길 정도로 크지 않은 마을이 손에 잡힐 듯 예쁘게 펼쳐져 있다. 회룡포와 장안사를 둘러본 우리 가족은 초저녁이 다 된 시간에 영주에 있는 본가에 도착했다. 부모님은 오랜 만에 온 우리 식구를 위해 식혜며, 찐 옥수수, 사과, 쑥떡 등을 준비해

두고 기다리고 계셨다.

반남 박씨와 선성 김씨가 사이좋게 사는 영주시의 무섬 마을

영주시 봉현면 유전리에 위치한 본가에서 저녁 식사를 한 다음, 마당을 산책하는데 영주 시내에 살고 계시는 형님 내외분과 조카가 왔다. 오랜만에 동생 부부와 조카가 와서 방문을 한 것이다. 온 가족이 모여서 묵은 이야기를 나누었다.

8월 1일, 아침에 일어나니 연우는 벌써 신이 나서 마당을 배회하고 있다. 잠자리채를 들고 설치는 모습이 웃기기도 하고, 흔들흔들 흔들어 대며 걷는 모습 또한 어릿광대와도 같아 재미있다. 나도 연우랑 같이 산책을 하면서 잠자리채를 휘두르다가 집으로 들어가 아침 식사를 마쳤다. 식사를 마친 우리 가족은 어디로 갈까 고민을 했다.

늘 가던 부석사, 소수서원, 선비촌, 소수 박물관은 뒤로 하고, 하버드 출신의 미국인 현각 스님이 주지로 계셨던 부석면 남대리의 현정사, 어제 갔던 예천의 회룡포나 안동의 하회 마을 같은 분위기의 물돌이 마을인 무섬 마을, 영주에 몇 군데 있는 전통 된장 공장, 고택 순례, 그것도 아니면 은어 축제가 열리는 봉화군으로 갈까, 많은 고민을 하다가 우선은 연우랑 집사람은 가 보지 못한 무섬 마을로 길을 잡았다.

영주시 문수면 수도리(水島里) 무섬 마을. 물 위에 떠 있는 모양을 하고 있다고 하여 불리는 이름이다. 영주와 봉화를 지나는 낙동강의 지류인 내성천이 동쪽 일부를 제외한 3면을 휘돌아 흐르고, 내 안쪽으로 넓게 펼쳐져 있는 모래톱 위에 마을이 똬리를 틀고 앉아 있다. 마을 뒷산은 태백산 끝자락, 앞산은 소백산 끝자락이 만났고, 앞쪽으로는 태백산 물과 소백산 물이 합쳐진다. 풍수학적으로도 매화나무 가지에 꽃이 핀 형세 또는 물 위에 연꽃이 뜬 형

무섬 마을 전경

세로 기운이 좋은 땅이다.

　마을에 사람이 정착해 살기 시작한 것은 17세기 중반으로 여겨진다. 반남 박씨(潘南 朴氏) 입향조(入鄕祖)인 박수가 안동에서 영주로 피난을 와 살기 시작한 뒤, 그의 증손녀 사위인 선성(예안) 김씨(宣城(禮安) 金氏) 대(臺)가 영조 때 무섬에 들어왔다. 이 무렵부터 반남 박씨와 선성 김씨가 함께 세거해 오늘날까지 두 집안의 집성촌으로 남아 있다. 마을 전체가 고택과 정자로 이루어져 있고, 천혜의 자연조건을 자랑한다. 옛 조선 선비의 기품을 흠씬 맛볼 수 있는 곳이 무섬 마을의 특징이다.

마을의 중심부 높은 곳에는 마을에서 가장 오래된 고택 '만죽재(晩竹齋)'가 있다.

　만죽재가 지어진 것은 1666년(현종7)으로, 원래 당호는 '섬계초당(剡溪草堂)'이었으나 박수의

무섬 마을 전통 가옥들

8대손이 중수하며 당호도 바꾼 것이라 한다. 안마당을 중심으로 정면에 5칸의 정침(正寢)을 두고 양쪽에 익사(翼舍: 날개집)를 달았으며, 앞쪽에 사랑채가 달린 ㅁ자형 평면 구성을 하고 있다. 사랑채 앞면은 낮은 기단 위에 둥근 기둥을 세우고 밖으로 돌아가면서 툇마루를 놓았다. 지금은 입향조 박수의 11대 종부가 홀로 살고 있다. 마을 입구에 있는 해우당(海愚堂) 고택은 1879년(고종 16) 의금부도사를 지낸 해우당 김락풍(金樂豊 1825~1900)이 1875년(고종 12)에 건립한 것이다. 무섬 마을에서 가장 큰 규모의 집으로 전형적인 ㅁ자형 가옥이다.

앞의 대문을 중심으로 좌우에 큰사랑과 아랫사랑을 두었는데, 특히 우측의 큰사랑은 지반을 높여 원주에 난간을 돌려 정자처럼 누마루를 꾸몄다. 이 누마루에 '해우당'이라고 쓴 흥선대원군의 친필 현판이 걸려 있다. 현재는 빈집이다. 대표적인 이 두 건물을 포함하여 김덕진 가옥, 김뢰진 가옥 등 4채가 도지정 문화재로 지정되어 있고, 고종 때 병조참판을 지냈다는 박재연 고택, 김위진 가옥, 박덕우 가옥, 박천립 가옥, 김정규 가옥 등 5채가 도문화재 자료로 잘 보존되어 있다.

마을의 대부분 가옥은 ㅁ자형이며, 까치구멍집이라 불리는 태백산을 중심으로 경북 북부 지역에 분포하는 산간벽촌의 주택 형태다. 까치구멍집이라 함은, 부엌 연기가 자연스럽게 빠져나갈 수 있도록 지붕마루 양단의 하부

전형적 서민 가옥인 까치구멍집 '김천한 가옥'

무섬 마을 가치구멍집의 기본형인 '박덕우 가옥'

에 만든 까치구멍에 의하여 붙여진 이름이다. 그 구멍들이 어찌나 앙증맞은 지 모른다.

섬 아닌 섬, 무섬은 주택 배치도 마치 섬마을처럼 높은 곳을 등지고 대부 분의 집들이 강을 바라보며 배치되어 있다. 마을엔 식당 하나 이외에는 가게 가 없다. 민박집도 거의 없다. 마을 입구에 2003년에 제정된 '무섬 마을 헌장' 이란 간판이 서 있다. '마을 보존회의 허가 없이 술을 팔거나 식당, 매점을 열 수 없고, 유교 윤리를 해하는 일체의 행위를 금지한다.'고 적혀 있다. 안동 하 회 마을이 상업화되는 것을 보고 안 되겠다 싶어 무섬 마을 주민들이 정한 규 약이다.

선비 정신과 반골 정신이 강했던 무섬 마을 사람들은 일제 때 아도서숙 (亞島書塾)을 열어 양반 천민 할 것 없이 계몽사상을 가르치고 독립운동도 전 개했다. 작은 마을이지만 독립 유공자 포상을 받은 이가 다섯 명이나 되는 이 유가 여기에 있다.

자판기도 없는 관광지 무섬 마을에 가다

영주시의 북쪽에 위치한 봉현면 본가에서 남쪽에 위치한 문수면 무섬 마 을까지는 자동차로 20~30분 정도 걸리는 거리다. 아침 식사를 마치고 차를 한잔 마시고 천천히 출발을 한 관계로 오전 10시경에 무섬에 도착했다. 무 섬 마을에는 입구에 식당이 하나 있을 뿐, 마을을 홍보하는 홈페이지도 없고 (2011년 6월 13일 무섬 마을 홈페이지 개설됨), 가게도 없고, 그 흔한 자판기도 하나 없는 관광지다. 그래서 외지인이 오면 볼 것이라고는 한옥과 초가집, 모래사장 이 전부라고 할 수 있다. 외지인과 함께 하는 행사는 1년에 단 두 번 정도이다.

하나가 정월 대보름날 마을 앞 모래사장에서 열리는 '풍년 기원 달집태 우기'이고, 다른 하나는 가을에 열리는 '외나무다리 만들기와 건너기 행사'

정월 대보름 달집태우기

무섬 마을 외나무다리 건너기 행사

이다. 엄밀한 의미에서 보자면 마을 주민들의 자치 행사를 외부의 관광객들과 함께하는 것으로 관광객만을 위한 행사는 아니다. 따라서 관광객들이 방문하여 할 수 있는 것도 많지 않고, 혹여 관광객들이 방문을 한다고 해도 마을 경제에는 큰 도움이 되지 않는다. 가게도, 매점도 없고, 민박도 거의 하지 않기 때문이다.

　마을 규약으로 이런 것들을 금지했기 때문이다. 도시인의 입장에서는 도저히 이해가 가지 않지만, 무섬 마을의 선비 기질과 정신을 조금이라도 알고 있는 사람이라면 고개를 끄덕이고 만다. 상업화 자체를 금지한 주민들의 정

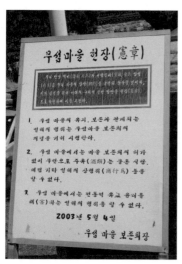

무섬 마을 헌장

신이 대단해 보인다. 그래서인지 박정희 정권 때 물길을 돌리는 공사에도 착공식을 하고서도 주민들의 반대로 시작을 하지 못한 사건이 벌어지기도 했다. 마을 주민들의 정신과 의식을 느낄 수 있는 대목이다.

　고고한 선비의 기상이 있기에 그 어려웠던 일제 치하에서도 신분의 차별 없이 공부할 수 있는 아도서숙(亞島書塾)을 세워 민족 교육과 지역 독립운동의 중심지로 큰 역할을 했다. 그런 것을 잘 알고 있는 나로서

는 아이를 데리고 가야 하는 길이라 넉넉하게 시원한 물과 삶은 옥수수를 준비하여 출발을 했다. 수도교를 건너 마을로 들어서서 해우당 옆에 마련된 차 10여 대 정도를 겨우 주차시킬 수 있는 조그만 주차장에 차를 세워 두고 마을 안쪽으로 들어갔다.

무섬에도 현대식 양옥집이 몇 집 있는데 주차장 옆에 현대식 집이 하나 있었다. 마당에는 텐트도 쳐져 있고, 여름휴가라 친척들이 오랜 만에 왔는지 손님들도 많고 차도 많다. 집집마다 마당에는 예쁜 꽃들이 많이 피어 있어 좋았다. 더운 날씨라 애초부터 청록파 시인인 동탁 조지훈이 시심을 일구던 처가 김뢰진 가옥과 반남 박씨 입향조의 가옥인 만죽재 종택, 선성 김씨들의 대종가인 무송헌(撫松軒) 종택, 해우당 고택 정도를 둘러볼 생각이다.

만죽재 종택으로 가는 길에 우연히 한 고가에서 노인이 자리를 짜는 모습이 보였다. 툇마루에 나와 앉아 천천히 자리를 짜는 모습이 시선을 자극했다. 여든 여덟의 노구로 자리를 짜고 있는 김두한 옹은 봄, 가을로 마을 주변의 개천에서 부들을 베어 말려, 시간이 많은 여름밤이면 보름에 걸쳐서 자리 하나를 짠다고 했다.

그런데 자리 1장은 15만원을 받을 수 있다고 했다. 나이든 노인이 소일로 하기에는 맞는 일이지만, 젊은 사람이 노동력과 인건비를 생각한다면 그 열 배는 받아야 할 것 같은 수고로 보였다. 돈이 있다면 나라도 현금으로 일백만 원쯤 주고 사 오고 싶었지만, 가난한 도시 빈민에게는 꿈일 뿐이다.

경제적인 어려움 등으로 젊은이들은 관심도 없고, 노인들에게만 그 명맥이 유지되는 공예품의 현실을, 전통문화의 현실을 눈앞에서 실감하

만죽재 종택

는 것 같아 마음이 아팠다. 자리 짜는 노인과 한참 이야기를 나누며, 많은 생각을 하면서 돌아섰다. 이어 만죽재 종택이다. 무섬 마을에 처음 들어온 반남 박씨 입향조 박수의 집으로 350년 전에 지은 한옥이라고 한다.

　마을의 중앙에 위치하여 집 옆에 위치한 사당에 들어가 보니 마을 전경이 한눈에 보여 좋았다. 11대 손부가 홀로 살면서 자주 청소도 하고 손님도 가끔 오는지 집도 비교적 깨끗하고 사당도 잘 정비되어 있었다. 당일은 서울 사는 사위와 딸, 외손자들이 온다고 하여 특히 청소를 잘해 두어 편하게 보고 왔다. 사당에 마련된 돗자리 위에서 연우랑 함께 시원한 바람을 쏘이며 잠시 쉬기도 했다. 정갈한 고택에 특히 툇마루가 좋았다. 손님들과 툇마루에 앉아 술을 한잔하면 좋을 것 같아 보였다. 주손부에게 감사 인사를 드린 후 이웃한 무송헌 종택으로 이동했다.

무송헌 종택

　무송헌 종택은 무섬에 반쯤 터를 잡고 있는 선성 김씨들의 대종가로 원래 영주 시내의 구성산성 옆에 있던 종택이 수십 년 전에 헐리고, 종택이 없는 종가로 남아 위패만 사당에 모시고 있다가 무섬 인근의 문수면 적동리에 이전하여 살았다. 적동리에서 다시 대구로 이주했던 무송헌 김담 선생의 19대 종손인 김광호 씨가 일가들의 도움으로 몇 년 전 귀향하면서 새롭게 마련된 종택이다.

　종손이 영주에서 공무원 생활을 하다가 대구로 이주해 20년 가까운 시간 동안 사업을 하다가 연전에 문중의 도움으로 새롭게 터를 잡았으니, 무송헌 김담 선생의 뜻을 이어받았다는 의미에서 종택의 이름도 그렇게 정했다고 한다. 현판은 안동의 퇴계 종손이 직접 써 준 것이라고 한다. 김담(金淡, 1416년

~1464년) 선생은 영주 출신으로 호는 무송헌이며, 조선 세종~문종 때의 명신이다. 이조 판서를 지냈다. 시호는 문절(文節)공이며, 단계 서원(丹溪書院), 구강 서원(龜江書院)에 배향되어 있다.

그는 세계적인 수준의 역법서를 제작한 천문학자인데 세종대왕 당시 집현전 학사로 17년간 재직했다. 재직 시 〈칠정산(七政算)〉 내외편(內外篇)의 편찬을 주도했다. 〈칠정산〉 내외편은 세종 24년(1442)에 완성되었는데, 전문가들은 아랍의 천문학보다 앞선 동 시대 세계에서 가장 앞선 천문 계산술로 평가하고 있다. 일본이 이러한 수준의 연구를 한 것이 1682년이라고 하니 우리보다는 200년 이상 뒤진다.

무섬 마을의 무송헌 종택에서 종손인 김광호 선생과 음료수를 한잔 하면서 선성 김씨 집안에 관한 이런 저런 이야기를 나눌 수 있었다. 또한 원래의 종택이었으며, 연전에 복원된 '삼판서 고택'에 관한 설명도 들을 수 있었다. 삼판서 고택은 고려 말 형부상서 정운경, 정운경 사위였던 고려 말 공조전서 황유정, 황유정의 외손자였던 조선초 이조판서 김담, 이렇게 3명의 판서를 배출한 영주의 대표적 선비가로 이후 선성 김씨 후손들의 종택이 된 곳이다. 특히 정운경의 장남이며, 조선 개국 공신인 영의정 삼봉 정도전 선생이 태어나고 유년 시절을 보내는 등 역사·문화적 가치를 지니고 있는 곳이다.

무송헌 종택과 이웃한 사당을 둘러본 다음, 해우당 고택으로 갔다. 그 사이 배가 고프다고 조르는 연우에게는 물과 삶은 옥수수를 조금 먹였다. 배고파도 음식을 사 먹을 곳이 없고, 목이 말라도 음료수를 찾을 길이

해우당 고택

없는 무섬 마을이다. 아이스크림을 찾는 연우에게 점심 먹으러 시내에 가면 사 주겠다고 약조를 했다. 무섬에서 가장 큰 한옥인 '해우당 고택'은 현재 빈 집이다. 집주인은 다들 돌아가시고, 외동딸도 시집을 갔으니 집이 비어 있는 것이다. 양자를 들였다는 소식을 듣기는 했는데, 아무튼 현재는 비어 있어 안 타깝다.

바깥채는 둘러보는 것이 가능했지만, 안채는 문이 잠겨 있어 들어가지 못 했다. 나는 인근 순흥면에 위치한 선비촌에 복원된 해우당이 있어 여러 차례 둘러보았지만, 공부를 위해서 따라온 연우에게는 미안했다. 흥선 대원군이 낭인으로 보내던 시절 한 달간 이곳에 머물렀다고 하며, 이곳에 두 개의 현판 을 직접 써 주었다고 하여 해우당 집안에서는 대원군이 직접 써 준 현판을 두 고 가문의 영광이라고 말하는 것 같다.

몇 년 전 퇴직한 경향신문의 김지영 편집인이 "학창 시절 방학 때면 고향 에 내려와 큰집인 해우당에서 먹고 자면서 공부했다."라고 자랑하던 모습이 떠올랐다. 고모부인 조동탁 선생에 관한 이야기도 들을 수 있었다. 너무 더워 동탁 조지훈 선생의 처가 김뢰진 가옥을 보는 것은 다음으로 미루고, 우리 가 족은 강으로 갔다. 모래사장을 걷기에는 힘이 들었지만, 수도교 아래에는 그 늘이 있고, 피서 온 사람들과 아이들이 노는 물속은 즐거워 보인다.

한 폭의 풍경화처럼 아름다운 도시 영주시를 둘러보다

연우도 목마르고 배고프다고 온갖 투정을 부리더니만, 신발을 벗고 물로 들어가서는 더 놀다 가겠다고 난리다. 나도 연우랑 같이 놀다가 배가 고파 점 심 식사를 하기 위해 길을 나선다. 무섬 마을 인근에 있는 식당으로 가려했지 만, 지리를 잘 모르는 관계로 시내로 갔다.

어디로 갈까 한참을 고민하다가 하망동 성당 뒤편에 있는 '묵밥과 순두부를 잘하는 식당'으로 갔다. 대학을 다니던 20여 년 전부터 다니던 기억이 나는 오래된 식당으로 순두부가 특히 유명한 곳인데, 나와 집사람은 묵밥을 먹고 연우는 순두부를 시켜서 먹었다. 오후 1시 30분이 지난 시간임에도 사람이 너무 많아 정신없이 밥을 먹고 나왔다.

식사를 마치고 인근 슈퍼에 들러 연우에게 과자와 아이스크림을 사 준 다음, 영주에 몇 군데 있는 전통 된장 공장을 가 봐야겠다는 생각이 들어 이산면 지동리로 이동했다. 신라 시대 의상대사가 지은 흑석사를 지나 석포다리를 건너 다시 봉화군 방향으로 3km쯤 더 가면 지동리 마을회관 앞에 '무수촌 된장 마을'이라는 이름이 새겨진 키 작은 입석과 두 장승이 모습을 드러낸다.

이산면이라고는 해도 거의 봉화읍에 가까운 곳이다. 나란히 장승을 세워 둔 공장 앞 주차장에 차를 대고 옹기들이 가득한 담장 안쪽으로 들어가 본다. 작은 연못과 잘 가꾸어 놓은 화단 등으로 꾸며져 있는 정원에서 이리저리 둘러보던 우리 가족을 발견한 박인숙 촌장이 어디에서 왔냐며 인사를 건넨다.

겉은 옛 모습 그대로인지 몰라도 안은 요즘 유행하는 한옥 인테리어로 꾸민 듯이 깔끔하고 나무랄 데가 없다. 벽 쪽으로 붙여 놓은 원목 테이블 위에는 이곳에서 생산되는 된장 제품들이 가지런히 놓여 있다. 박인숙 촌장이 도시 생활을 접고 이산면 지동리에 있는 남편의 옛집으로 들어온 것은 십 수 년 전쯤의 일이라고 한다. 옥천 전씨 종택과 나란히 있는 전통 한옥과 공장이라 간혹 종가라는 착각을 받는다는 무수촌의 장 담그기는 지금도 전통 방식을 고집하며 계속되고 있단다.

전작으로 키운 지역의 우리 콩을 선별하여 가마솥에 담고 장작불로 불을 지펴 삶는다. 삶은 콩을 메주로 만들어 짚으로 동여매 황토방에서 말려 띄워서 된장을 담고, 유약을 바르지 않은 천연 황토 옹기에 된장을 담는 것이다. 당일은 서울에서 친척 분들이 오신다고, 방안에 크고 성대하게 점심상이 마련되어 있었다. 우리 가족은 뽕잎차를 한잔 얻어 마시고는 식사하는 모습과 집 내·외부, 된장 공장의 전경을 촬영한 다음, 된장 1kg을 사들고 급히 나왔다.

된장 공장에서 나와 마을 입구에 위치한 전우영 선생의 '국화 분재원'에 갔지만, 아무도 없어서 그냥 돌아 나왔다. 3대째 국화 분재를 하고 있는 이곳은 국화 모종과 분재로 아주 유명한 곳이라 꽃을 좋아하는 연우와 집사람에게 구경을 시켜 주고 싶었지만, 아무도 없어 어찌할 수 없었다.

다음으로 간 곳은 이웃한 두월리에 소재한 괴헌 고택(槐軒古宅)이다. 영주에서 몇 안 되는 고택 민박을 하는 곳으로, 이미 마무리 단계에 들어선 영주댐이 2015년 완공되면 수몰되어 이주 복원이 불가피한 곳으로 두 번 찾기는 쉽지 않을 것 같아 방문하게 되었다.

가뭄과 홍수 등 풍수해가 거의 없고, 소백산의 맑은 1급 생명수를 그대로 보존하고 있는 영주에 하류의 대도시 주민들에게 대부분의 혜택이 돌아가는 댐을 만든다고 과연 영주 사람들이 행복해질까? 모든 나라 일이 현지인들의 관점에서 바라보고 분석되고 결정되었으면 좋겠다는 생각이 들었다. 우리의 소중한 국토는 분명 지금 그곳에 살고 있는 지역민들과 앞으로도 그곳에서 살 후손들의 것이니까.

괴헌 고택(槐軒古宅)은 조선 후기 순조 4년에 식년 문과에 급제한 후 승정원 부정자, 사헌부 지평 등을 지낸 괴헌(槐軒) 김영(金瑩)이 1779년(정조 3) 부친인 덕산 김경집 공으로부터 물려받은 살림집이다. 그 뒤 1871년(고종 8)에 괴헌의 증손인 김복연이 일부 중수했다. 이때 사랑채 일부가 확장되었다. 1972년 수해를 당하여 현 ㅁ자 정침의 앞쪽 왼쪽에 있던 월은정(月隱亭)과 오른쪽에 있던 행랑채가 무너져버려, 지금은 월은정 현판만이 사랑채 처마 밑에 걸려 있다.

영주 댐이 완공되면 수몰되어 이전되는 '괴헌 고택'

사당은 안채의 오른편 위쪽에 따로 자리 잡고 있다. 안채에서 나와 사당으로 향하면 돌계단은 올라가다 양 갈래로 갈리는데, 그대로 올라가면 사당으로 통하는 문이고, 우측으로 빠지면 괴헌 선생 부친의 집이던 덕산 고택과 연결된다. 두 개의 고택이 나란히 연결되어 있는 것이 참 보기 좋았다.

괴헌 고택 대문 앞의 노란색 페인트가 칠해져 있는 주차장을 보면서는 슬며시 웃음이 나왔다. 고택과 전혀 어울리지 않을 것 같은 형광 노란색이었건만 묘하게도 세월의 흔적이 고스란히 묻어나는 판벽(板壁)과 잘 어울렸다.

문을 들어서는 순간의 첫 느낌도 정갈함에서 크게 동떨어지지 않았다. 이제 막 세수를 한 것 같은 해맑은 얼굴로 고택은 이방인을 맞아주었다. 집 한 채가 더 들어서도 될 것 같은 넓은 바깥마당에는 안채로 향하는 길과 사당으로 통하는 두 길만이 깔끔하게 손질된 푹신한 잔디 위에 징검다리처럼 박석(礡石)을 놓아 연결시키고 있었다.

즐거운 하루를 영주시에서 보내다

괴헌 고택을 둘러본 우리 가족은 고향 마을인 안정면 용산리에 2001년 설립된 된장 공장 '만포농산'으로 이동했다. 폐교가 된 안정 남부초등학교를 인수하여 공장으로 만들어서 부지도 넓고, 생산량도 많은 곳이다. 이곳에서는 '무량수(無量壽)'라고 하는 브랜드로 된장, 고추장, 쌈장 등을 생산 판매하고 있다.

우리 가족이 방문한 1일 날은 마침 여름휴가라 직원이 아무도 나와 있지 않아, 그냥 주변을 둘러보고 사진만 찍고 돌아서야 했다. 된장독이 너무 많아 눈이 휘둥그레질 지경이었다. 현재의 부지 뒤편에 제2공장과 한옥 숙박을 위한 시설을 만들 계획이라고 하니 조만간 공장이 더 커질 것 같다. 고향 마을에 온 김에 오랜만에 친척 분들을 찾아뵐까 하는 생각도 해 보았지만, 너무 덥고 힘들어 인견 이불을 사기 위해 풍기읍으로 갔다.

인구 1만 5천 명 정도의 소읍인 풍기는 우리나라 인견 생산량의 80%를 공급하고 있다. 풍기 인견은 '풍기 인삼'과 함께 전국적으로 유명한 명품 특산물이다. 인견(人絹)이란 나무의 펄프에서 추출한 식물성 천연 섬유로, 유럽에서는 '비스코스(Viscous)'라고도 불리며 땀 흡수력이 탁월해 최고의 여름용 옷감으로 사랑받는 원단이다. 특히 아토피가 있는 어린이들에게 자극이 없어 속옷과 이불 등은 인기가 높으며, 최근 웰빙 바람을 타고 '얼음 옷', '냉장고 섬유'란 이름으로 주목받고 있다.

현재 풍기읍에는 인견 공장과 판매장이 100여 곳에 이르며, 블리스, 풍기 인견 백화점, 홍승애 풍기 인견, 동명 인견, 금풍 인견 등 유명 판매점도 여러 곳 있다. 풍기 인견은 한국 능률협회에서 국내 최초로 공산품 '웰빙 인증'을 받은 바 있는 명품이다. 풍기 인견은 1930년대 명주의 본고장인 평안도 영변과 덕천에서 몇몇 직물 기술자들이 〈정감록〉에 난세의 피난처라고 기재된 최고의 길지인 풍기의 금계동 인근으로 몰려올 때 인견을 짜는 수동 기계인 족답기를 가져와서 인견을 짜기 시작한 데서 유래되었다고 한다.

특히 1942년 중앙선 개통으로 인하여 대도시 소비 시장에 접근이 용이해져 인견 직물 공업은 성황을 이루며 발전하게 된다. 한국 전쟁 이후에는 북에서 직물 공장을 경영하던 피난민들이 대거 풍기로 이주함으로써 본격적인 가내 공업으로 발전한다. 풍기 인견은 2000년대 이후 끊임없는 노력으로 신기술과 가공 처리 기법이 진화되어 내의, 잠옷, 남방, 원피스는 물론 넥타이, 이불 등 다양한 완제품을 출시하면서 인기가 더욱 높아졌다.

또한 인견 제품은 일반적으로 손빨래를 하는 것이 좋으며, 다려 입으면 더욱 부드러운 촉감을 느낄 수 있다. 이불은 세탁기에 울 코스나 가장 약한 코스로 세탁하는 것이 좋다. 풍기 인견은 매년 가을에 열리는 '영주 선비 문화 축제'에서 크게 홍보되고 있으며, 인견으로 제작한 한복을 패션쇼 무대에서 선보이기도 했다. 또한 최근 몇 년 동안 여의도 광장에서 '웰빙 풍기 인견 서울 나들이 행사'라는 이름으로 13개의 생산업체가 공동 참여하여 의류와 침구류 등을 선보이기도 했다.

내가 고향에 간다는 말을 하면 대부분의 사람은 풍기 인삼과 풍기 인견을 사 달라고 부탁을 한다. 이번에도 성남 사는 처형의 부탁을 받고 인견 이불을 사려고 간 것이다. 풍기 나들목 인근에 있는 인견 백화점에 들러 여름 이불 두 채를 사서 집으로 들어왔다.

다시 본가로 돌아와 하룻밤을 보낸 다음, 다음 날(2일) 아침 봉화로 가서 달실 마을과 춘향전의 남자 주인공인 이몽룡의 생가로 알려진 계서당을 둘러보기로 하고 우선 봉화읍 유곡리에 있는 달실 마을로 이동했다. 조선 중기의 문신인 충재 권벌(權橃) 선생의 후손인 안동 권씨들이 모여 사는 봉화읍 유곡리 달실 마을은 안동의 하회 마을, 내앞 마을, 경주의 양동 마을과 함께 영남의 4대 길지라고 택리지는 말하고 있다.

충재 선생은 1507년(중종 2) 증광문과에 병과로 급제, 지평 등을 거쳐 도

봉화 달실 마을 전경

승지가 되고, 1519년 예조참판이 되었다. 이어 삼척부사, 밀양부사를 거쳐 경상도 관찰사, 한성부판윤을 지냈으며, 이후 1545년(인종 1) 우찬성으로 의금부판사를 지내고, 이해 7월 어린 명종이 즉위하자 원상(院相)에 임명되었다. 8월 을사사화(乙巳士禍)로 위사공신에 올랐으나 정순붕의 반대로 삭훈되고, 1547년(명종2)에 양재역 벽서 사건에 연루된 죄로 구례에 유배된 후, 삭주에 이배되어 배소에서 죽었다. 선조 초에 복권되고 영의정에 추증되었으며, 봉화의 삼계 서원에 배향되었다.

문집으로는 〈충재집〉, 〈우향계축〉, 〈사마방목〉, 〈문과잡과방목〉, 〈충재일기〉 등 15종 184책을 남겼다. 과거 합격자 명단인 〈사마방목〉은 보물 제524호인 〈정덕계유사마방목〉보다 17년이 앞선 것이고, 〈문무잡과방목〉 역시 지금까지 간행되어 전해지는 본으로는 가장 오래된 것으로 보물 제603호로 지정된 〈정덕계유문무잡과방목〉보다 6년이나 오래된 본이다. 〈을사정난기〉는 유일하게 남아 있는 것이며, 〈충재일기〉는 임진왜란 이전에 만들어진 역사적 자료이다. 그의 다양한 저술서는 조선의 정치, 사회, 경제사를 연구하는 데 매우 귀중한 자료로 평가되고 있다.

달실 마을 입구에 차를 세우고 주차장 옆의 노인정에 들어가 물어보니 마을 안쪽에 충재 선생의 종택인 솟을대문 집이 있다고 한다. 종택은 소박한 양반가의 전형이며, 집 옆의 충재 기념관에는 〈충재일기〉, 〈연산일기〉, 〈근사록〉 등 문화재 467점이 전시되어 있었다. 다만 종가에는 최근에 상을 당했는지 사랑 좌측에 짚을 엮은 줄을 쳐서 상가임을 알리고 뒤편에는 상주와 종친들의 이름이 일일이 적혀 있었다. 상중이라 종부 혼자 지키고 있는 것 같은 집안을 방문하는 것은 포기하고 정자, 사당, 기념관을 둘러보는 것으로 만족을 해야 했다.

대문 밖의 청암정은 거북 모양의 너럭바위 위에 세운 정자로, 미수 허목(許穆)의 친필 편액이 걸려 있었다. 풍광이 절묘하다. 국민 여동생 문근영이 주인공으로 나와 인기리에 방영된 TV드라마 〈바람의 화원〉의 촬영지로도 알려진 곳이다. 봉화군에는 이외에도 170여 개의 정자가 있다고 하니 과히

청암정의 사계절

정자의 고장이다. 충재 종택에서 계곡을 따라 내려가면 울창한 소나무 숲에 싸인 석천계곡이 있다. 이곳에는 권벌의 장자 권동보가 지은 석천정사가 있어 계곡을 한 눈에 조망할 수 있다. 충재 종택과 청암정, 석천계곡으로 이어지는 달실 마을의 경관은 명승 및 사적으로 지정되어 있다.

충재 선생의 고택 앞에 서서 마을을 둘러보니, 마을을 350도 정도 둘러싸고 있는 산이 있고, 그 가운데 암탉이 알을 품고 있는 자리에 집들이 들어서 있는 형국이다. '이래서 밖에서 보면 그냥 평범한 산으로 보이고 안의 넓은 터에서 후손들이 화를 피하면서 평안하게 살 수 있었구나!'라는 생각이 들었다. 종택과 청암정, 기념관 등을 둘러본 다음, 마을에 유명한 달실 전통 한과 공장으로 방향을 잡았지만, 길가는 어르신이 여름이라 한과는 만들지 않는다고 하여 길을 춘향전의 남자 주인공인 이몽룡의 생가인 물야면 가평리 계서당으로 잡았다.

봉화읍에서 계서당으로 가는 길은 물야면 사무소나 축서사로 가는 길을 따라 자동차로 10분 정도 가면 닿을 수 있는 가까운 거리다. 인근에 오전 약수터와 의상대사가 세운 축서사를 비롯하여 계서당이 있고, 길을 좀 더 나아가면 영주시의 부석사가 나온다.

춘향전의 주인공 이몽룡의 생가를 방문하다

봉화군 물야면 가평리의 계서당(溪西堂)은 계서(溪西) 성이성(成以性) 선생의 집으로 현재 13대 주손 부부가 살고 있다. 계서당은 특이한 것이 몇 가지 있는 한옥이다. 현대의 아파트와 비슷한 구조를 가진 사랑채에는 툇마루 천정에 일부지만 우물 정(井)자 모양의 문양이 있고, 우측 끝에는 남자용 소변기가 설치되어 있다. 또한 사랑채 아래의 벽면에는 다양한 문양이 있는데, 어른이 웃는 모습을 닮은 형상과 날갯짓하는 모습 등이 있어 눈길을 끈다. 한옥

을 공부하는 사람 그 누구도 본 적이 없다는 특이한 형상이라고들 한다. 고건
축을 공부하는 사람이라면 한 번쯤 가 볼만한 곳이라 하겠다.

조선 최고의 국문 소설 가운데 하나인 〈춘향전〉의 초반부는 당시 유행하
던 판소리나 민간 설화에서 따온 듯하고, 후반부는 성의성의 스승인 산서 조
경남 선생이 '계서(溪西) 성이성(成以性) 어사'를 모델로 글을 쓴 것으로 추측
되고 있다. 경상도 봉화와 영주에 살았던 성의성이 이몽룡이라는 학설은 〈춘
향전의 형성과 계통〉〈춘향전 비교 연구〉 등의 굵직한 저서를 출간한 연세대
국문학과 설성경 교수의 30년 넘는 춘향전 연구의 결과물이다.

계서당은 지난 1984년 국가지정 문화재 민속자료 제171호로 지정되
었다. 계서당의 원주인은 성이성(1595~1664)) 선생으로, 선생은 평생 청렴,
결백하여 검소하게 살았던 인물이다. 사후 홍문관 부제학에 추서되었고,
1695년 숙종 21년 청백리에 녹선(錄選)되었으며, 1786년 정조 10년 오천(梧
川) 서원에 주향되었다. 계서당은 광해군 때 남원부사를 지낸 부용당(芙蓉堂)
성안의(成安義.1561~1629)의 아들 성이성이 광해군 5년인 1613년 건립한 것
으로 알려져 있다. 개인적인 추측은 열아홉에 안동에서 온 부인 금씨를 얻어
분가를 한 것으로 짐작된다.

계서당을 둘러본 우리 가족은 서울로 가기 위해 길을 잡았다. 무척 더웠

이몽룡의 집 계서당

지만, 며칠 동안 재미있고 즐거운 여행이었다. 이번 여행이 연우에게 고향과 농촌에 대해 좋은 공부가 되었는지 모르겠다.

문경, 아나키스트 박열(朴烈) 의사 기념관에 가다

2013년 5월 중순, 문경을 다시 찾았다. 아침부터 이번 문경 여행의 가장 큰 목적지 중 하나인 마성면 오천리(샘골)에 지난 2012년 10월 개관한 '박열(朴烈) 의사 기념관'으로 갔다. 좁은 농로를 따라 가는 길이 보통은 아니다. 이런 곳에 기념관을 세운 이유가 약간은 의아(?)하다는 생각이 들 정도로 길은 협소하고 접근성이 떨어지는 것이 너무 아쉬웠다.

박열 의사, 조금은 생소한 이름이지만 본명은 준식(準植)으로 일제 강점기 때 독립운동을 한 아나키스트다. 선대가 예천 금당실 출신으로 문경으로 이주한지 얼마 되지 않은 1902년 점촌 모전동에서 태어났다. 학교는 인근 상주군 함창 공립보통학교를 거쳐 경성 고등보통학교 사범학과에서 수학했다.

박열 의사 기념관 전경

재학 중 민족주의 색채를 가져 3·1 만세 운동에 가담한 혐의로 퇴학당했다. 이후 1919년 일본 도쿄로 건너가, 세이소쿠가쿠엔 고등학교를 고학으로 다녔다. 1920년 1월 일본에 있는 조선인 학생들과 노동자 사회의 상부상조를 표면상의 목적으로 하는 '동경 조선 고학생 동우회'를 결성해 활동했다. 이후 '의열단', '흑우회' 등을 조직하기도 했다.

'흑우회'에서 본격적인 아나키즘 신봉자로 활동했다. 1923년 4월 '불령사(不逞社)'라는 비밀 결사를 통하여 직접 행동의 기회를 노리던 중, 그해 관동 대지진 이후 험악한 분위기 속에서 일본인 연인이었던 가네코 후미코(金子文子)와 함께 1923년 10월에 일본 왕자 히로히토의 혼례식 때 암살을 기도한 죄로 체포되었다.

불령사가 일왕 다이쇼와 히로히토 왕세자 등을 폭탄으로 암살하기로 모의했다는 혐의의 대역죄로 기소되었지만, 사건 자체가 과장·조작되었다는 설도 있다. 아무튼 박열과 가네코는 암살 기도 혐의로 1926년 3월 사형 선고를 받았다. 박 의사는 1926년 일본 법정에서 사형 판결이 나자 "재판장 수고했네. 내 육체야 자네들 맘대로 죽이지만 내 정신이야 어찌하겠는가?"라는 유명한 말을 남겼다. 과장·조작된 사건이라 그런지 이내 두 사람은 며칠 만에 무기 징역으로 감형되었다.

사상적 동지로 만나 옥중 결혼을 했던 가네코는 몇 달 뒤 감옥 안에서 자살 후 시신으로 발견되었다. 이후 박열은 일본의 항복 직후인 45년 10월 미군에 의해 풀려났다. 풀려날 당시 그는 세계 최장기 양심수로 22년 2개월 복역 기록을 세웠다. 박열은 광복 후 잠시 김구 선생과 뜻을 같이 하기도 했지만 이내 의절했다.

이후 1946년과 1947년 2차례에 걸쳐 이승만과 만났다. 그 후 1947년 6월 '민단신문'에 '건국 운동에서 공산주의를 배격한다.'는 성명서를 발표했다.

그리고 47년 10월 민단 정기 대회에서 이승만 계열의 남한 단독정부 수립 노선을 적극 지지하는 민족주의자로 전향한다.

그는 1946년부터 1948년까지는 민단 단장직을 수행했다. 정부 수립 이후 이승만의 초청으로 1949년 귀국했다가 1950년 한국전 개전 직후 납북되었다. 북에서 구체적 활동 자료는 알 수 없으나 북 정권에 일부 기여한 측면이 있는 것으로 알려져 있다. 1974년 재북 평화통일 촉진협의회에서 활동했다.

저서로 〈신조선 혁명론(1946)〉을 남겼고, 1989년 건국훈장 대통령장이 추서되었다. 그리고 2002년에는 박열 의사 기념 사업회가 창립되었다. 박열의 첫 부인이었던 가네코는 젊은 나이에 옥사했지만, 열렬한 아나키스트로 남편의 고향인 문경에 묘소가 있는 일본인이다.

1903년 1월 일본 가나가와 현 요코하마 시 출생으로 양친 모두 양육을 거부해 출생 신고가 되지 못했던 그녀는 호적이 없다는 이유로 학교를 제때 다니지 못하는 등 어려운 가정 환경에서 자랐다. 일본의 친척집에 맡겨져 자라던 중 1912년에 충북 청원군 부용면에 살고 있던 고모 집에서 약 7년간 살며 부강 심상소학교에서 수학했다.

청주에서 3·1 운동을 목격한 뒤 한국인들의 독립 의지를 확인하고 이에 동감하게 되었다. 1919년 일본으로 돌아갔으나 어머니는 여전히 결혼과 이혼을 반복하고 있는 불안정한 상황에서 모친이 자신을 술집에 팔아넘기려 하자 혼자 동경의 친척집으로 올라와 신문 배달, 어묵 집 점원으로 일하면서 영어 교습소에서 공부했다.

이때 사회주의자들과 만나 교류하면서 이들의 영향을 받게 되어 아나키스트가 되었고, 1921년에는 조선인 사회주의자들과도 알게 되었다. 1922년 박열과 동지로 만나 동거를 시작했으며, 흑우회에 가입하고 기관지를 함께 발행하는 등 그와 뜻을 같이 하게 되었다. 당시 박열과의 동거 서약을 보면 대단하다. "첫째, 동지로서 동거한다. 둘째, 운동 활동에서는 가네코가 여성이라는 생각을 갖지 않는다. 셋째, 한쪽의 사상이 타락해서 권력자와 손잡는 일이 생길 경우 즉시 공동생활을 그만둔다."라고 되어 있다.

1923년 박열과 함께 아나키즘 단체인 불령사를 조직했는데, 그해 가을 관동 대지진이 일어나면서 보호 검속 명목으로 연행되었다. 그는 일왕을 암살하려 한 대역죄 명목으로 1926년 사형 판결을 받았다. 며칠 만에 무기 징역형으로 감형되었으나, 얼마 지나지 않아 우쓰노미야 형무소에서 끈으로 목을 매어 자살했다.

"박열의 고향인 문경 땅에 누구도 쉽게 찾을 수 없는 깊은 계곡에 분봉도 묘비석도 없는 산소를 마련해 달라."는 유언에 따라 박열의 형이 유골을 인수받아 문경읍 팔영리에 안장했다. 현재 가네코의 무덤은 박열 의사 기념관 입구로 2003년 이장되어 자리를 잡았다.

당시 박열과 동지가 된 이유를 적은 형무소의 진술서에 그녀는 "나는 박열에게 부화뇌동하여 천황이나 황태자를 타도하려고 생각하게 된 것이 아니다. 나 스스로 천황은 필요 없는 것, 있어서는 안 되는 것으로 생각했다. 그런 나의 생각이 박열과 같았기 때문에 부부가 되었다. 우리가 하나가 되는 조건 가운데는 그런 생각을 공동으로 실행하려는 동지적 결합이 약속되었기 때문

박열 의사와 가네코 후미코 묘지

이다."라고 했다. 일본에서는 천대받던 식민지 남성을 사랑하고 존경한 일본인 여성으로 남편보다 더 강렬한 항일 감정을 보이며 천황제를 부정하고 온몸으로 항일 운동을 한 전사였던 그녀를 기리는 사람들이 많다.

일본에서는 그녀의 전기가 〈가네코 후미코〉라는 이름으로 야마다 쇼지가 저술한 책이 출간되었으며, 그녀를 연구하는 학술 모임도 구성되어 있다. 한국에서도 KBS 스페셜에서 가네코와 박열에 대한 다큐멘터리를 제작, 방영하기도 했다. 박열 의사 기념관 입구 왼쪽에는 가네코 여사의 산소가 있다.

나는 이곳에서 간단하게 묵념을 했다. 얼마 전 내가 문경에 간다고 하니 녹색당에서 활동 중인 혜복이가 꼭 가네코 여사의 무덤을 참배하라고 부탁을 해서 그녀의 기원도 같이 올렸다. 그리고 입구 우측에 있는 생가를 살펴보았다. 작고 아담한 초가집이었지만, 정취가 있어 보기에 무척 좋았다.

다시 조금 올라 간 곳에 있는 기념관은 2층 건물로 웅장해 보였다. 57억 원이 넘는 비용을 들여서 7~8년 정도 공사하여 2012년 10월에 완공했다. 어떻게 보면 이곳이 바로 한국 아나키스트의 성지가 된 것이다. 기념관은 4,300평의 넓은 부지에 건물은 연면적 1,600㎡(485평)로 전시실과 영상실 등이 있다. 기념관에 들어서면 책을 들고 앉아 있는 박 의사의 동상이 보인다. 동상 좌대엔 임시정부 최고 이론가인 조소앙 선생이 남긴 글이 새겨져 있다. '천황을 타도하는 선봉에 서시고 민주를 개벽하는 건물이 되시다.'라는 멋진 문장이다.

1층 전시관에는 의사의 일대기와 그가 아나키즘 운동을 펼치면서 간행한 〈흑도〉 등 잡지, 저서, 어록, 당시 재판 기록과 그를 지원한 일본인 후세 변호사에 관한 자료, 신문 기사, 가네코에 관한 자료 등이 진열돼 있다. 그동안 일본·한국·북한 등에 흩어져 있던 유품과 사료 등 630여 점이다.

2층에는 박열과 가네코의 유적, 일제 강점기의 법정 및 형무소 체험실, 영상실, 박열의 사회 운동 및 항일 투쟁 자료실이 만들어졌다. 가네코의 철학과 사상을 구체적으로 알 수 있는 공간이며, 일본에서 그녀에 대한 연구가 상당히 진척되어 있음을 알 수 있는 기회가 된다. 박열보다 더 투철했던 혁명 전사였던 가네코에 대한 자료는 생각보다 많아서 공부가 많이 되어 좋았다.

기념관이 조성되면서 정말로 이곳은 일본 아나키스트들이 찾는 성지가 되고 있다. 기념관 완공 이전에도 가네코 연구회 회원 등 300여 명이 일본의 흙과 물을 가져와 가네코 묘소에 뿌리고 그의 흔적을 더듬었다. 기념관이 준공된 뒤에도 일본인과 재일 교포 등 수백 명이 찾아와 전시 자료를 꼼꼼히 살피고 있다.

국내 아나키스트 단체인 '국민 문화 연구소' 회원들과 연구자, 재일 동포도 수시로 이곳을 방문하고 있다. 참, 재미있게도 난 박열 의사 기념관을 둘러보면서 박열이라는 인물에 대해서 이제라도 알게 되어 너무 기뻤고, 가네코 여사에 대해서도 공부가 되어 무척 좋았다. 그런데 보수적인 경상도 문경 땅에, 어떻게, 왜, 누구의 도움과 의지로 아나키스트 박열 의사의 기념관이 건립되었을까? 의아한 측면(?)도 있었다.

박열 의사 기념관에서도 좋은 것을 많이 보았지만, 나는 약간은 생뚱맞은 기분이 든 게 사실이다. 원래 예천 사람으로 문경에서 태어나 초등학교는 상주에서 다니고, 15살에 서울로 유학을 갔다가 다시 19살에 일본으로 건너가 독립운동에 매진하다 형무소 생활을 했다. 그리고 광복 직후에도 일본에서 활동했다. 이후 귀국하여 잠시 서울에서 우익 인사로 활동하다가 전쟁으로 납북된 사람이 과연 문경 마성면에 얼마나 살았고, 문경에 얼마나 기여를 했는지 의문(?)이 많이 들었다. 거기에 보수적인 토양인 문경 땅에 평등·평화·자유를 외치는 아나키스트 기념관이라니. 알 수 없는 웃음이 터져 나왔다. 역시 우리 민족에게 피는 이념보다 진한가 보다.

작은 문경읍, 가은읍을 걷다

2013년 6월 초순, 동서울 터미널에서 8시 20분 버스를 타고 다시 경북 문경읍으로 향했다. 버스는 건국대 충주 캠퍼스를 거쳐 10시 30분 경 문경 터미널에 도착했다. 아침 햇살이 무척 좋은 날이라 눈이 부신 가운데 선글라스와 모자, 선크림을 얼굴에 바르고는 도보 여행을 시작했다. 터미널 바로 앞의 식육점 뒤편에 있는 오래된 창고를 발견하고 둘러보았다. 낡은 농협 창고인데 지금은 쓰이지 않는 것처럼 보였다. 그래도 철문과 외벽이 고풍스럽고 아름다워 사진을 한 장 찍어 둔다.

다시 길로 나와서 전진하다가 앞쪽 골목에 있는 낡은 정미소 간판을 발견하고는 들어가 보았다. 지금은 이곳도 없어진 정미소지만, 낡고 오래된 건물이며, 외벽이 멋지고 특이하여 한참을 바라보았다. 그 옆에 있는 목욕탕 건물도 재미있다. 목욕탕의 붉은 색 간판도 웃기지만, 낡은 건물을 방치하여 곳곳에 얼룩이 많아 마치 흐려진 벽화 같다.

지금은 효용이 없어진 시골 정미소와 목욕탕을 살펴본 나는 길을 우측으로 잡아서 조금 가다가 오미자 찐빵을 판다고 하는 글씨를 발견했다. '다올 오미자 찐빵'이라고 하는 작은 가게인데, 도넛, 찐빵, 크로켓, 만두 등을 팔고 있었다. 난 오미자 찐빵이라는 말에 무조건 빵 하나를 달라고 하여 먹어 보았다. 향이 진하지는 않았지만, 식감이 좋았고 약간의 오미자향이 입안을 맴돌았다.

점심을 먹어야 하는데, 이것으로 대충 끼니를 해결한 것 같아 나중에 이른 저녁을 먹는 것으로 하고는 다시 길을 나선다. 길을 우측으로 잡아

맛 좋고 색 좋은 오미자 찐빵

서 '경북 관광고등학교'로 갔다. 예전 문경 고등학교가 학생 모집이 어렵고 지역 특성화를 위해서 지난 2002년 관광고로 개편을 한 것이다. 학생이 많지 않아 보였지만, 실내 골프 연습장도 있고, 컴퓨터실, 도예실 등도 있어 제법 알차게 운영되고 있는 듯했다.

예전에 선배 한분이 80년대에 이곳에서 교편을 잡은 적이 있는데 탄광 지역이라 별로였지만 아이들은 순박하고 좋았다는 말을 들은 적이 있다. 학교를 둘러본 나는 좀 더 길을 올라 '문경 향교(聞慶鄕校)' 방향으로 길을 잡았다. 길을 한참 올라가니 향교가 보인다. 향교 앞에 주차장이 있고, 바로 앞에 두 채의 농가 주택이 있다. 너무 향교와 가깝게 있어 신경이 쓰이기는 했지만, 나름 향교는 잘 관리되고 있는 듯했다. 그런데 향교의 문은 굳게 잠겨 있었다. 들어가려고 하니 방법이 없어 월장을 하게 된다.

문경 향교는 조선 태조 1년에 현유(賢儒)의 위패를 봉안, 배향하고 지역민의 교육과 교화를 위하여 창건되었다. 임진왜란 때 소실되었다가 그 뒤 중건하였다. 현존하는 건물로는 대성전·전사청·내삼문·명륜당·동재·서재·외삼문 등이 있다. 대성전에는 5성(五聖), 송조 4현(宋朝四賢), 우리나라 18현(十八賢)의 위패가 봉안되어 있다. 뒤로 높아지는 지형에 대지를 3단으로 마련하고 앞쪽에는 교육 공간을, 뒤쪽에는 제사 공간을 배치하였다. 정문격인 외삼문을 통과하여 교육 장소인 명륜당을 지나면 앞면 3칸, 옆면 2칸의 대성전이

문경 향교 향사 기념

모습을 드러낸다.

대성전은 공자를 비롯한 성현의 위패를 모시고 제사를 지내는 곳으로 깔끔하게 단장되어 있었다. 지붕은 옆면에서 볼 때 사람 인(人)자 모양인 맞배지붕으로 소박한데 전체적으로 장식적인 요소가 거의 없는 간결한 모습이다. 조선 시대에는 중앙 정부에서 토지와 노비·책 등을 지원받아 학생을 가르쳤으나, 갑오개혁 이후 신학제 실시에 따라 교육적 기능은 없어지고, 봄·가을에 석전(釋奠)을 봉행하며, 초하루·보름에 분향하고 있다.

대성전은 경상북도 문화재 자료 제132호로 지정되어 있으며, 유물로는 조선 숙종 어필병풍이 소장되어 있다. 현재 전교(典校) 1명과 장의(掌議) 여러 명이 운영을 담당하고 있다. 예전, 문경 향교의 교장인 전교를 지내신 장인어른 덕에 한 번 방문을 한 적이 있는데, 오랜 만에 다시 오니 무척 좋다. 잠시 쉬면서 명륜당, 대성전, 동재, 서재를 살펴보고는 다시 길을 나선다.

계속 전진하면서 읍내를 거닐다 보니 '문경읍 사무소'가 보여 안으로 들어갔다. 소읍의 사무소지만, 크기도 크고 멋스럽게 지어져 있었다. 안팎을 살펴본 다음, 지역의 관광 안내도를 한 장 받아들고는 뒤편의 '문경 서중학교'로 갔다. 예전 '문경 객사'가 있던 곳이라 객사 건물을 살펴보기 위해 방문한 것이다. 객사는 요즘으로 보자면 지방에 있는 국립 호텔 정도로 보면 되는 곳이다. '관산지관(冠山之館)'이라고도 불리는 문경 객사는 1987년 경북도 문화재 자료 제192호로 지정되었다. 조선 시대에 건축한 관아의 객사 건물로 현재 문경 서중 교정에 있다.

정면 5칸, 측면 2칸 맞배지붕 건물로 중앙 3칸은 고설각(高設閣)을 설치하고, 양쪽 각 2칸은 빈객의 침소로 마련한 것이다. 1648년(인조 26)과 1735년(영조 11)에 각각 중수되었다. 일제 강점기에는 군청사의 일부로 사용되었다. 2013년 보수 공사를 했다. 다행히 내외부의 출입이 자유로워 안팎을 자세하

문경 객사 전경

게 살펴보았다. 지붕이며, 기둥, 창살 등이 고풍스럽고 아름다워 사진을 여러 장 찍어왔다. '작은 것이 아름답다.'는 진리를 다시 배우게 되는 건물이다.

객사를 살펴보고 학교도 둘러본 다음, 교문 앞에서 길을 가는 어르신들에게 예전 문경군청 터를 물어보았다. 그랬더니 군청 터가 바로 앞에 있는 작은 빌라라고 해서 가 보았다. 군청 청사가 있다가 다시 우체국으로 바뀌었다가 현재는 빌라가 지어졌다고 하는데 흔적도, 표지석도 없고, 현재의 건물은 별로 볼품도 없었다.

읍내를 돌아다니다보니 벌써 오후 3시 30분이다. 이제는 문경 새재까지 가는 것은 포기하고 새재 가는 길목에 있는 도자기를 굽는 '영남요(嶺南窯)', '문경 도자기 전시관(聞慶陶瓷器展示館)', '문경 유교 문화관(聞慶儒敎文化館)'을 순서대로 둘러보기 위해 3km 정도를 걸어서 갔다. 무척 덥고 눈도 부시다. 목도 조금씩 마르기 시작한다. 가장 먼저 당도한 곳은 영남요다. 도자기의 고장 문경에는 동로면 인곡리에서 조선 초기부터 도요의 역사가 시작되어 현재 10여 개의 도요지가 분포하고 있다. 이곳에서는 조금씩은 다르지만 때로는 같은 백자·진사대작·분청사기대작·다완·다기 세트 등이 생산되고 있다.

문경 자기는 특히 나무의 재를 이용하여 유약을 만들고, 전통 가마에 장작불을 지펴 구워 내는 고전 방식 그대로의 제작 과정을 지키고 있어 자기의 깊은 멋이 살아 있는 것이 특징이다. 진안리에 7대째 가업을 이어 오는 중요 무형 문화재 제105호 사기장 기능 보유자인 김정옥의 영남요를 비롯하여 천한봉의 문경요, 김억주의 황담요, 이정환의 주흘도요 등 10여 곳이 문경을 대표하고 있다. 여러 군데의 도예촌에서 나온 우수작들은 문경 도자기 전시관 등에 전시되어 있으며, 자기 홍보와 판매를 위해 찻사발 축제와 도자기에 관한 강좌, 도자기를 직접 제작하는 체험 행사도 자주 열리는 편이다.

문경에서는 특히 오늘 방문하게 되는 영남요와 천한봉의 문경요가 제일 유명한 편이다. 문경 도자기는 흙으로 빚은 그릇을 구워 내는 방법에 따라 토기, 도기, 자기로 나누어지는데, 백토 등이 혼합되어 높은 온도에서 구워 낸 그릇을 자기라고 하며, 사기장은 사옹원(司饔院)에서 사기를 제작하던 장인들을 일컫는 말이었다. 영남요의 주인인 백산 김정옥 선생은 1942년 문경읍

문경의 도자기

관음리에서 태어났다. 그의 7대조 김취정 선생이 관음리에서 사기장 일을 시작했다. 그때부터 오늘까지 200여 년간 사기장 일을 하고 있는 것이다.

그는 어린 시절부터 양친에게서 자기 제작 기술을 전수받았으며, 18세가 되는 1960년도부터는 홀로 물레를 돌릴 수 있을 정도가 되었다. 어려운 살림 형편으로 중학교

3학년을 중퇴하고 집안일을 도우며 사기장 일을 시작했다. 부친이 타계한 이후 일을 그만둘까 고민하다가 현재의 터로 이전하여 영남요를 짓고 가업을 계승하기에 이르렀다. 18세부터 본격적인 도예가의 길로 들어서 그는 50년이 넘는 세월 동안 고집스럽게 전통 방식을 고수하고 있다. 지금 일흔이 넘은 나이에도 발 물레를 고집하며 유약을 만드는 것에서부터 배합까지 모두 전통을 지키며 문경 자기의 은은한 미(美)를 재현하고 있다.

그러한 노력으로 그의 작품은 전통적인 조선 백자의 전통성을 가장 잘 유지하고 있다는 평가를 받는다. 도자기를 구울 때도 장작 가마인 망뎅이 가마만을 사용하고 장작 또한 적송만을 사용한다. 선생이 만들어낸 작품들은 미국 스미스소니언 박물관, 영국 대영 박물관 등에서 한국 전통의 아름다움을 알리고 있다. 7대째 이어져 내려온 가업은 아들인 경식까지 8대째로 이어지고 있으며, 손자인 지훈 군 역시 경기 이천의 도예고에 다니고 있어 9대의 맥을 이어 가고 있다. 지훈 군은 2013년 문경 전통 찻사발 축제 행사의 하나인 발 물레 경진대회 학생부에서 3등을 차지하여 화제가 되기도 했다.

그의 집안 대대로 내려오는 청화 백자 기술은 소박하면서도 고고한 멋을 느낄 수 있고, 정호다완에서는 정갈한 아름다움을 느낄 수 있다. 난 감탄사를 연발하며 이곳저곳을 둘러보고는 밖으로 나왔다. 이제는 배가 고파 도저히 참을 수 없어 문경 유교 박물관 큰 길 건너편에 있는 작은 순두부 전문점에서 늦은, 아니 이른 저녁으로 순두부를 먹었다.

겨우 부른 배를 다시 부여잡고는 길을 좀 더 걸어 문경 도자기 전시관으로 이동했다. 문경읍 진안리에 있는 도자기 전시관은 조선 초기 분청사기 도요지로 유명한 문경 도자기를 알리기 위해 만들어졌다. 문경 도자기는 주로 서민들이 사용하던 것으로 꾸밈이 없고 자연스러운 모양을 갖추고 있어 우리 민족 고유의 순수한 멋과 투박한 정서를 잘 표현하고 있다.

전시관에는 문경 도자기의 역사와 제작 과정 소개, 지역에서 출토된 자기류와 지역 도예인의 혼이 깃든 작품, 찻사발 축제 공모 수상작 등이 전시되어 있다. 전시관은 총면적 1,055㎡의 지상 2층, 지하 1층 규모로, 토기, 청자, 백자, 근·현대 도자기와 수석을 전시하고 판매하며, 실습 체험장과 체험 프로그램도 운영하고 있다. 단체 혹은 개인이 현장에서 체험을 하면서 만든 도자기를 나중에 가마에 구워 택배로 보내 주기도 한다. 건물 뒤에는 문경의 전통 가마인 망댕이 가마, 16세기 백자 공방이 설치되어 있어 좋은 볼거리다.

전통 망댕이 가마는 우리 특유의 칸 가마로 길이 20~25cm 사람 장단지 모양의 진흙덩이로 만들었으며, 외형은 봉통 5~6개의 요리칸으로 구성되고, 가마의 윗부분은 반구형과 약15도 경사로 이루어져 있다. 가마 외벽은 짚을 섞어 두껍게 바르고, 내벽은 진흙물로 매흙질을 한 것이 특징이다. 난 전시관을 재미있게 둘러보았고, 1층 다실에서는 차도 한잔 얻어 마셨다. 지역에서 나는 멋진 자기도 자세하게 살펴보았다. 하지만 실내 전시실은 전부 사진 촬영이 금지되어 있어 눈으로 보는 것만으로 만족을 해야 하는 것이 너무 아쉬웠다. 사진 좀 찍게 해 주지 말이야.

이어 바로 옆에 있는 문경 유교 문화관으로 이동하여 내부를 둘러보았다. 이곳은 각종 설명판·모형·영상·구조물 등을 통해 유교 문화를 한눈에 살펴볼 수 있도록 꾸며졌다. 문경은 예로부터 한양으로 가는 지름길로서 영남과 기호 지방 선비들의 만남의 장으로 이용되기도 했다. 퇴계 이황, 백담 구봉령, 학봉 김성일, 서예 유성룡 선생 등 많은 선비들이 청운의 꿈을 안고 넘나들던 문경의 유교 세계를 문화관은 담고 있다. 문경에는 아직도 이들이 다녀간 흔적이 문경 새재 주변과 진남, 선유동 지역에 남아 있으며, 비록 특출한 인물은 아니지만 문광공 홍귀달, 청대 권상일, 부훤당 김해 등은 선비의 꼿꼿한 자세를 잃지 않았으니 이것이 바로 문경에 남아 있는 유교 문화의 모습이 아닌가 한다.

이곳 문화관은 2004년 준공되었으며 건물 총면적 873㎡의 지상 2층 건물이다. 1층은 제1전시실·제2전시실·전통 유교 문화 체험실, 2층은 제3전시실·제4전시실·자료실·관리사무실로 구성되어 있다. 선비 문화를 주제로 한 제1전시실은 유교의 역사와 선비의 생활에 대한 설명판과 문방사우 전시물, 사랑방을 재현한 모형 구조물, 관련 영상물이 갖추어져 있다. 선비 문화는 성리학을 국가의 통치와 생활의 이념으로 삼았던 조선 시대에 보다 구체화되었고 정착되었다.

규방 문화를 주제로 한 제2전시실은 안방 문화라고도 하고, 여성 문화라고도 할 수 있는 공간이다. 자수를 놓은 의복과 규방 자수 물품 전시물, 규방을 재현한 모형 구조물, 규방 문화생활·생활문화 설명판으로 꾸며져 있다. 문경의 유교 문화를 주제로 한 제3전시실은 문경 향교의 유물과 문경의 유교 유적 및 유학자를 설명하고, 서당을 재현한 모형 구조물이 설치되어 있다. 문경에는 현재 조선 초에 세워진 문경 향교가 있고, 서원으로는 효종 6년에 세워진 근암 서원과 숙종 29년에 건립된 소양 서원이 있다. 이외에 영빈 서당, 반곡 서당이 아직도 남아 있다.

문경의 풍류 문화를 주제로 한 제4전시실은 문경의 유교 문화와 역사에 대한 전시, 주암정 모형과 향음주례 모형이 설치되어 있다. 특히 탈속의 담백한 서정과 운치, 대쪽 같은 절의와 기개를 만나봄은 물론 조화와 풍요, 여유로움과 해학이 있었던 선비 문화의 다양한 면면과 그러한 생활의 바탕이 된 누각, 정자, 집들을 살펴볼 수 있다. 관람객들은 유교 문화 체험실에서 목판 인쇄와 탁본 체험을 할 수 있다. 나름 공부가 되는 것 같아 천천히 보았다. 어렵고 힘든 유교 문화를 전시장을 한번 둘러보는 것으로 전부 알 수는 없었지만, 좋은 학습 기회가 되어서 좋았다.

다음날 아침 비빔밥으로 배를 채운 나는 힘을 내어 가은읍 갈전리 방향으로 다시 길을 잡아 중요 무형 문화재 제77호 유기장(鍮器匠) 이봉주 명장이 운영하는 '방짜유기촌'으로 갔다. 30분 이상 걸어서 산중턱에 있는 방짜유기촌에 올라갔더니 토·일은 오후에만 문을 연다고 한다. '먼 길 왔는데 차라리 문을 열지 말지, 오후에나 문을 연다.'고 하니 더 좌절하게 된다.

'이런 다음에 다시 오기도 힘든데, 오후에 다시 와야 하나.' 잠시 고민이 되었지만, 그냥 안팎을 도둑고양이처럼 살펴보고 가는 것으로 하고는 크게 둘러보았다. 실내는 대부분 문이 잠겨 있어 볼 수 없었지만, 뒤편 작업장은 청소를 하는 중이라 잠시 가공 준비 중인 금속 덩어리와 실패작들을 눈으로 구경할 수 있었다. 더 이상 볼 수 없는 것이 안타깝기는 했지만, 앞에 있는 송덕비도 보고, 유기로 만든 종도 보았다. 종은 유기로 잘 만들어져 있어 느낌은 체감할 수 있었다.

이곳의 유기장 이봉주 선생은 평안도 정주 출신으로 20대 초반에 월남하여 서울에 있는 유기 공장에 들어가 처음 일을 배웠다고 한다. 이후 서울 용산구에서 유기 만드는 일을 계속하다가 지난 2002년 이곳 문경시 가은읍으로 내려와 약 4만 평 부지에 공방과 기숙사 등을 마련했다. 현재 대구에는 박물관을 준비 중에 있고, 이곳 문경에서는 제자들과 함께 공동 작업을 하고 있는 상황이다. 방짜유기는 현대 과학으로도 풀리지 않는 신비의 그릇이다. 인체에 나쁜 성분을 만나면 변색되며, 독성이 없고, 항균·살균 효과가 탁월해 생명을 살리는 신비한 물건이라고 한다. 구리와 주석 비율을 78대

방짜유기 반상기

22로 섞어 만든다. 보통은 구리에다 주석을 17%까지 섞을 수 있는데 우리 방
짜 기술은 특이하게도 22%까지 합금해낸다

금속을 혼합하는 과정에 비율이 정확하지 않거나 이물질이 들어가면 불
에 달구어 제품을 만드는 과정에서 재료가 늘어나지 않는다. 또한 쉽게 깨지
거나 터져 버린다. 정확한 합금이 이루어져야만 방짜유기 특유의 색과 광채
가 나온다고 한다. 내·외부를 전부 보지는 못했지만, 느낌만으로도 다시 한
번 오고 싶다는 생각을 하면서 길을 나선다.

이번에는 길을 좀 더 서쪽으로 잡아 후백제 시조 견훤(甄萱)왕이 태어나고
자란 집터와 그의 탄생 신화와 관련이 있는 갈전리 '금하굴(金霞窟)'로 갔다.
아침부터 날이 더워지고 있어 걷는 것이 힘들어지기 시작한다. 20분을 넘게
걸어 길을 묻고 물어 겨우 금하굴
을 찾았다. 이곳은 후백제의 시조
인 견훤왕의 출생과 관련된 설화
가 전한다. 석회암층에 발달한 석
회 동굴로 깊이는 23m이며, 안타
깝게도 동굴 내부와 바닥에는 두
껍게 진흙이 덮여 있어 석순, 종유

후백제 견훤왕의 고향 문경

석 등의 동굴 생성물은 확인할 수 없다. 외부에서 보기에는 그저 평범한 동굴
처럼 보이는 이 굴이 후삼국의 영웅 중에 하나인 견훤왕의 출생과 관련이 있
는 곳이라는 생각에 나는 잠시 경건해진다. 이곳 금하굴에는 전주 견씨(全州
甄氏)의 시조인 견훤왕의 탄생 설화가 전한다.

갈전리 아차 마을의 한 규수의 방에 밤이면 이목이 수려한 초립동이 나타
나 정을 통한 후 새벽이면 사라지기를 여러 번, 처녀는 아이를 잉태하게 되었
다고 한다. 부모가 놀라 규수에게 초립동의 옷자락에 실을 꿴 바늘을 꽂도록

시킨 후, 실을 따라가 보니 금하굴에 커다란 금빛 지렁이가 있었다. 그 후로는 초립동이 나타나지 않았으며 10개월이 지나 남자아이가 태어났는데 그가 견훤이다.

견훤은 서기 900~935년까지 후백제의 왕으로 재위했으며, 관제를 정비하고 중국과의 국교를 맺고, 궁예의 후고구려와 충돌하며 세력 확장에 힘썼다. 후에 고려 왕건에게 투항했다. 왕건에게 자신의 아들인 신검왕의 토벌을 요청하여 후백제를 멸망시켰다. 그는 본래 이(李)씨이며, 상주의 호족 아자개(阿慈介)의 장남이다. 상주군 가은현에서 태어났다. 신라 백성으로 공을 세워 장군이 되었는데, 나라가 혼란한 틈을 타서 892년 반기를 들고 일어나 여러 성을 공략하고, 무진주를 점령한 이후부터 독자적인 기반을 마련했다.

이후 900년 완산주에 입성하여 국호를 후백제라 하고 정치 체제를 갖추었다. 927년 신라의 수도인 금성을 함락하여 경애왕을 살해한 후, 효종의 아들인 12살의 어린 김부를 경순왕으로 세웠다. 그러나 경순왕은 친 고려 정책을 고수하였으며, 신라의 민심은 고려의 왕건에게 기울어져 갔다. 929년 고창에서 왕건의 군사에게 크게 패한 후부터 차츰 형세가 기울어 유능한 신하들이 계속 왕건에게 투항하고, 934년 웅진 이북의 30여 군현, 동해 연안의 110여 성이 고려에 귀속했다.

이듬해 왕위 계승 문제로 맏아들 신검왕이 아버지인 견훤왕을 금산사에 유폐했으나 탈출했다. 그리고 스스로 고려 왕건에게 투항하여 상부 칭호와 양주를 식읍으로 받았다. 936년 왕건에게 아들인 신검왕의 토벌을 요청하여 후백제를 멸망시켰다.

나는 금하굴을 둘러본 다음, 마을 안쪽에 있는 견훤의 옛 집터를 살펴보았다. 마을 입구에 있는 안내판에는 분명 금하굴, 금하정, 숭위전, 견훤의 집터를 알리는 문구와 표시가 있었지만, 도저히 어디가 어딘지 알 수 없었다.

변변한 표지판도 안내문도 없었기 때문이다. 마을 주민들에게 길을 묻고 물어 겨우 찾아간 옛 집터에는 소를 키우는 우사가 크게 자리 잡고 있었다. 안내문도 없는 곳에 조금 큰 바위가 하나 있어 '이곳이 옛 집터에 있던 바위구나.'고 상상을 해 볼 수 있었다. '천 년 전 영웅은 가고 없고 그 흔적은 어디에도 없으니 세상사 얼마나 허무한가.'라는 생각이 들었다. 다행스럽게도 마을 입구에 금하굴이 있고, 그 앞에 지난 2002년 문경시가 건립한 사당인 '숭위전(崇威殿)'이 있어 추가로 그곳을 둘러볼 수 있었다.

숭위전에서는 매년 4월 10일에 전국에서 유일하게 견훤의 향사가 열린다. 사실 견훤왕릉은 충남 논산시 연무읍 금곡리에 있으나 그의 혼을 모신 사당은 그동안 전국 어디에도 없었다. 이에 그의 출생지인 문경시에서 그의 탄생 설화가 있는 가은읍 금하굴 주변에 사당을 세운 것이다. 사당은 정면 3칸, 측면 1.5칸의 맞배지붕 형식이며, 부지 면적 6.6평에 건평 5평 정도의 작은 건물이다. 비록 볼품은 거의 없는 작은 건물이지만, 이곳에 있어 의미가 있는 곳이라 난 지금은 잊혀진 영웅 견훤왕을 향해 묵념을 하고 돌아 나왔다.

이곳을 둘러보면서 가장 마음이 아팠던 것은 금하굴 주변이 너무 초라했고, 숭위전 역시도 규모가 생각보다 작았다는 것이다. 여기에 입구의 안내판에는 옛 집터가 있다는 표식이 있음에도 불구하고, 마을 안쪽 어디에도 구체

견훤왕의 사당 '숭위전'

견훤왕 사당 위패

적인 안내판도 표식도 없어 집터를 찾아서 헤매야 했다. 어렵게 찾은 집터는 우사로 변해 있어 황당했다. 또 하나 금하굴 앞에 있는 '금하정'이라는 정자는 이곳에 살던 순천 김씨들의 정자다. 견훤과도 금하굴과도 전혀 상관이 없어 보이는데, 위치도 그렇고 이름도 그렇고 약간의 불협화음(不協和音)을 내는 악기 같다는 생각이 들어 웃음이 나왔다. 아무튼 재미난 곳이다.

마을을 살펴본 나는 시냇물을 따라서 다시 가은읍내 방향으로 길을 잡았다. 가은읍 사무소를 잠시 둘러본 다음, 석탄 박물관 가는 방향으로 길을 잡아 가는 도중에 '가은역(加恩驛)'을 둘러봤다. 가은역은 가은선의 종착역이다. 역사(驛舍)를 열 당시에는 가은면과 마성면에 걸쳐 있는 은성탄광(恩城炭鑛)으로 불리던 광업소 앞쪽에 있다고 하여 은성역이라고 불리던 곳이다. 지난 1959년에 가은역으로 이름을 바꾸었다. 2004년에 가은선 폐선으로 폐역이 되었고, 이후 문경시가 가은선을 매입했다. 현재는 문경시와 한국 모노레일이 지난 2007년 업무 협약을 맺고 기존 가은선 노반과 선로를 보수하여 가은-진남역 간 9.6㎞ 구간에서 한꺼번에 200여 명이 탈 수 있는 1대의 미니 관광 열차(도록코 열차, 광산이나 토목 공사장에서 사용되던 광차(鑛車), mine tub)를 운행할 예정이라고 한다.

역사는 지난 2006년 등록 문화재 제304호로 지정되었다. 1955년 건립한 역사는 출입구에 박공지붕을 올리고, 측면에 대합실을 배치한 당시의 전형적인 간이 역사의 모습을 보여 준다. 출입구 양쪽으로는 기다란 수직 창을 배치했다. 그래서 작지만 아름다운 역사 중에 하나다. 이후 주거지로 용도가 바뀌면서 건립 당시의 원형이 다소 훼손되었다. 석탄 산업과 관련된 역사로 희소가치가 있으며, 8·15 광복 이후 건립한 철도 역사의 건축 기법을 잘 보여 주는 자료로 건축적·철도사적 가치가 있다.

가은역을 둘러본 나는 '문경 석탄 박물관' 방향으로 향한다. 희양산에서 발원하는 영산천이 봉암사를 지나 석탄 박물관 부근에서 영강과 아우라지를 이룬다. 박물관 앞 영산천 끝자락에 작은 보를 만들어 '수상 자전거 체험장'을 만들었다.

박물관 입구 앞의 작은 공원에 있는 견우와 직녀 동상과 오미자 조형물이 보인다. 80~90평 정도 되는 규모의 '오미자 공원'이라고 불리는 곳이다. 공원은 문경시가 한국 예술문화단체 총연합회 문경지부에 위탁해 지난 2008년

문경 석탄 박물관

건립했다. 문경시는 국내 최대의 오미자 생산지인 문경 오미자의 정체성과 비전을 표현하기 위해 이 공원을 조성하게 됐다. 또 파란 넝쿨에 빨갛게 달린 오미자를 표현한 공예 조형 작품 2점은 전국 오미자 생산량의 45%를 차지하는 문경의 대표적 특산물인 오미자라는 일상적인 소재를 예술적 작품으로 형상화했다. 나무에 달려 있는 오미자의 모습을 표현한 조형물도 멋있다.

'이곳에 견우와 직녀 동상은 왜 있을까?' 했더니 자세한 설명문이 쓰여 있다. 칠월칠석에 오작교에서 한번 만난다는 견우와 직녀는 까마귀와 까치가 지상에 있는 오미자 넝쿨로 다리를 만들었다는 내용이다. 이 사실은 오미자 넝쿨이 오작교의 자재가 된다는 것이다. 처음 들은 이야기였다. 하지만 재미도 있고 기발하다는 생각도 들었다. 오작교와 오미자를 적절하게 결합한 형태의 발상이 좋다. 조형물을 통하여 새로운 스토리를 만드는 공무원들의 능력이 대단해 보였다. 나도 큰 공부가 되었다.

이제 입장권을 구매하고는 문경 석탄 박물관으로 들어간다. 박물관을 보

고서 위쪽에 있는 '가은 촬영장'까지 이동시 모노레일을 타는 경우와 도보로 가는 경우가 있는데, 나는 도보로 이동하는 것으로 하고 입장권을 샀다. 가은 읍 왕릉리에 위치한 석탄 박물관은 1938~1994년 사이 탄광이었던 은성 광업소 자리에 지난 1999년 석탄의 역할과 탄광에 관한 역사적 사실들을 수집하고 보존, 전시하기 위해 설립된 전문 박물관으로 석탄 운반 기관차 등 광산 장비와 유물 6,400여 점이 전시되어 있다.

1~2층 중앙 전시장과 야외 전시장, 갱도 전시장, 광원 사택 전시장으로 구성되어 있다. 동선 길이 230m의 갱도를 전시 공간으로 활용하고 있는 점이 이채롭다. 연탄 모습으로 꾸민 외관이 독특하면서도 아름다운 곳이다. 부지 5만 136㎡, 연면적 1805.44㎡ 규모로 1층 전시실에는 우주의 탄생에서부터 지구의 형성, 석탄의 기원이 되는 고생대, 그리고 석탄이 형성되는 과정을 시간의 흐름에 따라 일목요연하게 나열하고 있다.

이 밖에도 1970년 지하 600m에서 캐낸 괴탄과 화석·황철석·자수정·규화목·규장암 등의 암석류가 전시되어 있다. 2층 전시실에는 석탄 운반용 증기 기관차와 연탄 제조기·채탄 도구·측량 장비·통신 장비·화약류·광산 보안장비 등이 전시되어 있다. 또한 탄광촌 점심시간 모습과 막장 굴진 작업 광경, 갱도 작업 모습, 석탄 선별 작업을 다루는 실물 크기 밀랍 인형을 전시해 실제 작업 장면을 묘사해 놓고 있다. 매직비전과 영상관도 있다.

야외 전시장에는 폐석을 쌓아 놓던 경석장, 갱내에서 사용하는 각종 자재 및 갱내에서 캐낸 석탄을 실어 나르는 광차(coal car), 갱내에서 사람을 태워 다니는 객차인 인차(man car), 광산에서 쓰던 기관차, 광차에 적재된 석탄이나 경석을 내리기 위해 광차를 전도(뒤집어서 탄을 쏟아내게 함)시키는 장치인 티플러(Tippler)가 전시되어 있다.

이외에도 경사로 이루어진 갱에서도 광차 또는 인차를 끌어 올리거나 수직갱에서 케이지나 스킵을 매달아 올리는데 사용된 150마력의 권양기 (Hoist), 갱도 안에 인공으로 공기를 만들어 넣어 주고, 착암기와 오거드릴 등 채탄과 굴진 기계를 움직이던 공기압축기 등이 전시되어 있다. 갱도 전시장에서는 갱내 사무실, 기계화 채탄 막장, 현대식 굴진 막장, 갱내 식사 장면, 사고시 구호 활동 등을 보여 준다. 탄광 갱도가 붕괴되는 사고를 소리로 재현하기도 한다. 탄광 광부들의 직업병인 진폐증 순직자 위령비도 있고, 1970년 건축된 25평의 광원 사택도 복원해 놓았다.

나는 개인적으로는 1960~70년 은성 광업소 사택을 배경으로 광부들의 생활상을 그려 놓은 사택 전시관을 둘러보면서 마음도 짠했고 눈물도 났다. 우리네 어린 시절도 생각이 났지만, 막장에서 일하던 광부들의 피와 눈물이 떠올랐기 때문이다. 아쉽게도 현재의 사택은 최근에 일부 복원한 것이라고 한다. 예전에 쓰던 사택을 전부 철거했기 때문이다. 조금만 미래에 대해 고민하는 사람들이 많았다면 과거 은성 광업소의 사택을 그대로 보존하여 지금

갱도 체험 학습이 가능한 문경 석탄 박물관의 탄광 갱도 전시장

도 관광 자원으로 쓰며 세계적인 광산촌 생활 체험 단지가 될 수 있는데, 전부 없앤 것이 너무 안타까웠다.

그리고 실제 갱도를 활용하여 갱도 체험을 할 수 있도록 만든 갱도 전시장을 둘러보면서, 더운 여름이라 시원함도 느낄 수 있었다. 하지만 무섭고 두렵다는 생각도 했다. 이런 곳에서 어떻게 일을 하면서 보낼 수 있었을까. 다들 존경스럽고 대단해 보였다. 한 시간을 봐도 반도 보기 힘들 정도로 넓고 큰 박물관이지만, 여러 번 왔다간 나는 주마간산으로 보고는 언덕 위에 있는 '가은 촬영장'으로 올랐다. 올 때마다 모노레일로 올랐던 곳인데, 오늘은 그냥 걸어 올랐다.

직선거리로 200m 정도인데, 더운 날씨에 기름 냄새나는 침목 길을 따라서 오르니 숨이 콱 막힌다. 원래 채탄장이 있던 아직은 황무지나 다름없는 곳이라 아카시아 나무가 대부분이고 큰 나무도 거의 없어 그늘 또한 없어서 걷는 것조차 힘들다. 배도 고픈 시간이다. 어렵게 올라가니 더운 날씨 때문인지 사람도 거의 없다. 물론 촬영도 없는 날이다. 이곳 가은 촬영장은 주로 사극 촬영을 많이 하는 곳으로 드라마 '연개소문', '대왕세종', '천추태후' 등 다수의 사극을 촬영한 곳이다.

위에 있는 1세트 촬영장은 고구려 궁궐과 신라 궁궐이 있고 초가들이 아주 많다. 그리고 아래에 있는 2세트 촬영장은 안시성과 성내 마을, 그 앞에 있는 3세트 촬영장은 요동성과 성내 마을로 구성되어 있다. 수많은 드라마의 촬영지답게 고구려 및 신라 시대의 성내 모습이 사실적으로 꾸며져 있어 보기에는 좋았다. 그늘이 없고 덥다는 것을 빼고는 말이다.

그래도 높은 곳에 올라 전망을 볼 수 있고, 약간은 시원한 바람이 불어서 기분은 상쾌했다. 다음에 올 때는 모노레일을 타고 전망을 다시 한 번 봐야겠다. 이제 철로 자전거 가은역 기점으로 가자. 철로 자전거 가은역 기점으로

예전 석탑을 쌓아 두던 곳인 가은 드라마 촬영장

가는 길에 다시 수상 자전거 체험장을 지난다. 아이들이 너무 신나게 놀고 있는 모습에 나도 잠시 넋을 잃고 쳐다본다. 부럽다. 역시 여름에는 물놀이가 최고인 것 같다. 조만간 다시 와야겠다.

철로 자전거 가은역 기점은 사실 현재의 가은역보다는 좀 더 앞에 있다. 대략 300m는 앞에 있는데, 왜 그런지는 잘 모르지만, 단선인 철로를 이용한 것이라 회전을 하고 자전거를 돌리는 문제와 외부의 손님들이 많이 왔을 때 대기하고 쉬는 공간의 문제가 있는 것처럼 보인다. 아무튼 나는 길을 따라서 걷다가 작은 철교를 건너 철로 자전거 가은 기점에 도달한다. 오후 4시 40분이 다 되어 사람도 거의 없고 조용하기만 하다. 문경은 전국에서 철로 자전거가 제일 처음 등장한 곳이다. 석탄 산업이 사양화되면서 문경의 탄광 지대를 오가던 석탄 열차가 사라지고 철길도 외로이 남겨졌지만, 지역 경제를 되살리려는 문경시의 노력 중 하나로 관광객 유치를 위해 아이디어를 낸 것이 철로 자전거의 시작이다.

철로 자전거를 타는 구간은 옛 가은선인데 점촌에서 무연탄 탄광이 있던 가은까지 잇는 구간이다. 가은선은 점촌에서 경북선과 이어지고 다시 김천에서 경부선과 만나는 구간으로, 지난 1994년 은성 광업소가 없어지기 전까지 가은선 열차의 90% 이상을 무연탄 수송에 사용했다고 한다. 사연이 담긴 철길이라 페달을 밟으며 오가는 길이 예사롭게 느껴지지 않는다.

영화의 촬영지로 쓰여도 좋을 만큼 예쁜 진남역을 출발해 진남교반의 절경을 감상하며 불정역까지 갔다가 돌아오는 코스, 진남역을 출발해 야생화를 감상하며 달리다 어두운 터널을 통과하는 독특한 체험을 할 수 있는 구랑리역 코스, 그리고 석탄 박물관에서 가까운 가은역을 출발해 구랑리역까지 갔다가 돌아오는 세 가지 코스가 있다. 어떤 코스를 이용하건 아름다운 문경

문경 철로 자전거

의 물길을 따라 철길을 달리는 즐거움을 누릴 수 있다. 주말에는 이용객으로 붐벼 오래 기다려야 한다. 오전 일찍 예약을 하고 문경의 다른 지역을 방문한 후 다시 와서 타는 것도 하나의 방법이다.

오늘 방문한 가은에서 구랑리역까지 왕복을 하는 철로 자전거는 편도로 운행을 하는 관계로 50분 정도씩 기다려야 한다. 자전거가 갔다가 다시 오는 시간이 대략 50분 정도는 걸리는가 보다. 예전에 가족과 같이 탄 적이 있는데, 생각보다는 재미도 있고 여름에는 시원함도 좋았다. 조만간 한번 타는 것으로 하고 오늘은 구경만 하고 간다.

가은읍은 정말 재미난 곳이다. 읍 소재지인데도 여관이 없고, 버스 터미널은 현금 거래만 한다. 놀랍기도 했지만 이런 구석이 나는 좋다. 조만간 또 한 번 가은읍에 가야겠다. 천천히 돌아가는 시계를 발견한 듯하여 이번 문경 여행은 더욱 즐거웠다.

낙동강 700리의 시발점,
삼백의 고장 상주에 가다

삼백의 고장 상주를 걷다

2012년 12월 말 주말을 이용해 친구들과 '바람, 빛, 곶감 그리운 고향'을 주제로 한 '외남 상주 곶감 축제'가 열리는 상주시 외남면 소은리 곶감 테마 공원에 다녀왔다. 흰색을 상징하는 쌀, 면화, 누에가 유명하여 예부터 삼백(三白)의 고장이라고 불리던 상주는 요즘에도 전국 제일의 쌀 산지에 누에의 먹이가 되는 뽕나무 열매와 잎을 2차 가공한 오디주, 오디즙, 오디쨈, 뽕잎차 등의 생산량이 많고, 감을 가공한 곶감, 감식초 등이 유명하다. 상주에서는 현대적 의미에서 쌀과 뽕(누에), 잘 익어 겉이 흰 곶감을 신삼백(新三白)이라고 칭하고 있다.

특히 조선 시대 임금님께 진상되었던 상주 곶감은 전국 생산량의 60%를 만들어 내고 있다. 예부터 벼슬 혹은 관직을 뜻하는 감은 제사상에 오르는 몇 안 되는 전통 과일이다. 통상 콩 심은 데 콩 나고 팥 심은 데 팥이 나는 것이 세상만물의 이치인데 감만은 전혀 그렇지 않다.

감의 씨앗을 심으면 감나무가 나지 않고 대신 고욤나무가 자란다. 그래서

3~5년쯤 지났을 때 튼실한 감나무의 가지를 잘라서 이 고욤나무에 접을 붙여야 그 다음 해부터 감이 달린다. 그래서 선현들은 감나무를 통하여 사람으로 태어났다고 해서 다 사람이 아니라 가르치고 배워야만 비로소 사람이 된다는 뜻을 깨쳤다.

가르침을 받고 배우는 데는 생가지를 칼로 째서 접붙일 때처럼 아픔이 따른다. 그 아픔을 겪으며 선인의 예지를 체화할 때 비로소 하나의 인격체가 되는 것이다. 감나무는 아무리 커도 열매가 한 번도 열리지 않은 나무를 꺾어 보면 속에 검은 심이 없고, 감이 열린 나무는 검은 심이 있다.

이것을 두고 부모가 자식을 낳고 키우는데 그 만큼 속이 상하였다하여 부모님의 은혜를 생각하며 감나무를 심었다고 한다. 감은 씨가 8개여서 8도 관찰사나 8도 감사 벼슬을 뜻한다. 제사를 정성껏 모시는 후손 가운데 8도 관찰사나 감사가 될 자손이 나오라는 의미다.

곶감의 고장 상주

그래서 우리 선조들은 오랫동안 감을 제사상에 올렸다. 감 이외에도 포도, 한우, 사과, 오이, 복숭아, 벌꿀, 배, 새송이, 육계 등의 생산량도 많은 상주는 지역별 농가 수와 농가 인구는 각각 전국 2위이며, 농기계 대수는 전국 1위다.

농업 생산액은 1조 원에 육박하고 있어 자칭 '대한민국 농업 수도'인 전형적인 생태 농업 관광 도시다. 국제 슬로시티 연맹총회에서 국내 9번째, 세계 143번째 슬로시티(cittaslow)로 인증을 받았다. 이에 상주는 느림의 미학을 접목하여 지속 가능한 발전을 추구하는 도시로 시민의 행복 지수를 높이고 21세기 최고의 국제적 생태 농업 및 관광 도시로 도약을 꿈꾸고 있다.

상주시는 슬로시티 지정으로 전통 문화와 유기농법에 의한 지역 특산물을 보유하고, 주민의 지역 발전 의지 등 요건을 충족하고 있다. 또한 마을의 시설과 자연 경관 자체를 관광 상품화하고 국제적인 생태 녹색 관광지로서 전 세계를 대상으로 지역 인지도 제고와 함께 관광객 유치에 나서고 있는 상황이다.

볼거리가 많은 상주시에는 속리산의 주봉인 문장대를 비롯한 자연 경관과 낙동강 700리 중에 으뜸이라고 불리는 경천대, 삼한 시대에 만들어진 농업용 저수지인 공검지, 고령 가야의 가야왕릉, 후백제의 유적인 견훤산성, 낙동강 변의 도남 서원, 옥동 서원, 양진당, 퇴강 성당, 동학교당, 남장사, 수암종택, 우복종가 등 다양한 역사 문화유적이 있고, 상주 박물관, 상주 자전거 박물관, 상주 국제 승마장, 상주보 등의 관광지가 있다. 하지만 아쉽게도 상주시는 전국 유일의 곶감 특구로 지정된 한국을 대표하는 감의 특산지임에도 불구하고 그동안 변변한 감 축제가 없었다. 이전의 산재한 축제를 전부 통합하여 시가 주관한 '상주 감고을 축제'가 처음 열렸고, '상주 곶감 축제' 또한 몇 년 전에 열리고는 유명무실화되었다.

이에 지역 최고의 곶감 단지인 외남면 주민들이 자발적으로 8,000만 원의 기금을 마련하여 '750년 된 하늘 아래 첫 감나무' 인근에 위치한 곶감 공원에서 임금님 곶감 진상 재현 행사, 농산물 품평회 및 직거래, 상주 곶감 가수왕 선발 대회, 농산물 및 곶감 경매, 연날리기, 묘기 제기차기, 곶감 연극, 게이트볼 대회 등 다양한 문화 체육 행사, 다문화 가정을 위한 전통 상차리기, 한복입기, 장기 자랑 등 체험 행사를 중심으로 '외남 상주 곶감 축제'를 열었다.

행사장에서 관광객들에게 가장 주목을 받은 것은 들어가는 길목에 위치하고 있는 '750년 이상 된 것으로 알려진 국내 최고령 감나무'다. 고욤나무에 감나무 가지를 접목(接木)한 이 고목은 국립산림과학원과 경북대 권오규 교수팀에 의해 줄기와 뿌리의 종이 다른 것으로 판명 났다. DNA 검사 결과 줄기의 게놈은 떫은 감, 뿌리 부분은 고욤으로 확인되면서 접목 사실이 알려졌다. 떫은 감은 추위와 병충해에 약한 단점을 보완하기 위해 내한성이 탁월한 고욤나무 대목에다 접순을 붙여 우성 형질을 가진 곶감용 감으로 탈바꿈시킨 것으로 소은리 감나무는 국내에서 가장 오래된 접목나무다.

이 소은리 감나무 고목을 바탕으로 지역 출신의 소설가이며 동화작가

750년 된 국내 최고령 감나무인 '하늘 아래 첫 감나무'

750년 된 감나무 표지석

인 우봉규 선생은 동화집 〈호랑이보다 더 무서운 곶감(도서출판 스콜라)〉을 2007년 출간하게 되었고, 전국적으로 상주 곶감의 명성을 현장감 있는 생생한 이야기로 전하고 있다. 또한 이번 곶감 축제를 전반적으로 기획하고 주도적으로 진행하고 있는 상주시 정재현 시의원은 행사장 입구에서 손님들을 맞으며 "지난 10년 동안 상주시에 제대로 된 곶감 축제를 열고 알리기 위해 많은 노력을 했다."라고 했다.

그리고는 "750년 감나무를 과학적 검증을 통해 보호수 인증을 받았고, 우봉규 선생의 동화책을 구매하여 전국적으로 상주의 곶감을 알리고 역사성을 찾는 일에도 많은 노력을 했다. 조선조 〈예종실록〉에서 '예종 임금 즉위년 11월 13일에 상주 곶감이 진상되었다.'는 기록을 찾아내기도 했다."라며 상주 곶감의 역사성과 우수성을 설명했다. 또한 "중앙 부처를 발이 달토록 찾아다녀 몇 년 전 100억 원의 예산 지원을 받았고, 곶감 특구 지정과 곶감 테마공원을 조성하는 데 기여했으며, 행사장 주변 경관 조성 및 전국적으로 상주 감과 곶감을 홍보하는 데 앞장섰다."라고 했다.

정 의원은 관광객들에게 일일이 750년 된 감나무 고목이 가지고 있는 역사, 문화적인 의미와 반드시 고욤나무와 접을 붙여야만 튼실한 감나무가 되는 이유, 일반적으로 과일은 어린 나무에서 달리는 것이 맛있지만, 감나무만이 고목에서 달리는 것이 더 맛이 있어 750년 된 고목에서 달리는 감은 서울의 백화점에서 1개당 1만 원에 팔리고 있다는 사실도 알려 주었다. 또한 상주 곶감에 얽힌 구전 동화 발굴과 전파, 특히 상주 지역에 분포하고 있는 10그루의 감나무 고목의 발굴과 보호 등 지역 발전과 상주 곶감 홍보, 관광객 유치 등을 위해 발로 뛰는 모습을 많이 설명해 주었다.

우리 일행은 정 의원의 설명을 모두 들은 다음, 행사장 내부를 둘러보았다. 입구의 테마 공원을 비롯하여 50개 정도의 천막을 돌아보면서 지역 농업의 실태를 살펴보았다. 감과 곶감, 감식초, 상주 쌀, 오디주, 오디즙, 전통 된장과 간장, 고추장, 약재, 개량 한복, 3대 100년을 이어 온 '은자골 탁배기' 등을 홍보 판매하고 있었다. 또한 관광객들을 위해 무료 떡국을 제공하고 있었으며, 주민들이 자발적으로 여는 행사라서 그런지 안내와 홍보도 누가 시키지 않아도 스스로 적극적으로 하고 있어 기분이 좋았다. 아직은 처음 열리고 있는 행사

상주 감으로 만든 감식초

로 어설프고 미숙한 점이 있어 보였지만, 다들 열심히 하는 모습이 대단했다.

내 시선을 자극하는 것은 감을 깎아 곶감을 만드는 기계와 깎은 감을 널어서 말려 곶감을 만드는 과정에서 쓰이는 틀과 360도 회전하는 선풍기 등 건조 장비 등이 신기했다. 또한 외지에서 온 듯해 보이는 경옥고를 넣어서 만든 한방제품인 '경옥양갱' 판매장과 상주 곶감 이야기를 동화로 엮은 〈호랑이보다 더 무서운 곶감〉 책을 파는 곳이었다.

나는 책을 한 권 사고는 정말 재미있게 상주 곶감 이야기를 읽었다. 하늘나라 사람들만 먹던 천상의 과일인 감을 땅 위에 심을 수 있도록 도와준 파랑새와 감이 열리지 않자 하늘나라까지 올라가 옥황상제에게 감나무 가지를 받아와 고욤나무에 접을 붙여 감을 수확하고 곶감을 만든 연지 아가씨에게 감사하며 책을 읽었다.

외남 상주 곶감 축제장을 둘러보면서 나는 많은 생각이 들었다. 지방 정부의 지원도 거의 없는 상태에서 주민들이 자발적으로 성금을 모아 축제를 여는 데도, 기존 행사에 비해 크게 손색이 없는 축제를 만들 수 있구나 생각하니 대단했다. 길을 안내하는 주민들은 물론 곳곳에서 물품 판매와 홍보를 위

해 노력하는 모습이 대단해 보인다. 모두가 나와 무료로 떡국을 나누어 주는 모습이나 따뜻한 차를 돌리는 모습에서, 시식용 곶감이나 오디즙 등을 전달하는 모습에서 감동을 받았다.

전국의 모든 축제가 이런 모범은 배웠으면 좋겠다는 생각이 들었다. 아무튼 나는 행사장을 전부 둘러보았고, 전날 밤 약간의 음주가 있었던 터라, 과당, 비타민C 성분이 많아 숙취 해소에 뛰어나다는 감을 많이 주워 먹었다. 오디즙도 마시고, 감잎차, 감식초도 여러 잔 마셨다. 기분이 좋아졌다.

행사장을 둘러본 일행은 점심을 먹기 위해 상주 축협이 직영하는 '명실상감 한우 홍보 테마타운'으로 이동했다. 이곳에서 원래는 최고 인기 메뉴인 갈비탕을 먹을 계획이었는데, 하루 200그릇 한정에 오후 1시까지만 판매를 하고 있는 관계로, 시간이 늦어진 우리들은 불고기 탕을 먹었다.

고기가 좋아서 그런지 맛도 있고 김치와 밑반찬도 정갈했다. 원래 빵을 만들던 공장이었던 건물을 개조하여 만든 식당이라 그런지 크기도 크고 내부도 아주 넓어서 시민들이 자주 찾을 것 같아 보였다. 상주를 찾는 관광객은 물론 외부에서 오는 손님 접대를 위해 지역 주민들이 많이 오가는 곳이라고 한다.

정말 맛있게 점심을 먹은 일행은 사벌면 경천로에 위치하고 있는 '상주박물관'으로 갔다. 시골에 있는 박물관치고는 크기도 크고, 넓기도 한 것이 상주의 역사, 문화, 사회를 아는데 도움이 많이 될 것 같아 기분 좋게 안팎을 둘러보았다. 상주는 원래 신라 시대의 9주, 고려 시대에서는 8목의 하나로 조선 시대에는 경상감영이 자리 잡고 있던 유서 깊은 곳이다. 경상도라는 말이 경주와 상주의 머리글자에서 따온 말이니 과거의 영화는 대단했을 것 같다.

이곳의 상설 전시장에서는 낙동면 신상리의 구석기 유적을 포함한 선사 시대부터 가야의 소부족 국가였던 사벌국과 신라 문화, 통일 신라와 고려 시대까지의 역사는 물론 임진왜란과 이후 상주의 불교, 유교 문화를 통사적으로 배치하고 있었다. 특히 관광객의 눈을 사로잡는 것은 입구의 천장에 설치된 누에고치 형상과 정면의 걸개그림에 그려진 '신해명 동종'이었다. 상주의 산업과 고려 시대의 동종이 커다란 울림을 통하여 전국으로 비약하는 형상으로 보기에 좋았다.

전시장 내부에는 선사 시대의 돌도끼와 토기, 청동기 시대의 요녕식 동검 등이 있었고, 삼국 시대의 금동관, 오리 모양의 토기 등이 눈길을 사로잡았다. 이후 통일 신라 시대의 금동보살입상, 고려 시대의 청자상감 국화문펼각접시 등이 보인다. 아울러 조선 시대의 유학과 유학자들의 유물과 조선 후기 동학 농민 운동 시기의 유물인 오룡기, 동학취지서, 동경대전, 동경대전 목판 등이 눈에 들어왔다. 1924년 상주에는 동학 교당이 설치되어 일제 식민 통치하에서 자주적인 발전을 고양하여 민족의식을 높이는 데 일조하였다고 한다.

정기룡 장군을 만나다

문화관광 해설사의 설명을 들어가면서 천천히 박물관 안팎을 둘러본 다음, 일행은 이웃한 만산동에 위치한 '임난 북천 전적지(壬亂 北川 戰跡地)'로 이동했다. 경북도 기념물 제77호인 이곳은 1592년(선조 25) 임진왜란 때 순변사 이일이 인솔한 중앙군 60여 명과 상주에서 창의한 의병 800여 명이 북상하는 왜군의 선봉 주력부대 17,000여 명과 싸우다 순절한 옛 싸움터다.

임란사상 중앙군과 의병들이 뜻을 모아 왜군의 선봉 주력 부대에 대항하여 최초로 일대 접전을 벌인 전투라는 데 큰 뜻이 있는 곳이다. 후세 사람들이 이곳에 사당을 세워 당시 순절한 8명을 배향했다. 이경류, 박지 등의 3충신과 김준신, 김익의 2의사를 충의단, 판관 권길과 호장 박걸은 현지단에, 찰방 김

임진왜란 당시 전쟁터 임란 북천 전적지의 사당과 전적비

종무는 충렬단에 모셨다.

나와 친구들은 나라를 지키다가 순국한 수많은 군인과 의병들을 위해 사당에 배향을 하고 충의단, 현지단, 충렬단을 전부 둘러보았다. 상주에 이런 곳이 있다는 것을 처음 알게 되어 놀랍기도 했지만, 부끄럽기도 했다. 그래서 사당에 큰절을 세 번하면서도 마음이 많이 아팠다. 이어 전적지 바로 아래쪽에 있는 조선 시대 상주목(尙州牧) 객사인 '상주 상산관(尙州 商山館)'으로 갔다. 객사는 한양에서 지방으로 출장 온 중앙 관리들과 외국 사신들이 묵어가는 숙소로 임금을 상징하는 궐패인 전패를 모시고 매월 초하룻날과 보름날에 궁궐을 향해 의식을 행하던 곳이다.

상주 객사는 고려 시대에 처음 설치된 후 여러 번 창건과 재건, 이축을 거쳐 1991년 현재의 위치로 이건되었다. 건물 면적은 460 m^2이고, 정면 14칸, 측면 3칸이며, 가운데에 본관을 두고 양쪽에 동익헌, 서익헌을 갖춘 형식으로 3동이 나란히 연결되어 있다.

본관은 앞면 3칸, 옆면 3칸이고, 지붕은 옆면이 사람 인(人)자 모양인 맞배지붕이다. 동익헌은 앞면 7칸, 옆면 3칸으로 본관 쪽 지붕은 본관과 같은 맞배지붕이고 동쪽은 옆면이 여덟 팔자 모양인 팔작지붕이다. 서익헌은 앞면 4칸, 옆면 3칸으로 동익헌과 같이 본관 쪽은 맞배지붕이고, 서쪽은 팔작지붕이다.

건물의 외부 기둥은 원기둥이고 내진주는 각주로서 7량 가구에 연목천장을 하였고, 익공집에 겹처마로 멋과 장식을 더했다. 바닥에는 우물마루를 깔았다. 지방 관아 건물 중 남부 지방에서 가장 큰 규모의 장대함과 지붕마루 끝에는 14개의 용두가 잘 남아 있어 볼 만하다.

건물 정면 가운데에 '상산관'이라는 멋진 현판이 걸려 있다. 나는 상주가 경주와 함께 경상도에서 가장 큰 도시였다는 것을 알고 있었지만, 이렇게 규모가 크고 멋스러운 객사가 있다는 것은 이번에 처음 알았다. 얼마 전에 방문했던 나주 객사에 비해 비록 규모는 조금 작았지만, 강가에 자리하고 있어 운

유서 깊은 상주 객사인 '상산관'

치도 있고 눈이 와서 참 보기에 좋았다.

이어 우리가 이동한 곳은 사벌면 금흔리에 있는 조선의 무장 정기룡(鄭起龍) 장군의 묘와 유적지다. 정 장군은 그다지 유명하지는 않아도 실제로 명장 이순신에 버금갈 만큼 큰 무공을 세운 거룩한 장군이다. 정 장군은 중국 삼국 시대 촉나라의 무장 조자룡과 비교되는 임진왜란의 조자룡이라고 불렸던 인물이다. 장군은 임란 당시 이미 '바다에는 이순신, 육지에는 정기룡'이라는 말이 생겨날 정도로 유명했다. 31세의 나이에 상주성 탈환을 비롯해 60전 60승이라는 전승을 거두면서 조선을 위기에서 구해 낸 구국의 영웅이다. 너무 젊다는 이유로 전쟁 이후 일등공신에 오르지 못했다.

장군은 경남 하동 출신으로 곤양 정씨(昆陽鄭氏)의 시조다. 소규모 유격전과 기습전을 가장 잘 활용했던 충의와 무용을 겸비한 무신이었다. 임진왜란 때는 거창, 금산 싸움에서 전공을 세우고 상주성을 탈환한 전공으로 상주목사에 올랐다. 이후 정유재란이 일어나자 고령에서 적장을 생포하고 성주, 합천, 초계, 의령, 경주, 울산을 수복했다. 이어 1617년 3도통제사 겸 경상우도 수군절도사에 올랐다가 왜구를 방어하는 중책을 맡아 일하던 중 통영 진중에서 병사했다.

상주는 그의 외가 땅이며 묘소가 있는 곳이다. 원래는 묘소 주변에 5평 정도의 작은 사당이 있었는데 1972년 해체 복원하여 충렬사를 지었다. 이후 사당인 충의사와 유물관 등을 짓고 묘소와 주변을 정비했다. 이어 사당은 시호에 따라 충의사, 내삼문은 충렬문, 외삼문은 충의문이라 이름이 정해졌다. 나는 비록 소규모 게릴라 전투이기는 했지만, 60전 60승의 성과를 거둔 정기룡 장군이 계셨다는 사실을 이제야 알고서 너무 부끄럽기도 하고 창피하기도 했다. 나라를 위해 평생을 바친 훌륭한 무장의 이름을 오래도록 기억하기 위해 공부를 더 많이 해야겠다는 생각을 했다. 죄스러운 마음으로 사당 앞에서 깊이 머리 숙여 큰절을 세 번하고는 돌아서 나왔다.

상주에서는 자전거를 신나게 타자

　상주 사람들은 상주가 예전 사벌국의 중심이었다는 긍지와 경상도에서 경주 다음으로 큰 고을이었다는 자긍심이 대단하다. 아울러 지금도 평야에 물이 많은 곡창 지대로 대한민국 농업의 중심지면서 최고의 귀농지라고 유난스럽게 홍보하고 있다. 예전 상주를 중심으로 경북 북서부 지역은 '사벌국(沙伐國)' 또는 사량벌국(沙梁伐國), 사불(沙弗)이라고도 불렸던 소국의 영토였다. 사벌국은 우리 역사에 두 차례 출현했던 작은 나라다.

　처음 사벌국은 삼국 시대 이전에 존재했다. 상주 지역은 이미 기원전 2세기~기원 전후의 청동기 유물이 다수 출토되는 지역 가운데 하나로, 일찍부터 독자적인 정치 세력을 형성한 것으로 추정된다.

　세형동검(細形銅劍), 동모(銅鉾)의 유물을 통하여 사량벌국은 서기전 1세기 이래 경주를 중심으로 하는 사로국과 대등한 교역 관계를 전개하고 있었으며, 토착 지배 집단이 신라의 귀족으로 흡수되기까지 4~5세기 이상 독자적인 정치 권력으로 그 성장을 지속하고 있었다. 〈삼국사기〉에는 "첨해왕 때 신라에 복속된 사량벌국이 갑자기 배신하여 백제에 귀속하자, 우로가 군사를 거느리고 가서 토멸하였다."고 전한다. 이후 "멸망한 사벌국 영토에는 새로운 주가 설치되었다."고 한다.

　당초 평야가 넓고 강이 큰 곡창 지대인 상주 땅에는 고래부터 사람들이 많이 살고 있었다. 청동기 시대 유적도 여러 곳에서 확인되었다. 삼한 시대에 진한이 경주의 사로국을 중심으로 독립하자 상주를 중심으로 하는 사벌국이 진한 연맹 소속으로 들어서 번창하기 시작했다. 이후 사로국이 발전한 신라가 강대해져 충북과 강원도 일대까지 세력을 뻗치게 되자 사벌국은 신라의 대 백제 병참 기지로서 군사적인 지배를 받고 신라와 백제의 전쟁터로 시달림을 당한다. 이에 불만이 누적되었다가 나중에는 진한 제국 소속의 소국들까지 신라에 지속적으로 합병되자 위기감을 느끼고 독립을 꾀하였다.

그래서 249년 첨해 이사금 1년에 사벌국이 신라에 반기를 들고 백제에 귀순하는 사태가 벌어졌던 것이다. 이에 신라는 우로를 파견했고 사벌국은 멸망하고 말았다. 세월이 흘러 두 번째 사벌국의 시작은 신라 제54대 경명왕의 아들 박언창이 사벌 대군에 봉해져서 사벌주에 부임하면서부터다. 박언창의 임무는 사벌주를 초적 및 후고구려와 후백제의 마수에서 방어하는 것으로 성을 축조하고 제반 군비를 강화하여 쳐들어오는 적과 대항하는 것이었다. 그러나 경향 각지에서 군웅이 활개를 치는 가운데 신라 본국과 연락이 두절되는 사태까지 발생하여 박언창은 자립해 사벌국을 선포하고 사벌면 일대에 왕성을 만드는 등 수도로 정비한 뒤 둔진산을 군사 주둔지로 수비의 완벽을 기했다.

그러나 929년 경순왕 원년에 후백제군이 대거 침공하자 사벌국은 격렬히 항쟁했지만 결국 건국 11년 만에 패망하고 말았고 이때에 박언창도 패사했다. 이때 죽은 박언창은 전사벌왕릉(傳沙伐王陵)에 매장되었다. 사벌국 멸망 후 박언창의 아들 박욱이 고려 왕조의 개국 공신이 되었고, 그 후에 후손인 박견을 중시조로 상산 박씨가 시작되었다. 우리는 사벌면 화달리에 사벌국의 '전사벌왕릉(傳沙伐王陵)'이 있다는 말을 듣고는 왕릉을 보기 위해 갔다. 이 왕릉은 둔진산 남쪽 기슭 화달리 삼층 석탑 동북쪽에 있으며, 왕릉이라고는 하나 정사에는 기록이 없어 정확히 누구의 묘인지 추정하기 어렵다고 한다.

그러나 신라 경명왕의 왕자로 사벌국의 왕이었던 박언창의 묘라는 전설이 전한다. 왕릉 옆에는 삼층 석탑이 있고, 그 옆에 신도비가 세워져 있으며,

서북 편에는 재실이 있다. 〈신증동국여지승람〉에는 "옛 사벌국의 성이 병성산에 있고, 이 성의 곁에 있는 언덕에 우뚝하게 솟은 고분이 있어 사벌왕릉이라 전해오고 있다."라고 밝히고 있다. 〈상주군읍지〉에도 같은 내용이 기록되어 있는데 다만 위치가 "성의 북편 9리쯤 떨어진 곳"으로 되어 있다.

일제 강점기에 출판된 〈조선 보물 고적 조사 자료〉에는 "사벌면 화달리 달천부락에 사벌왕릉이라 칭하는 능의 전면에 상석, 망주석, 양마석, 등대석, 비석 등이 있다. 고분의 높이 9척 5촌, 직경 9간이며, 사벌왕은 신라 경명왕의 아들로 상산 박씨의 비조이다."라고 기록되어 있다.

작은 소국이었지만, 아직도 사벌국의 왕릉이 남아 있다는 것에 이곳 상주 사람들은 대단한 긍지를 가지고 있는 듯했다. 꼭 보고 가야 할 유적지라고 강력하게 추천하는 것을 보니 말이다. 왕릉을 살펴본 다음, 우리가 이동을 한 곳은 자전거 도시 상주에만 있는 전국 유일의 박물관인 '상주 자전거 박물관'이다. 박물관은 원래 남장동에 2002년 건립되었다가 지난 2010년 이곳 도남동으로 확장 이전한 것이다.

자전거 전시실에는 자전거 60여 대가 역사를 보여 주고 있으며, 체험 전시실과 자전거 문화에 대해 소개하는 공감의 장, 상주 자전거 축제를 소개하는 축제의 장, 자전거와 관련된 상품을 판매하는 결실의 장이 있다. 나는 이곳에서 바퀴까지 나무로 만들어진 200년 전의 초기 자전거에서부터 집배원이 타던 자전거, 막걸리배달 자전거, 외발 자전거, 서커스 자전거까지 시대별로 자전거의 모양과 구조가 어떻게 바뀌었는지를 꼼꼼히 살펴보았다.

특히 내 눈을 자극한 것은 1818년 독일 사람인 드라이스가 만든 드라이지네라는 이름의 자전거로 페달이 없고, 왼발과 오른발을 번갈아 가며 땅을 박차 움직이는 형태였다. 그래도 최고 시속이 15km로 사람보다 빨라 당시 인기를 끌었다고 한다. 아울러 1790년 시브락이라는 프랑스 귀족이 만

전국 최고의 자전거 박물관

든 셀레리페르는 나무 축으로 두 개의 바퀴를 연결해서 만든 자전거의 원
조이고, 1939년 스코틀랜드의 대장장이인 맥밀런이 만든 맥밀런 자전거는
좌우 2개의 페달을 밟아서 연결봉과 크랭크를 통해 뒷바퀴를 돌리는 형식
의 자전거다.

　　여기에 프랑스의 마차 수리공 미쇼 부자가 1861년에 만든 미쇼형 자전
거 벨로시페드는 최초로 자전거 페달을 발명한 제품이다. 또 영국의 할먼이
1870년에 만든 하이 휠 자전거 오디너리는 뒷바퀴보다 훨씬 큰 앞바퀴에 달
린 구동 장치의 페달을 밟아 동력을 생성하는 구조로 특이하다.

　　또 현대식 자전거의 시초가 되는 영국의 스탈리가 1885년에 만든 세이프
티 자전거는 앞바퀴와 뒷바퀴의 크기가 같고, 타이어가 달려 있으며 체인 구
동 방식으로 작동한다. 이어 1888년 스코틀랜드의 던롭이 자전거에 공기 타
이어를 발명하여 자전거 역사를 새로 쓰게 되는데 이 모든 것을 박물관에서
보는 것이 가능하다.

　　또한 1925년 상주역전에서 열렸던 '조선 8도 전국 자전거 대회'에 참가했
던 조선의 자전거 영웅 엄복동 선수의 모습을 유심히 보았다. "떴다 보아라
안창남의 비행기, 내려다 보아라 엄복동의 자전거 간다."라는 노래가 저절로
입속을 맴돌았다. 너무 귀한 사진이라 한 장 찍어 왔다. 아울러 예전 TV 광고

에 등장하기도 했던 앞바퀴가 큰 자전거의 원
형도 이곳 박물관에 전시되어 있는 등 귀하고
특이하고 다양한 자전거를 한자리에서 볼 수
있어 좋았다. 또한 자전거를 무료로 대여해 주
는데 봄부터 가을까지 날씨가 좋은 때에는 잠
시라도 자전거를 타고 한적한 박물관 주변과
강변을 둘러보면 좋을 것 같다.

상주 자전거 박물관의 자전거

    박물관 내부의 주요 시설은 지하 1층에 자
전거 대여소와 수장고, 기계실이 있고, 지상
1층에는 기획 전시장과 4D 영상관, 지역 농특산물 홍보 코너가, 그리고 지상
2층에는 상설 전시장과 다목적 홀, 관리 사무실 등이 들어서 있다. 주변에는
상징 조형물과 분수대, 산책로, 기타 공공 편의시설 등의 부대시설이 있다.
박물관을 둘러보니 평야가 넓고 산이 거의 없으며, 곡창 지대인 상주가 전국
최고의 자전거 도시가 된 것은 자연스러운 결과였던 것 같다.

    부유한 농촌 상주는 지역의 넉넉한 기반을 바탕으로 이미 100년 전부터
자전거가 도입되었다. 현재 상주의 자전거 보급 대수는 가구당 2대를 넘어
전국 평균의 4배에 이른다. 자전거 이용률은 통상의 한국 대도시의 7배 이상
이며, 자전거를 많이 타는 서유럽이나 일본과 맞먹는 수준으로 자전거를 애
용하고 있는 곳이다.

    상주에서는 자전거 박물관과 함께 자전거 조립 공장과 전국 규모의 산악
자전거 대회가 매년 개최된다. 아울러 누구나 쉽게 자전거 여행을 즐길 수 있
는 매력적인 곳이다. 낙동강을 따라 동서남북으로 왕래가 편리하고 백두대
간과 속리산 같은 관광 자원이 풍부해서 산악과 도로, 명승지를 잇는 다채로
운 코스가 있다.

이어 사벌면 화달리에 위치하고 있는 '상주 국제 승마장'으로 이동했다. 국제 승마장은 300억 원의 예산을 투입하여 시설을 마련했다고 한다. 지역의 승마 동호인들과 외부인들을 대상으로 승마 체험과 승마 강습, 승용마 대여 사업을 하고 있으며, 국제 규모의 대회를 치룰 수 있는 규모라서 21세기 신성장 동력 사업으로 상주시가 많은 노력을 하고 있는 부분이라고 했다.

하지만 지역에서 승마에 대한 수요가 아직 많지는 않은지, 연간 수익은 3억 원 정도로 적자를 면치 못하고 있는 상태라고 한다. 안타까운 일이다. 우리들은 체험 승마를 잠시하고는 상주보로 이동했다. 이제까지 생태 보존 중심에서 상주를 보았다면 이번에는 파괴를 보기 위해 상주보로 간 것이다. 원래의 상주보 지역을 잘 알지 못하여 비교를 할 수는 없었지만, 사진으로 보는 풍경으로는 인간의 손길이 닿은 곳과, 원래의 자연스러운 풍경과는 약간의

상주보

차이가 있어 보였다.

아직은 전부를 알 수 없었지만, 2~3년이 지나보면 자연스러웠던 과거가 좋은 것인지, 현재의 개발된 상주보가 좋은지는 알 수 있을 것 같아 보였다. 아무튼 상주보의 웅장함이 추운 날씨처럼 나를 거만하게 누른다. 이제 날이 어두워져서 나와 일행들은 버스를 타고 급히 서울로 향한다. 크리스마스를 시작하는 때라 그런지 조금씩 내리는 눈이 험한 세상을 하얗게 치장하고 있는 것이 아름답다.

김수종과의 만남은 늘 기쁨이다. 건강한 두 다리로 전국을 누비고, 자연, 환경, 역사, 문학, 건축, 미술 등에 관심이 많아서 전공과 돈 버는 것을 제외하고는 모든 것에 호기심이 넘치는 잡학다식(?)한 친구. 그와 함께하면 재미있고 즐겁다. 목소리 크고 시끄럽기도 하지만, 세상사 모든 것에 대한 애정과 이해가 넘치기에 그의 글을 읽는 것이 행복하다.

— 염형철 (환경연합 사무총장)

진주 조개잡이 중년 김수종. 옛날 싱얼롱 시간에 즐겨 불리던 노래 중에 '진주 조개잡이'라는 노래가 있었다. 그 가사에는 하와이 진주만의 진주조개를 캐러 나가는 명랑한 처녀들을 묘사하며 후렴에 "오늘도 즐거워라 조개잡이 가는 처녀들"이라는 구절이 반복된다. 중년의 글쓴이 김수종은 진주를 찾기 위해 조개를 잡으러 나가는 즐거운 하와이 처녀처럼 이 땅의 역사가 스며 있는 현장을 찾아다니며 진주를 품었을 만한 유구들을 채집해 온다. 그것들이 보석이 되고 말고는, 그의 글을 읽고 그 현장을 찾아가 보는 이들이 얼마나 열심히 그 의미를 갈고 닦는가에 달렸다.

— 윤인석 (성균관대학교 건축학과 교수)

김수종의 글을 읽으면 사진을 찍은 듯이 정교하게 표현하여 마치 현장에 있는 듯한 느낌을 받고 글속에는 화롯불에 둘러앉아 오손도손 애기를 나누는 듯한 정겨움을 느낄 수 있다.

— 박민근 (한국 채용지도사협회장, 경영학박사)

김수종은 패기가 넘치는 젊은 작가이다. 르뽀 기사든, 팩트든 그의 이안렌즈 속에 담기는 이야기 소재들은 늘 싱싱한 어물전 생선같이 살아 있어서 좋다. 감칠맛 나는 삶의 이야기들은 시골집 처마에 매달린 곶감 같은 향수를 제공해 주기도 한다. 그의 발걸음 속에 묻어 나른 고향집 울타리 같은 애기들을 하나하나 '토르소'로 빚어내었다가 이제 '페르소나' 같은 알몸덩이로 묶어 내어 독자의 품으로 다가간다.

— 박석홍 (시인, 전 소수박물관장)

저에게 많은 분들이 질문합니다. "문화재와 관련된 정책을 명쾌하게 답을 할 수 있는 능력이 뭡니까?" 하면 이렇게 말합니다. "모든 답은 '현장'에 있습니다." 김수종

작가의 글에는 현장이 있습니다. 때론 인문학이나 문학 등 책상 위에서 나오는 이야기는 탁상이론일 때가 많습니다. 이 책은 단순히 여행기가 아닙니다. 현장의 생생한 증언이요, 기록입니다. 이것이 바로 역사입니다.

― 황평우(문화재청 문화재전문위원, 은평 역사한옥박물관장)

김수종의 글은 국내 구석구석 숨어 있는 비경과 지역에 대한 여행 정보 보고서이다. 많은 이야기와 해설을 가미한 작가의 정이 넘치는 구수한 어투(?)와 매력적인 글 솜씨는 많은 이들에게 여행에 대한 좋은 참고서가 될 것이다.

― 이상원(동아대학교 금융학과 교수)

김수종의 여행기를 읽고 있노라면 마치 내가 그와 함께 진짜로 여행 중이 아닌가 하는 착각을 할 때가 많다. 소탈하면서도 때로는 여성 이상으로 섬세한 작가의 성격이 그대로 드러나는 대목이다. 멋들어진 풍광 묘사에 더하여 여행기 사이사이에 들려주는 여행지의 유래와 풍수지리, 관련 인물과 풍습, 에피소드, 현재의 개발 상황과 경제적 가치, 환경 문제 등의 재미난 이야기들은 읽는 이들의 흥미와 호기심을 끝없이 유발하여 도무지 지루할 틈을 주지 않는다.

― 민봉기(금융감독원 회계감독1국 팀장)

언제부턴가 열심히 답사를 다니면서 쓴 글 속에는 우리 시대를 살아가는 사람들이 한번쯤 향유해 보고 싶은 여행지가 소개되고 있었고, 그 속에 깃든 역사와 건축, 문화, 예술 등 소위 '스토리텔링'이 흥미롭게 전개되고 있었다. 각박한 삶을 영위하는 현대인들에게 이 한권의 책이 마음을 힐링할 수 있기를 기대해 본다.

― 여태동(불교신문 기자)

김수종, 그의 해박한 지식이 가슴에 전부 와 닿기도 전에 또 새로운 소식으로 전국 방방곡곡을 누비며 많은 사람을 만나고 동행하면서 느낀 것을 책으로 낸다고 한다.

― 남문식(우삼홍업(주) 대표이사)

김수종. 그는 길 떠나는 사람이다. 길마다 공간에 얽힌 미시사와 거시사를 불러내 현재의 역사로 빚어내고 그것을 글과 사진으로 남기는 사람이다. 그의 여행기는 유적과 유물에 대한 영탄을 넘어 오늘의 삶을 위한 살아 있는 당대 비평이 된다. 손과 머리가 아닌 심장과 발로 쓴 그의 질문은 이러하다. '그대, 어떤 사람으로 오늘을 살아 역사의 만인보에 기록될 것인가?'

― 박현철(월간 『함께 사는 길』 대표)

누구나 동경하는 여행 계획과 여행에 관한 추억! 역사, 문화, 자연, 건축, 미술, 문화인류학 등에 관심이 많은 김수종은 발로 뛰고 체험한 풍부한 경험을 가진 노련한 작가다. 고향에 대한 사랑을 발판으로 여러 권의 책을 출간한 바 있으며, 이제 또 멋진 여행서를 내어 우리를 낯선 곳으로 친절히 안내한다.

― 안종창(한양대학교 정보시스템학과 교수)

김수종은 다양한 지역을 답사하면서 꾸준히 써 왔던 자신의 글들을 정리하여 책으로 출간하였다. 내 강의를 듣고 있는 학생들에게 현장 답사의 중요성을 강조하면서도 정작 나는 잘 실천하지 못하고 있다. 이번에 출간될 김수종 작가의 저서 덕분에, 어떤 역사의 현장 또는 보통 사람들의 숨결이 느껴지는 삶의 현장을 몸소 답사하고 있는 나 자신을 발견하지 않을까라는 설렘을 갖게 한다.

― 남무희(역사학 박사, 국민대 강사)

그와 함께라면 우리의 산천은 모두 아름다운 시가 되고, 땅과 구름은 그림이 되는 듯하다. 가끔씩 그의 고향에 대한 애정과 인문학적 박식함에 감동을 하기도 하고, 잡다한 세상사 모든 것을 사랑하는 그를 만나는 것도, 그의 여행기를 읽는 것도 즐겁다.

― 김인환(대구대학교 과학교육학부 교수)

여행기는 곧 우리 삶의 보고서이다. 진솔한 모습 그대로 어제와 오늘, 그리고 내일을 투영한다. 김수종 작가의 여행기는 그래서 좋다. 역사, 문화, 예술 등에 대한 해박함에다가 천천히 걷는 발걸음에 묻어나는 풋풋한 우리네 삶이 있어 좋다. 두고두고 또 읽을 책이 한 권 생겼다.

― 김승동(시인, 나라경제신문 대표)

우리는 때때로 일상에서 벗어나 어디론가 떠나고 싶은 여행을 꿈꾼다. 그러나 계획으로만 끝나는 경우가 종종 있다. 저자는 대학에서 철학을 전공하고 문학, 사회학, 역사, 경영학 등에 관한 다양한 지식을 바탕으로 여행을 실천하고 있다.

– 최회균(협성대학교 도시공학과 교수)

학창 시절 친구들 중에는 같이 놀러 다니더라도 작은 돌 뿌리 하나에도 애정을 갖고 살펴보고, 떨어지는 낙엽 하나도 그 의미를 캐물으며, 이름 모를 새의 지저귐에도 망설임 없이 설레는 감성적이고 지적인 친구가 꼭 한 명 있다는 것을. 이 책의 저자 김수종은 꼭 그런 '친구'다. 저자의 글 길을 쭈욱 따라가다 보면 무심코 스쳐 지나갈만한 공간과 오래된 장소에 깃든 낡은 '사연'과 그곳을 살아갔던 사람들의 '지혜'를 만날 수 있을 것이다. 우리에겐 아직 이런 친구 한 명이 꼭 필요합니다!

– 고경일(만화가, 상명대 만화학과 교수)

유라시아 대륙을 자전거로 두 차례 횡단했다. 나는 거기에서 세계의 어제와 오늘, 이상과 희망을 보았다. 김수종의 대한민국 곳곳을 그린 여행기를 통하여 나는 한국의 역사와 미래, 빛나는 내일의 태양을 발견한다. 이제 책이 나오면 나도 자전거를 타고 팔도를 유람하면서 지혜를 배우고 싶다.

– 황인범(자전거 탐험가, 2014 원코리아 뉴라시아 자전거 원정대 부대장)

김수종의 신간 출간을 축하합니다. 한국의 정서 및 문화에 남다른 애착을 가진 김 작가의 글을 보면 역사 공부를 했던 분들도 미처 몰랐던 다채롭고 소박한 지식의 즐거움을 만끽할 수 있습니다. 금번 여행기를 출간한다는 소식에 벌써부터 기대감과 설렘이 앞섭니다.

– 김필현(오비맥주㈜ 부장)

여행에서의 느낌들이야 다 제각각이겠지만 누군가 눈 밝은 사람이 이런저런 장소와 사물에 얽힌 이야기들까지 엮어서 옆에서 들려준다면 좋을 것 같다. 그러면 그냥 스쳐 지날 수 있는 장소나 사물도 다시 보게 되고 한 번 더 생각하게 되는 여행을 하는데 큰 도움이 되지 않을까 싶다. 발길 닿는 대로 바람 부는 대로 떠날 때 그런 책 한 권 배낭에 넣고 떠나면 든든하지 않을까 싶다.

– 최시영(녹색당 충북도당(준) 사무국장)

그의 글은 담백하다. 보통 사람이 느끼는 보편적인 감수성을 꾸밈없이 담담하게 써 내려간다. 그러면서도 누구나 궁금해 할 여행지에 깃든 사연을 꼭 알맞게 곁들인다. 그래서 친근하고 편안하다. 마치 친한 친구 같은 여행기라 할까. 여행의 가벼운 동반자로 추천.

- 김대성(건축가, 해안건축 도시건축본부장/PH.D)

먼 옛날 로마의 문인 키케로는 "예술은 길고, 인생은 짧다."고 했다. 인생의 짧음을 역설적으로 예술에 빗댄 실감 있는 표현이지만, 우리들의 남은 시간이 얼마나 있을지 알 수 없다. 그렇지만 이렇듯 얼마 남지 않는 시간을 어떻게 보낼지 작가 김수종은 친근한 목소리와 발걸음으로 우리들에게 손짓하고 있다. 그래서인지 자꾸만 눈이 가는 책이다.

- 최병하((주)무한자산 대표. 문화재청 건축문화재분과 전문위원)

아직 젊기에 무한한 가능성이 있고, 책과 여행을 너무 좋아하기에 자유로운 영혼인 작가 김수종. 그를 만나는 기쁨은 언제나 반갑고 즐겁고 행복하다. 예전 고향에 대한 책을 써서 수많은 지인들에게 격려와 찬사를 받더니 이번에는 전국을 주유하면서 쓴 여행기를 한 권의 책으로 내었다.

- 김판국(시사만화가, 목사)

자주 만나지 못하지만, 가끔을 봐도 늘 반가운 사람이 있다. 빛나는 눈동자에 늘 무엇엔가 헌신하고 봉사하는 삶을 살고 있는 사람. 작은 욕심은 없지만, 큰 욕심이 있어 세상을 바꾸고 건강한 사회를 만들기 위해 고민하고 일하는 사람이 있다. 그가 바로 김수종이다.

- 전봉욱(청호장학회 회장)

소설가가 아니라면서도 어떻게 그리 재미있게 글을 쓰고, 한편 짠해지게까지 만드는 재주는 그저 부럽기만 하다.

- 박삼호(건축사, CNC 디자인 건축사사무소 대표)

언젠가 선배와 함께 내가 살고 있는 서촌을 함께 산책한 적이 있다. 그리고 나는 그

날 선배를 통해 내가 이제껏 모르고 있었던 우리 동네의 새로운 모습들을 새롭게 발견할 수 있었다. 이처럼 김수종 선배의 여행기는 우리가 모르던 새로운 세계를 보여 주고 발걸음 하나하나에 숨겨진 이야기를 들려주고 있다. 선배가 가진 특유의 붙임성과 입담으로 말이다.

— 손민우(그린피스 한국사무소 기후에너지 캠페이너)

그의 글에는 한결같은 현장감과 재미가 있다. 문화유산에 대한 역사, 문화적 지식과 풍부한 상식을 바탕으로 하여 쓴 책으로, 여행 가이드북으로 충분한 가치가 있다고 본다.

— 권오운(바른선거 시민모임중앙회 회장)

김수종! 그는 우리 땅 구석구석을 탐구하는 이 시대의 Observer이자 기록자이다.

— 김동연(화가)

서글서글한 인상에 누구에게나 호감을 주는 유쾌한 말투. 언제부터인가 여행 삼매경에 푹 빠져 있다는 소식이 풍문으로 들리더니 이처럼 좋은 여행기를 세상에 내어 놓으셨네요.

— 한정애(새정치민주연합 국회의원)

부지런함의 끝은 있어도 게으름의 끝은 없다더니 정말 그렇구나! 없는 시간 쪼개어 부지런히 찾고 또 찾더니 결국은 이런 멋진 결과물을 내놓았기에 하는 말이다.

— 강동완(문화기획&연출가, 번역가)

김수종은 낯을 가리지 않는다. 길을 가다 궁금한 집을 보면 그냥 초인종을 누른다. 아무도 없으면 담장을 넘어간다. 그래도 궁금하면 길 건너편 가게 주인에게 묻는다. 왜 저렇게 집을 지었지, 누가 살았는지, 무슨 사연이 있는지, 저자는 그렇게 궁금한 점이 있으면 참지 못한다. 철학, 역사, 사회, 예술, 그리고 건축까지, 이 책은 삶에 대한 호기심으로 가득하다. 책을 덮으면 누군가의 삶의 이야기를 찾아 여행을 떠나고 싶어질 것이다.

— 조한(홍익대학교 건축대학 교수)